Band 42 der Reihe „Selbst entdecken"

Angela Allemann lebt in Zürich und arbeitet seit dreizehn Jahren als Journalistin und Redaktorin für Schweizer Tageszeitungen, Wochenzeitungen und Magazine und hat sich auf Reportagen und Tourismus-Themen spezialisiert. Sie zeichnet verantwortlich für das Ressort Tourismus bei der Schweizer Frauenzeitschrift „annabelle".

Dank an: Andrea, Inge und Bernd Speerschneider, meiner „Familie" in Rio und allen ihren Freunden. Monika und Gerd Hackstein, Cäcilia, Hannes Bertschi, Mark D. Herzka, Gideon Rosa, Theo Ruff, Brigitte Müller, Peter Zimmermann, Jürgen Sorges, Joachim Strehler, Rolf Dreja.

Angela Allemann

RIO

selbst entdecken

Mit Beiträgen von:

Carl D. Goerdeler schreibt über die Wirtschaft Brasiliens und das Leben der Frauen.
Romeo Rey berichtet über den Kampf gegen den Zentralismus und die Bürokratie, über die illegale Lotterie und die Straßenhändler von Rio.
Klaus Hart kämpft um das alte Rio de Janeiro.
Hugo Loetscher verrät das Rezept der Feijoada.
Hannes Bertschi ist begeisterter Fußball- und Musik-Fan.
Marc D. Herzka sieht sich alle Telenovelas an.
Gideon Rosa schaut sich in den Theatern und der Literaturszene um.
Und Stefan Zweig schwärmt von der göttlichen Vielfalt der ciudada maravillhosa.

Regenbogen-Verlag

Die Redaktion dieses Reisehandbuches gibt sich alle Mühe, sämtliche Informationen auf den neuesten Stand zu bringen. Trotzdem sind alle Preisangaben ohne Gewähr, denn erstens vergeht einige Zeit vom Sammeln der Informationen bis zum Erscheinen des Reiseführers, und zweitens treibt die Inflation auch in den USA die Preise in die Höhe. Wenn man aber auf die in diesem Buch angegebenen Preise einen bestimmten Prozentsatz schlägt (gemäß dem Erfahrungswert), kommt man auf die richtigen Zahlen.

RIO892E1

CIP-Kurztitelaufnahme der Deutschen Bibliothek
Allemann, Angela:
Rio selbst entdecken/Angela Allemann
Zürich, Regenbogen-Verlag **1990**
(selbst entdecken; Bd.42)
ISBN 3-85862-048-3
NE:GT

Redaktion: Brigitte Müller
Lektorat: Jürgen Sorges

Gestaltung: Peter Zimmermann
Cover-Foto: Aufnahme Angela Allemann
Colorierung: Elizabeth Lennard

Satz: OptiPage 2.5 / R. Dreja
Belichtung und Druck: Fuldaer Verlagsanstalt, D-Fulda

Inhalt

LESERTIPS

Schreiben Sie uns, wenn Sie Preiskorrekturen, Adreßänderungen oder Ergänzungsvorschläge haben. Die Autorin, Angela Allemann, und der Verlag freuen sich über jede Zuschrift. Wird Ihr „Tip" in der nächsten revidierten Ausgabe veröffentlicht, schenken wir Ihnen ein Freiexemplar. Hinweis: An uns gesandte Bücher mit persönlichen Notizen können wir leider nicht retournieren. Unser Adresse:

Regenbogen-Verlag
„Rio selbst entdecken"
Postfach 472
CH-8027 Zürich

Und trotzdem Rio

Ich bin schon einige Male des Wahnsinns bezichtigt worden, wenn ich immer wieder mal nach Rio reiste — meist allein, als Frau. Fasziniert von der ansteckenden Lebensfreude der Cariocas, die weiß Gott nicht nur Grund zum Lachen haben. Begeistert von der unglaublichen Schönheit und der Fröhlichkeit der Stadt, die in so krassem Gegensatz zu den bekannten Zeitungs-Schlagzeilen stehen: Raub, Überfall, Mord, Korruption! All das gibt es — keine Frage, und statistisch gesehen häufiger als anderswo. Daß Sie kein Opfer der Statistik werden, liegt — nicht nur — aber auch bei Ihnen. Nicht umsonst machte ich fast alle Fotos im Schutz und hinter dem breiten Rücken eines mir bekannten Taxifahrers, trug keinen Schmuck, nicht mal eine Uhr und kleidete mich so, wie es die Cariocas tun. Als die Armut in Gestalt der Gewalt trotzdem über mich herfiel, war ich erschrocken und meine Unternehmungslust für ein paar Tage gelähmt — mehr nicht. Was soll man sonst erwarten, in einer Stadt, in der die Gegensätze so nahe beieinanderliegen, wenn 100 Meter hinter dem berühmten Strand von Copacabana das Elend beginnt?

„Copacabana in der Nacht, wo europäischer Überfluß und das Elend der Dritten Welt aufeinanderprallen, ist die hohe Schule der Desillusion", schrieb Lateinamerikakenner Wolfgang Eitel anläßlich der brasilianischen Wahlen in einem Schweizer Magazin. Wie wahr. Und wenn man sich sattgesehen hat am „Laufsteg der Illusionen", wie Copacabana so gern genannt wird, wird man verstehen, warum das so ist und wir als heimliche Nutznießer nicht ganz unschuldig daran sind.

Lamentieren Sie nicht, wenn Ihnen ein paar Cruzados abhanden kommen, richten sie sich vielmehr ein, denn Ihr Leben ist in keinem Moment in Gefahr. Genießen Sie lieber die Stadt der Cariocas; ihre Schönheit und Musik, ihren Tanz und ihre Feste, ihre Sinnenfreude und den stets neu erwachenden Lebensmut. — Darum Rio. *Até logo.*

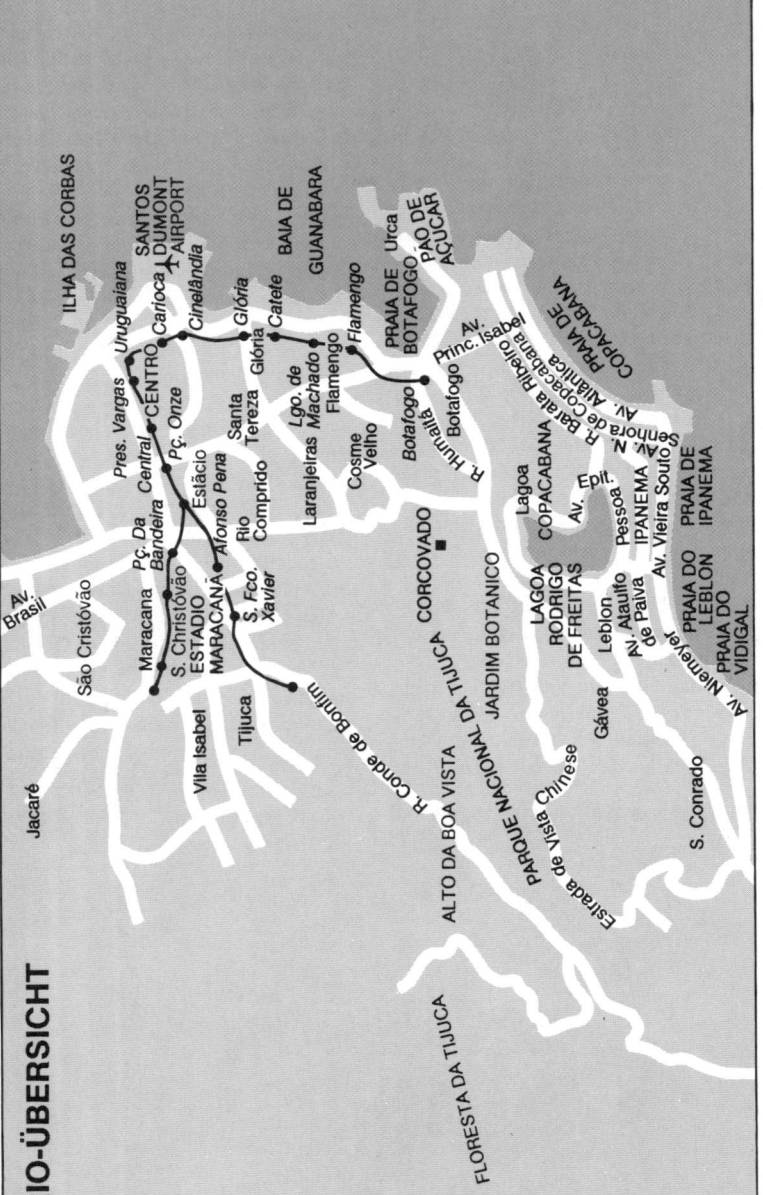

Rio ist von allen Seiten schön: prächtig der Blick vom Corcovado

Vor der Reise

Wer mit Billigflugtickets (meist sogenannten „Graumarkttickets") nach Brasilien oder allgemein nach Südamerika fliegt, reist üblicherweise nicht mit den Einschränkungen von Charterflügen, sondern mit regulären Linienflügen und ganz normalen Reservationen; erhältlich sind diese Tickets jedoch nicht direkt bei den Airlines, sondern bei spezialisierten Billigflugbüros. Da sich in Deutschland Hunderte solcher Billigreisebüros etabliert haben und diese „Szene" laufend in Bewegung ist, soll hier auf seitenweise Adressenangaben verzichtet werden. Diesbezügliche Informationsquellen sind u.a. Reisezeitschriften sowie die sogenannten Stadtzeitungen resp. Szene-Magazine der verschiedenen Landstriche; aber auch in den Tageszeitungen finden sich, hauptsächlich in den Wochenendausgaben, etliche (oft klitzekleine) Inserate. Welche dieser Büros wirklich am zuverlässigsten sind punkto umfassendem Know-how und ehrlicher Beratung sowie Flugreservationen und Lieferung von Tickets ohne nachträgliche Probleme, spricht sich in Travellerkreisen langsam aber sicher herum.

BILLIGFLÜGE

Billigflugtarife betragen generell nur etwa ein Drittel bis die Hälfte der offiziellen Jahrestarife. Da der Billigflugdschungel ständig dichter wird und auf den Routen nach Brasilien mehr als ein Dutzend europäische und lateinamerikanische Airlines sich mit teils verwirrender Billigtarifpolitik gegenseitig Kunden abzujagen versuchen, wäre es wohl verfehlt, hier seitenweise Angebote aufzulisten, die teilweise morgen schon überholt wären.

Im Interesse der besseren Verständlichkeit listen wir die vier attraktivsten Tarifarten der Linienflüge nach Rio (1. Kapitel) auf. Da die Städte Recife und São Paulo als Anflugsort einer Brasilienreise an Bedeutung gewinnen, seien diese Tarife ebenso erwähnt (2. Kapitel).

RIO DE JANEIRO
PEX-Tarife:
Für PEX-Tarife gelten folgende Bestimmungen: Ticket-Gültigkeitsdauer (Minimum-/Maximum-Aufenthalt), Ausstellung und Bezahlung des Tickets erfolgt zum gleichen Zeitpunkt, fixe Reservation, meistens Direktflüge.
■ **AB FRANKFURT:** DM 2499,– (14/90 Tage gültig).
■ **AB ZÜRICH:** Fr. 2080.– (13/60 Tage gültig).

Exkursions-Tarife ohne Stopmöglichkeiten:
Beschränkte Gültigkeitsdauer, fixe Reservation, meistens einmal umsteigen.
■ **AB FRANKFURT:** DM 1795,– (7/35 Tage gültig), DM 1860,– (7/90 Tage gültig).
■ **AB ZÜRICH:** Fr. 1730.– (13/60 Tage gültig), Fr. 1840.– (13/60 Tage gültig, Direktflug).

Exkursions-Tarife mit Stopmöglichkeiten:
Bedingungen wie oben, aber meistens umbuchbar.

■ **AB FRANKFURT:** DM 1960,– (7/90 Tage gültig, Stop möglich: Santo Domingo, Buenos Aires). DM 1940,– (7/180 Tage gültig, Stop möglich: Toronto).

■ **AB ZÜRICH:** Fr. 1990.– (7/90 Tage gültig, Stop möglich: Buenos Aires).

Ticket mit 1 Jahr Gültigkeit:
Rückflugdaten können offen gelassen oder umgebucht werden, mit und ohne Stopmöglichkeiten.

■ **AB FRANKFURT:** DM 1840.– (via London), DM 1690.– (via Casablanca, Stop möglich), DM 1900.– (via Lissabon).

■ **AB ZÜRICH:** Fr. 1855.– (via Toronto, Stop möglich), Fr. 1770.– (via Lissabon), Fr. 1890.– (via New York, Miami, Stops möglich), Fr. 1790.– (via London).

■ **AB GENF:** Fr. 1475.– (via Casablanca, Stop möglich).

RECIFE/SÃO PAULO
Recife:
■ **AB FRANKFURT:** DM 1900.– (1 Jahr gültig, via Lissabon). DM 2030.– (13/60 Tage gültig, via Paris).

■ **AB DÜSSELDORF/MÜNCHEN:** DM 1590.– bis 1790.– (4–8 Wochen gültig, Charter, Daten fix)

■ **AB ZÜRICH:** Fr. 1770.– (1 Jahr gültig, via Lissabon). Fr. 1990.– (13/60 Tage gültig, Daten fix, via Paris).

São Paulo:
■ **AB FRANKFURT:** DM 2449.– (14/90 Tage gültig, PEX, Daten fix), DM 1940.– (1 Jahr gültig, via Lissabon), DM 1865.– (14/60 Tage gültig, Daten fix, via Rom).

■ **AB ZÜRICH:** Fr. 1780.– (13/60 Tage gültig, Daten fix, via Rom), Fr. 1790.– (1 Jahr gültig, via London), Fr. 1855.– (1 Jahr gültig, via Toronto, Stop möglich), Fr. 2040.– (7/90 Tage gültig, via Madrid und Rio, Stop möglich).

GABELREISEN
Gabelreisen *(open jaw-Kombinationen)* sind Flugkombinationen, bei denen der Rückflugsort nicht dem Ankunftsort entspricht. Hier ein paar Beispiele:

■ Frankfurt – Rio, Überlandfahrt, Recife – Frankfurt: DM 1900.– (1 Jahr gültig).

■ Frankfurt – São Paulo, Überlandfahrt, Rio – Frankfurt: DM 2000.– (1 Jahr gültig).

■ Zürich – Recife, Überlandfahrt, São Paulo – Zürich: Fr. 2112.– (1 Jahr gültig).

■ Zürich – New York – Rio, Überlandfahrt, São Paulo – Miami – New York – Zürich: Fr. 1920.– (1 Jahr gültig).

■ Die Reisenden, welche mit einem einfachen Flug *(one way)* nach Brasilien fliegen, haben oft die Absicht, aus einem anderen südamerikanischen Land zurückzufliegen. Diese zahlreichen Kombinationsmöglichkeiten hier aufzulisten, würde den Rahmen sprengen. Nähere Auskunft erteilen kompetente Reisebüros.

BRAZIL AIRPASS

In Verbindung mit dem internationalen Flugschein kann damit ganz Brasilien entdeckt werden. Das gesamte innerbrasilianische Streckennetz der *Varig* und *Cruzeiro* – das sind immerhin mehr als 40 Städte – steht zur vielfältigen Reiseplanung offen. *Der Brazil Air Pass ist vor Abreise nach Südamerika zu erstehen* und wie folgt erhältlich: Gültigkeitsdauer ist 21 Tage ab Datum des ersten Inlandfluges; Anwendungsbereich mit unbeschränkter Anzahl Zielorte; Preis US$ 330.–.

FLUGGESELLSCHAFTEN

In Rio de Janeiro haben alle großen Fluggesellschaften eine Niederlassung. Diese Adressen sind nützlich für Rückbestätigungen und Umbuchungen. Die telefonische Vorwahl für Rio ist 21.

- **LUFTHANSA:** Avenida Rio Branco 156 D, Tel. 262-0223.
- **SWISSAIR:** Avenida Rio Branco 99, Tel. 203-2152.
- **VARIG:** Avenida Rio Branco 277, Loja G, Tel. 220-3821.
- **AIR PORTUGAL:** Avenida Rio Branco 311 B, Tel. 210-2414.
- **IBERIA:** Avenida Presidente Antonio Carlos 51, Tel. 282-1336.
- **AIR FRANCE:** Avenida Rio Branco 257 A, Tel 220-8661.
- **AEROLINEAS ARGENTINAS:** Caille São Jose 40 A, Tel. 221-4255.
- **BRITISH AIRWAYS:** Avenida Rio Branco 108, Tel. 242-6020.

BILLIGFLUGBÜROS

Schweiz:

Walter Kamm, Weltenbummler mit 100-Länder-Erfahrung und Gründer des **GLOBETROTTER TRAVEL SERVICE**, hat für dieses Buch die aktuellsten Flug-Infos zusammengestellt. Der Globetrotter Travel Service bietet umfassende Gratis-Beratung und günstige Flugtickets für Reisen auf eigene Faust. Zuerst das ausführliche Gratis-Heft *Ticket-Info* und vor allem die sehr informative Zeitschrift *Travel-Info* anfordern.

Zürich, Rennweg 35, Tel. 01/211 77 80.
Bern, Neuengasse 23, 031/21 11 21.
Basel, Falknerstr. 4,
   Tel. 061/25 77 66.
Luzern, Rütligasse 2, Tel. 041/22 10 25.
St. Gallen, Merkurstr. 4,
   Tel. 071/22 82 22.
Winterthur, Stadthausstr. 65, Tel. 052/22 14 26.

Deutschland:

- **ÄQUATOR REISELADEN:** Hohenzollernstr. 93, 8000 München 40, Tel. 089/271 13 50.
- **ASTA-REISEN:** Keplerstr. 17, 7000 Stuttgart 1, Tel. 0711/22 41 67.
- **GLOBE TRAVEL SERVICE:** Berliner Allee 56, 4000 Düsseldorf, Tel. 0211/37 08 76.
- **LE MONDE:** Luxemburger Straße 176, 5000 Köln 41, Tel. 0221/44 40 42.
- **SHR-REISECENTER:** Rothenbaumchaussee 55, 2000 Hamburg 13, Tel. 040/41 05 047.
- **SRID-REISEN:** Bockheimer Landstr. 131, Frankfurt 1, Tel. 069/70 30 35.
- **TEAM REISEN:** Hauptstr. 9, 1000 Berlin 62, Tel. 030/78 14 004-05.

Österreich:

- **ÖKISTRA:** Türkenstr. 4, 1090 Wien.

Anreise

VISA

Staatsangehörige der Bundesrepublik Deutschland, der Schweiz, aus Österreich und dem Fürstentum Liechtenstein brauchen für einen Aufenthalt von drei Monaten kein Visum. Der Paß sollte jedoch noch sechs Monate nach Ankunft gültig sein. **SCHUTZIMPFUNGEN** sind nicht nötig.

FLUGZEUG

Lufthansa und *Varig* fliegen nonstop von Frankfurt nach Rio, die *Swissair* von Zürich aus. Der Exkursions-Tarif bei mindestens 14 Tagen Aufenthalt kostet DM 2300 bzw. sFr. 2100. *Graumarkt-Tickets* gibt es, wenn auch selten. Ob, wo und zu welchem Preis solche erhältlich sind, muß jeder bei den entsprechenden Airbrokern selbst abklären. Rar sind auch *Charterflüge*. Die niederländische Fluggesellschaft *KLM* bietet ab Amsterdam hin und wieder sehr interessante Tarife an. (Siehe auch Kapitel „Billigflüge").

Der internationale Flughafen von **GALEÃO** ist einer der modernsten in Südamerika und das Einreise-Prozedere problemlos. Wichtig ist, daß der Paß abgestempelt wird. Bewahren Sie Ihr Einreiseformular gut auf, denn das müssen Sie bei der Ausreise erneut vorweisen. Nach der Gepäckausgabe kommt man − noch vor dem Zoll − zu den Duty-free-Geschäften.

Mein Tip: Rio-Galeão ist einer der wenigen Airports auf der ganzen Erdkugel, die einen Duty-free-Einkauf nach Ankunft erlauben. Erwerben dürfen Sie Waren im Werte von 300 Dollars. Nutzen Sie diese Gelegenheit. Ihre Freunde werden es zu schätzen wissen, denn importierte Waren sind in Brasilien extrem teuer.

Auch die Zollformalitäten sind rasch erledigt. 50 Prozent aller Ankommenden werden gecheckt. Wer sich genauerer Kontrolle zu unterziehen hat, bestimmt das rotgrüne Lichtsystem. Das heißt: Wer durch den grünen Kanal läuft, wird gebeten, einen Knopf zu drücken. Erst wenn dieser auch grün aufleuchtet, ist der Durchgang wirklich frei. Bei rot wird gewühlt. Zu befürchten ist allerdings nichts, nur bei Drogen.

In der Ankunftshalle herrscht das übliche Durcheinander. Hundertschaften dienstbarer Geister werden auf Sie zustürzen, um Taxis zu besorgen, Geld zu wechseln oder Gepäck zu tragen. Überflüssig sind sie allesamt, Trolleys stehen zuhauf bereit, fürs Geld hat ein Wechselschalter geöffnet (siehe Kapitel „Geld"), und *Taxi-Gutscheine* zum festen Preis von rund 15 Dollar bezieht man am besten durch die zwei offiziellen Taxi-Unternehmen **COOTRAMO** und **TRANSCOPASS**, deren Schalter gut sichtbar ausgeschildert sind. Alle 45 Minuten fährt für 1,50 Dollar auch ein **BUS** zum städtischen *Santos Dumont Airport* (für Shuttle-Flüge nach São Paulo) und weiter in die *City*, der auch bei allen Strandhotels in *Copacabana, Ipanema* und *São Conrado* hält. Die Fahrt dauert allerdings, je nach Tageszeit und Verkehrslage, bis zu 90 min.

Flughäfen:

■ **AEROPORTO INTERNATIONAL DO RIO DE JANEIRO (GALEÃO),** Ilha do Governador. Information Tel. 398-6060, An- und Abflugzeiten Tel. 398-4133.

■ **SANTOS DUMONT,** Praça Senador Salgado Filho, Centro. Shuttle-Service nach São Paulo. Auskunft Tel. 262-6311, Reservierungen Tel. 220-7728.

SCHIFF

Per Schiff werden wohl nur die Genießer einer Kreuzfahrt ankommen oder jene, die unendlich viel Zeit haben. *C.C. Costa* in Genua ist zur Zeit die einzige Reederei mit einer Passagierlinie von Europa nach Südamerika. Die Fahrzeit beträgt rund 14 Tage. Die Landungsstelle in Rio befindet sich in der Nähe der **PRAÇA MAUA** am oberen Ende der **AVENIDA RIO BRANCO**. Die Gegend ist nicht die sicherste. Am besten nimmt man gleich ein Taxi in Richtung Copacabana (mit Fixpunkt *Meridien-Hotel,* denn das hört sich nach Stadtkenntnis an) oder Ipanema mit Fixpunkt *Caesar Park Hotel,* wenn man an den Strand will. Für den kurzen Einkaufsbummel wählen Sie ein Taxi ins *Rio Sul-Einkaufszentrum.* Rucksacktramper schultern ihr Gepäck und wandern sechs Blocks stadteinwärts bis zur Kreuzung **AVENIDA PRESIDENTE VARGAS**, dann rechts, und drei Blocks weiter bis zur **METRO-STATION URUGUAIANA**. Wer zum lokalen Bus-Terminal **MENEZES CORTES** will, läuft die **AVENIDA RIO BRANCO** weiter bis zur 17. Straße auf der linken Seite.

Informationen

REISEZEIT

Rio de Janeiro ist nicht nur Karneval, und Karneval nicht nur Rio. Vor der Reise sollte sich also jede und jeder überlegen, was sie/er in Rio will: Karneval, oder Rio oder beides. Der *Karneval* findet entweder im *Februar oder im März* statt, mitten im europäischen Winter, zu einer Zeit, da es in Rio Sommer und am heißesten ist. Die Temperaturen können bis auf über 40 Grad Celsius klettern, und auch nachts wird es kaum kühler als 25 Grad. Ansonsten ist Rio das ganze Jahr über mit einem angenehm milden Klima gesegnet. Die Jahreszeiten Frühling, Sommer, Herbst und Winter sind nicht so scharf abgegrenzt wie bei uns, verlaufen aber grundsätzlich den europäischen genau entgegengesetzt. *Wenn bei uns Winter herrscht, ist in Rio Sommer, wenn in Rio Frühling wird, regiert bei uns bereits der Herbst.* Im brasilianischen Winter, im Juli, kann das Thermometer in Rio immerhin auf kühle 15 Grad absinken. Meist bietet der Winter jedoch warme und klare Tage und ist somit am besten geeignet für eine Sightseeing-Tour in der Stadt. Im Sommer hingegen kann es gräßlich schwüle Tage geben, mit bleigrauem Himmel und sogar Regen.

SPRACHE

In Brasilien wird *Portugiesisch* gesprochen oder vielmehr *Brasilianisch.* Denn Rios Einwohner, die *Cariocas,* haben tatsächlich ihre eigene Sprache aus dem Portugiesischen entwickelt mit vielen weichen, ineinandergezogenen sch- und g-Lauten, verschluckten Silben und Nasalen.

Spanisch-Kenntnisse helfen, um sich zurecht zu finden, doch eigentlich mögen es die Brasilianer nicht, mit den restlichen Südamerikanern spanischer Zunge in einen Topf geworfen zu werden. Dafür sind sie sehr hilfsbereit und geduldig, wenn man versucht, sich in ihrer eigenen Sprache verständlich zu machen.

Englisch wird kaum gesprochen, außer in den internationalen Hotels.

Ein ausführliches Glossarium mit *nützlichen brasilianischen Redewendungen* finden Sie am Ende dieses Buches.

FREMDENVERKEHRSBÜROS

Am Flughafen:

■ **RIOTUR**, die städtische Tourismusorganisation, unterhält in der Ankunftshalle einen Informationsschalter. Das Personal, meist junge Studentinnen, ist zwar äußerst reizend, aber ihre Kartei in bezug auf Hotelnachweise nicht auf dem neusten Stand; die Stadtpläne (ca. ein US-Dollar) sind meist vergriffen.

■ Die Lässigkeit der staatlichen Organisation machen sich Private zunutze. Der Schalter der **RDE** wirkt zwar sehr effizient, doch der angebotene sogenannte Rio-Paßport für 20 Dollar (!) mit schmaler Hotelliste, Stadtplan, einer Drehscheibe für international gebräuchliche Redewendungen – und das

alles in brauner Plastikmappe, mag zwar dem unbeholfenen Touristen ein Gefühl von Sicherheit geben, ist aber in Wirklichkeit eine ziemliche Geldschneiderei. Broschüren, Pläne und Prospekte erhalten Sie günstiger in der Stadt.

In der Stadt:

■ **EMBRATUR,** Rua Mariz e Barros, beim Praça da Bandeira, Tel. 273-2177. Staatliches nationales Verkehrsbüro aller Bundesstaaten, das allerdings nicht sehr zentral gelegen ist. Erhältlich sind Prospekte.

■ **RIOTUR**, Rua da Assembléia 10, 8. Stock, Tel: 221-8422. Für Stadtinformationen von Rio. Sehr effizient sind die Büros nicht. Eigentlich kann man sich die Wege sparen. Um Riotur kommt man für *Eintrittskarten zum Karneval* allerdings nicht herum, da die Organisation als Veranstalter auftritt.

Riotur hat zudem Informationsstände an typischen Touristenpunkten eingerichtet: an der *Seilbahnstation zum Zuckerhut*, am *Busbahnhof* und am *Rodoviária Novo Rio*. Rechnen Sie besser nicht damit, daß diese immer geöffnet sind.

■ **FLUMITUR**, gleiche Adresse wie Riotur, nur einen Stock tiefer. Diese Stelle ist für den Staat Rio de Janeiro zuständig.

■ **TURISRIO**, Rua da Assembléia 10, 8. Stock, Tel. 398-4077.

■ Außerdem hält jeder **KIOSK** notwendiges wie überflüssiges Info-Material bereit.

■ In **HOTELS** liegen oft der wöchentliche Veranstaltungskalender aus, zudem ein kleiner Stadtplan in praktischem Taschenformat, ein Werbegeschenk des Juweliers Hans Stern und anderen.

GELD

Brasiliens **INFLATIONSRATE** von über tausend Prozent war im letzten Jahr Thema aller Wirtschaftszeitungen. Bereits im Februar 1986 versuchte die Regierung, die Inflation durch Abwertung und Einfrieren der Preise in den Griff zu bekommen. Aus dem *Cruzeiro* wurde der *Cruzado*, der drei Stellen vor dem Komma weniger Wert war. Seit Anfang 1989 ist der *Novo Cruzado* offizielle Währung, dem nochmals drei Nullen gestrichen wurden. Cruzeiro- und Cruzado-Scheine sind beide im Umlauf, oft zweimal überstempelt und immer ordentlich zerschlissen. Viel genützt haben weder die erste noch die zweite Abwertung, auch nicht das Einfrieren der Preise. Die Inflationsrate schraubt sich weiterhin in die Höhe. Hinzu kommt, daß Brasilianer und auch brasilianische Firmen starken staatlichen Vorschriften in Bezug auf ihre jährlich erlaubten Dollarbestände ausgesetzt sind. Normale Nachfrage würde den Dollarkurs viel höher treiben. Also gibt es in Brasilien zwei Kurse.

Erstens: den *offiziellen Kurs,* von Brasiliens Zentralbank festgesetzt, den man auf jeder Bank und in jedem Hotel erhält. Falls Sie auf diese Art und Weise ihr Geld wechseln, behalten Sie die Quittung, denn bei der Ausreise können Sie maximal ein Drittel davon in harte Währung zurücktauschen.

Wichtig: Für die **AUSREISEGEBÜHR** am Flughafen sollten Sie rund 10 Dollar in Landeswährung übrig haben.

Zweitens: Der *Parallelkurs* kann wesentlich höher liegen als der offizielle, im Durchschnitt um 30 Prozent, je nachdem, wieviel Devisen gerade im Land sind. Das heißt, zum Karneval, wenn Tausende von Touristen im Land sind, ist der Kurs garantiert schlechter als im übrigen Jahr.

Banküberweisungen aus dem Ausland lohnen nicht, da diese nur in Landeswährung ausbezahlt werden können und nicht in Devisen. Gleichfalls unsinnig ist die Zahlung mit *Kreditkarten,* obwohl das möglich ist, da Ihnen zu Hause der offizielle Kurs berechnet wird. Was also mitnehmen? *Der US-Dollar ist die beste Währung.* Bares Geld erzielt den höchsten Gegenwert, Traveller-Schecks in US-Währung, nicht immer akzeptiert, etwas weniger. Es empfiehlt sich, stets *nur wenig Geld zu wechseln,* da sich der Kurs fast täglich ändert. Einige gute **WECHSELSTUBEN** befinden sich am unteren Abschnitt der *Avenida Rio Branco* im Zentrum. Sie sind zu normalen Geschäftszeiten geöffnet:

■ **CASA QUEIROZ,** Avenida Rio Branco 26.

■ **CAMBITUR,** Avenida Rio Branco 31.

■ **IRMÃOS CUPELLO,** Avenida Rio Branco 31.

Wechseln auch Schecks.

In *Copacabana* gibt es in der *Avenida Nossa Senhora de Copacabana* zahlreiche Wechselstuben, ebenfalls in *Ipanema* in der *Visconde de Pirajá.*

■ **CAMBITUR,** Visconde de Pirajá 109, Ipanema.
Wechselt Schecks und ist auch am Samstagmorgen offen.

■ **CASA PIANO,** Visconde de Pirajá 365, Ipanema.
Bietet den besten Kurs, aber nur für Bargeld.

■ Am Sonntag kann man auch die Verkäufer auf dem **HIPPIEMARKT** in Ipanema fragen. Sie tauschen zu einem guten Kurs.

POST/TELEFON

Der Telefon-Service in Rio ist gut und effizient. Überall im gesamten Stadtgebiet findet man die *großen gelben Ohren,* schallabsorbierende Muscheln, so daß man mitten im tosenden Verkehrsgewühl mit einiger Übung halbwegs das eigene Wort versteht. Gefüttert werden die Apparate mit **FICHAS,** und zwar bevor man wählt. Fichas sind in Rollen an jedem Zeitungsstand zu kaufen. Sie sollten stets einen kleinen Vorrat dieser Telefonmünzen mit sich tragen. Will man ein **R-GESPRÄCH** von einem öffentlichen Telefon führen, ist die Nummer **107** zu wählen.

Natürlich gibt es auch einige wenige richtige *Telefonzellen.* Die Stadt kam aber davon ab, diese weiterhin in Stand zu halten oder das Netz gar auszubauen, denn die Apparate wurden regelmäßig zerstört und die Kabäuschen als Schlafstätten zweckentfremdet.

■ Braucht es wirklich mal eine ruhigere Umgebung zum Telefonieren, bieten sich folgende Möglichkeiten an:

INTERNATIONALER AIRPORT, 24 Stunden offen.

BUSSTATION NOVO RIO, 24 Std. offen.

SANTOS DUMONT AIRPORT, 6 – 23 Uhr.

PRAÇA TIRADENTES 41, Centro, 24 Stunden offen.

TERMINAL MENEZES CORTES, Centro, 6.30 – 22 Uhr.

AV. N.S. DE COPACABANA 462, Copacabana, 24 Stunden offen.

RUA VISCONDE DE PIRAJA 111, Ipanema, 6.30 – 23 Uhr.

BARRA SHOPPING, Barra da Tijuca, 10 – 22 Uhr.

■ Natürlich kann man von allen Hotelzimmern der Vier- und Fünfstern-Hotels direkt telefonieren, meist sogar ins Ausland. Rechnen Sie aber mit bis zu 50 Prozent Zuschlag.

■ **AUSKUNFT:** 00-03-33, auch in englisch. In den Telefonbüchern sind alle Codes, die man direkt anwählen kann, aufgelistet.

■ **VORWAHL** nach *Deutschland*: 0049, in die *Schweiz*: 0041, nach *Österreich*: 0043. Darauf folgen in jedem Fall der Stadt-Code (vorangestellte Null weglassen) und die private Nummer.

■ Wenn Sie ein **R-GESPRÄCH** anmelden wollen, müssen Sie 000-111 wählen.

■ **VERMITTLUNG:** Tel. 100.

■ **PREISINDEX** für Telefon-Gespräche: Tel. 108.

■ **UHRZEIT:** Tel. 130.

■ **WECKRUF:** Tel. 134.

■ **TELEGRAMM-AUFGABE:**
national – Tel. 135,
international – Tel. 000-222.

■ **BRASILIANISCHE STÄDTE:** Jeweilige Stadtvorwahl und Tel. 121.

■ **TELEX-AUFGABE:** Tel. 935.

Post:
Rio hat zahlreiche Postämter. Die Öffnungszeiten variieren, liegen aber meistens zwischen 8 Uhr morgens und 18
Uhr abends. Rund um die Uhr ist nur
das Postamt im Internationalen Flughafen Galeão geöffnet. Die wichtigsten
Postämter in der *zona sul* sind:

■ **COPACABANA/LEME:**   Avenida
Princesa Isabel 323a.
Avenida N.S. de Copacabana 540 (auch
für Telex).
Rua Dias da Rocha 45.
Avenida N.S. de Copacabana 1298.
■ **IPANEMA/LEBLON:** Rua Prudente
de Morais 147 (Praça General Osório).
Rua Visconde de Pirajá 452.
Avenida Ataulfo de Paiva 822.
■ **JARDIM BOTANICO:** Rua Jardim
Botânico 643.
■ **BARRA DA TIJUCA:** Barra Shop-
ping-Center.

ZEITUNGEN

Die großen Zwei in Rio sind **O GLOBO**
und das **JORNAL DO BRASIL**. Beide
bringen täglich und am Wochenende
besonders ausführliche Veranstaltungs-
hinweise. Auf den Wirtschaftsseiten
kann man sich täglich über den Dollarkurs informieren, den offiziellen als
auch den Tourismus- respektive Parallelkurs, den *Dolar Paralelo*.

Verkehrsmittel

BUS

Das dröhnende, donnernde Chaos der
Busse und vor allem ihre Anzahl wird
Ihnen bei Ankunft in der Stadt als er-
stes auffallen. Die stinkenden, fauchen-
den Ungetümer fahren zwar überall hin.
Trotzdem ist für Touristen einige Vorsicht am Platz, finden in ihnen doch die
meisten Überfälle – auf Besucher wie
auch auf Einheimische – statt. Zudem
braucht man einiges an Stehvermögen,
um in den schüttelnden Dingern nicht
umzufallen, denn Rios Busfahrer ope-
rieren rücksichtslos nach dem Motto:
Der Stärkere siegt.

Mein Tip: Sicher sind die klimatisier-
ten *frescãos* von *Castelo* bis zum Hotel
National, nach Urca, Copacabana, Jar-
dim de Alah (Ipanema), Leblon, São
Conrado, Barra Shopping und Leme.
Auch solche mit dem Schild *Metrô* von
Botafogo sind im allgemeinen problem-
los.

Für die gemütliche *Sightseeingtour*
empfiehlt sich hingegen eine Fahrt mit
den *jardineiras*. Das sind an den Seiten
offene Busse, die aussehen wie eine
Gartenlaube und seit 1985 von Leme
nach São Conrado und weiter bis nach
Barra fahren, immer den verschiedenen
Stränden entlang. Im Schnitt starten die
Busse alle 20 Minuten. Die Haltestellen
sind durch einen Pfahl mit der Aufschrift *Jardineira* alle 500 Meter entlang
der Strecke klar markiert.

◄

*Telefoniert wird auf der Straße, versteckt hinter großen gelben Ohrmuscheln,
die den gröbsten Lärm dämpfen.*

Busstationen:

■ **NOVO RIO,** Avenida Francisco Bicalho 1, São Cristóvão, Tel. 291-5151. Busse fahren in alle Provinz-Hauptstädte Brasiliens, aber auch ins benachbarte Ausland.

■ **MENEZES CORTES,** besser bekannt als **CASTELO,** Rua São José, Centro, Tel. 224-7577. Die Busse fahren in alle Stadtviertel Rios, ins Umland und die Ausflugsorte *Petrópolis* und *Teresópolis.* Die klimatisierten Busse in die *zona sul,* die *frescãos,* fahren auch von hier.

U-BAHN

Rio de Janeiro hat eines der modernsten, saubersten und effizientesten U-Bahnsysteme der ganzen Welt. Allerdings ist die U-Bahn nur montags bis samstags von 6 bis 23 Uhr in Betrieb und das Netz auch nicht besonders ausgedehnt. Eigentlich gibt es nur zwei Stränge: von Botafogo nach Centro, die **LINIE 1,** und von São Cristóvão nach Maracana, die **LINIE 2.** Geplant ist, die Linie 1 bis nach Copacabana und Ipanema auszubauen. Im Jahre 1990 soll dies fertig sein. Mit der U-Bahn fährt man per Einheitstarif. Am besten löst man gleich ein Retour-Ticket, *ida e volta.* Folgende Stationen sind wichtig:

■ **CATETE:** Falls Sie ins Museum der Republik wollen.

■ **GLORIA:** In der Nähe des Hotels Gloria und des Yachthafens.

■ **CINELANDIA:** Am Ende der Avenida Rio Branco, wo sich zahlreiche Kinos befinden. Viele Fluglinien haben ihre Geschäftsstellen ebenfalls ganz in der Nähe, außerdem befinden sich hier das Teatro Municipal und das Museum für Moderne Kunst.

■ **CARIOCA:** Im mittleren Abschnitt der Avenida Rio Branco, in der Nähe der Kathedrale, der Busstation Castelo, der Praça XV und dem Largo de Carioca.

■ **URUGUAIANA:** Oberes Ende der Avenida Rio Branco; die richtige Station für die Besichtigung der Kirchen Candelária und São Bento. Praça Mauá, die Schiffsanlegestelle, ist ebenfalls in der Nähe.

■ **CENTRAL:** Wichtig während des Karnevals, wenn man in einem Block mit ungerader Nummer sitzt.

■ **PRAÇA ONZE:** Station für solche mit Tickets in Blocks mit gerader Nummer. (Siehe auch Kapitel „Karneval").

TAXIS

Taxis fahren in Rio mehr als genug, nicht aber, wenn es regnet. Die üblichen Fahrzeuge sind schlicht gelb lackiert. Alle Marken werden benutzt, vom Fiat bis zum Mercedes. Achten Sie darauf, daß der Taxameter vor Antritt der Fahrt eingeschaltet ist. Zu normalen Tageszeiten wird Ihnen Tarif 1 berechnet, Tarif 2 tritt nach 23 Uhr, an Wochenenden und Feiertagen und wenn Sie weiter als nach Leblon fahren in Kraft. Wegen der galoppierenden Inflation hat man längst aufgegeben, die Taxameter den unzähligen neuen Nullen anzupassen. Damit die Kunden trotzdem wissen, welchen Preis sie zu zahlen haben, ist links hinten im Fenster eine Umrechnungstabelle angebracht, auf der sie den Preis ablesen können.

Gleichfalls ist in Rio ein Radio-Taxi-Service eingerichtet, der zwar teurer ist, aber auch die bequemeren Wagen bietet.

COOPERTRAMO, Tel. 260-2022.
COOTRAMO, Tel. 270-1441.
TRANSCOOPASS, Tel. 270-4888.

MIETWAGEN

Billig ist es nicht gerade, z.B einen VW-Golf, der in Brasilien *Gol* heißt, zu mieten. Rechnen Sie für Miete, Versicherung und Benzin respektive Alkohol. — mehr als die Hälfte aller Autos fährt mit aus Zuckerrohr gewonnenem Alkohol — mit Preisen wie zu Hause. Eine gute Orientierungshilfe ist der Straßenatlas von Quatro Rodas, der *Guia Rodoviário*.

In der Stadt selbst kommt man mit öffentlichen Verkehrsmitteln oder einem Taxi überall hin. Ein Mietauto ist deshalb nur jenen zu empfehlen, die hervorragende Nerven haben, unbedingt die Individualität der eigenen vier Räder brauchen oder — und dann wirklich ein Muß — gern abgelegene Strände rund um Rio besuchen.

Autofahren in Rio hat nicht mehr Tücken als in jeder anderen Großstadt auch: Chaos, Lärm und Gestank sind der Normalfall. Ihrem Temperament entsprechend haben sich die Cariocas einige verkehrstechnische Spezialitäten einfallen lassen, die dem kosmopolitischen Gerangel eine Spur Finesse geben: Überholt wird links und rechts. Verkehrssignale sind dazu da, ignoriert zu werden.

Um Unfälle zu vermeiden, reihen Sie sich ein in den Verkehrsstrom, der durchaus seine innere Ordnung hat. Es ist einfacher, als das Chaos von außen vermuten läßt. Ihre Anpassungsfähigkeit danken die Cariocas Ihnen mit einem breiten Lächeln, einem Hupkonzert und dem rechten Daumen in der Luft: *Tudo bem*, alles in Ordnung!

Alle Autovermietungen befinden sich in **COPACABANA** an der **AVENIDA PRINCESA ISABEL**, sozusagen Tür an Tür. Außer *Budget* haben alle am Internationalen Flughafen einen zusätzlichen Stand. Die Preise variieren je nach Dauer der Miete, günstiger sind Wochenend-Tarife. Im Prinzip ist die Automiete etwa gleich teuer wie bei uns. Die lokalen Gesellschaften sind manchmal eine Spur billiger, die Autos aber eben diese Spur verlotterter.

AVIS, Nr. 150, Tel. 542-4249.
BUDGET, Nr. 350, Tel. 275-3244.
HERTZ, Nr. 334, Tel. 275-4996.
INTERLOCADORA, Nr. 186,
    Tel. 275-6546.
LOCALIZA, Nr. 214, Tel. 275-3340.
NOBRE, Nr. 150, Tel. 541-4646.

Umsicht ist besser als Nachsicht

Im Bus:
Wer sich längere Zeit in Rio aufhält, wird kaum vermeiden können, regelmäßig Busse zu benutzen. Mit Umsicht und *gesundem Menschenverstand* ist das auch möglich, ohne in ständiger Paranoia vor Überfällen zu leben. Mit einigem Stolz kann ich immerhin resümieren: Im Bus wurde ich nie überfallen.

Wenn man Bus fährt, ist vorweg zu überlegen, wieviel und was man unbedingt mit sich tragen muß: Zu empfehlen sind ein Minimum an Geld, kein Schmuck, keine Uhr, kein Fotoapparat. Wohin die Busse fahren, ist an der Frontseite angezeigt, allerdings braucht es einige Ortskenntnisse, um die Straßenzüge oder Ortsteile zu lokalisieren. Im Zweifelsfalle fragt man am besten den Schaffner, der hinten sitzt; der weiß alles. Wer mit will, muß flink sein: Aufspringen, festhalten und rasch durchs Drehkreuz gehen. Das Kleingeld für den Fahrschein sollte man lose in der Hosentasche oder in der Hand haben, damit man nicht lange herumkramen muß. Beim Passieren des Drehkreuzes müssen Sie Ihre Tasche ganz fest halten − und weit vorne Platz nehmen. Denn hinten, wo nicht gezahlt wird und das Gedränge am größten ist, wird am ehesten geklaut. Wenn jugendliche Banden einsteigen, heißt es, nichts wie raus, zu Fuß gehen, ein Taxi nehmen oder mit viel Gottvertrauen den nächsten Bus nehmen. Falls das Schicksal wirklich zuschlägt: Geben Sie ab, was Sie haben. Und ein paar Cruzados sollte man immer, sozusagen als Trostpflaster, zum Weggeben griffbereit bei sich haben, denn meist wird aus schierer Not geraubt und nicht zum Spaß. Im übrigen gilt: Was man nicht bei sich hat, kann einem auch nicht abhanden kommen.

Mein Tip: Es gibt einige Buslinien, die man wirklich nicht benutzen sollte, weil sie die ärmsten Favelas durchfahren und ständig bandenmäßig überfallen werden. Nehmen Sie nie den *Bus 553,* der an den Hotels Inter-Continental und National vorbei in Richtung Cen-

tro fährt. Meiden Sie ebenfalls die *Nummer 474* mit Ziel Jacarré, der via Centro in die Nordzone fährt sowie die *Linie 434* nach Grajaú.

Verhaltensregeln im Umgang mit Rios Kriminalität:
Traurig, aber wahr: Rio hat eine enorm hohe Kriminalitätsrate. In einer Stadt, in der nur 18 Prozent aller Haushalte zur Ober- und Mittelschicht zählen und mehr als ein Fünftel der 10,4 Millionen Einwohner (Stand: 1985) in einer der 480 Favelas unter erbärmlichsten Umständen leben muß, ist es eigentlich nicht erstaunlich, wenn sich jene gewaltsam verschaffen, was ihnen mit oder ohne Arbeit in jedem Fall vorenthalten bleibt. Der größte Teil der städtischen Kriminalität, so auch der immense illegale Drogenhandel, findet denn auch in den Favelas und in den armen Teilen der Nordzone statt, Viertel, in die Reisende − außer zum Besuch einer Sambaschule − ohnehin selten gelangen.

Die kleinen Gaunereien in den Straßen und am Strand sind es hingegen, die das Leben in Rio erschweren. Mit Vorsicht, vernünftigem und unauffälligem Verhalten kann man sich einigermaßen schützen. Also immer genau überlegen, was man wirklich mit sich tragen muß. Alles Überflüssige bleibt im Hotelsafe, Traveller-Schecks, Geld, Schmuck inklusive Uhr, Paß und Flugticket sowieso. *Kamera nur in einer unauffälligen Tasche mit sich tragen.*

Taschendiebe haben ihre bevorzugten Tatorte: auf Märkten, in Bussen, in gutbesuchten Geschäften. Während des Karnevals sind die großen Paraden von der Polizei gut bewacht, jene auf der Avenida Rio Branco hingegen weniger. Die Eingänge zu den Karnevalsbällen sind ebenfalls bei Langfingern beliebt. Wenn auch meist Gelegenheit Diebe macht: Überfallartige Entreiß-Diebstähle kommen trotz größter Vorsicht vor.

Mein Tip: Keine Panik! Die meisten Gauner sind zwar nicht alleine, aber unbewaffnet. Falls nicht, werden Sie es sofort merken, und dann geben sie eben alles, was Sie bei sich haben. Sich zu wehren, lohnt nicht, wie meine eigene Erfahrung mich lehrte. Der knapp sechzehnjährige Bursche, der mich auf nächtlicher Straße, obwohl nicht allein, von hinten anfiel, war finster entschlossen, meine kleine Tasche an sich zu reißen. Was ihm denn auch gelang, denn Schrecksekunden können ganz schön lang sein und Reflexe unberechenbar. Meine erste Reaktion war, den Angreifer abzuwehren, woraufhin ich ein blaues Auge kassierte. Denn Angst hatte der jugendliche Dieb mindestens genau so viel wie ich.

Schreien wird man automatisch, es nützt aber nicht viel – solange Ihnen nur Materielles abhandenkommt, sagt sich jeder Carioca sinnigerweise: „Ist ja nichts passiert." Lassen Sie hingegen auf der nächsten Polizeistation ein Protokoll aufnehmen, das ist wichtig für die Versicherungsgesellschaft zu Hause.

Auch wenn Hotels oder zumindest die Safes als sicher gelten; passiert es hin und wieder, vor allem in der Luxusklasse, daß Hotelsafes durch organisierte Banden aufgebrochen werden und die Panzerknacker mitsamt der Beute auf Nimmerwiedersehen verschwinden.

So geschehen im Hotel Arpoador Inn, Ecke Copacabana/Ipanema, ein preisgünstiges und beliebtes Hotel der Mittelklasse, in dem innerhalb von acht Monaten die Touristen gleich zweimal um ihre deponierte Habe gebracht wurden. Solche Ereignisse sind dann wirklich nur noch unter Pech abzubuchen.

Und noch eine Warnung an männliche Leser: Nächtliche Spaziergänge an der flutlichtbestrahlten Copacabana sind eigentlich gang und gäbe und auch nicht speziell gefährlich. Nur, wenn sich bei Ihnen eines dieser besonders netten, schnurrenden Mädchen einhängt, sollten Sie sich doch schnell vergewissern, ob Ihr Portemonnaie noch an Ort und Stelle ist.

Schließlich gibt es noch ein paar Dinge, die man in Rio wirklich vermeiden sollte, will man sich nicht erhöhter Gefahr aussetzen. Dies, ohne einer Überängstlichkeit das Wort zu reden, die nicht am Platze ist. Es wäre auch schade, denn Rio ist eine so lebensfrohe Stadt und die Cariocas sind freundlich und hilfsbereit.

■ Nachts nicht in unbeleuchteten Gegenden herumlaufen.

■ Die schon erwähnten Busse meiden, ebenfalls die *Straßenbahn nach Santa Teresa* – wenn es unbedingt sein muß, denn schön ist die Fahrt dorthin – absolut ohne Wertgegenstände!

■ Spazieren Sie nie zu Fuß – auch nicht im hellen Tageslicht – zwischen dem *Hotel Sheraton* und *Leblon* oder umgekehrt.

■ Spazieren Sie nicht zwischen *Leblon* und *Ipanema* zu später Stunde, die Gegend ist als „Jardim de Alah" bekannt. Zwei Straßen weiter befinden sich zwei der beliebtesten Nachtklubs, *Scala* und *Plataforma*. Ein nächtlicher Spaziergang dorthin ist zwar verlokkend, aber hochgefährlich. Am Tage ist sogar die Leblon-Seite des Kanals zu meiden. Justamente hier wurde ich überfallen, da die meist jugendlichen Diebe schnell in den unübersichtlichen umliegenden Favelas verschwinden können.

■ Lassen Sie die Hände von Drogen.

■ Die Wasser und Wellen vor Rios Stränden haben wegen starker Strömungen Ihre Tücken.

■ Kommen Sie nie auf die Idee, eine Mutprobe in Form eines Favela-Spazierganges absolvieren zu wollen. *Armut ist keine Attraktion.*

■ Und schließlich: Benehmen Sie sich eher wie ein Reisender anstatt als guterkennbarer Tourist.

Hilfe in Rio

Rios Polizisten sind omnipräsent. Entweder schlendern sie zu zweit in den Straßen oder halten sich in ihren gut sichtbaren Kabäuschen auf. Einige Polizisten sprechen Englisch oder eine andere Fremdsprache, hilfsbereit sind sie in jedem Fall. Weiterhelfen kann Ihnen auch:

■ **INTERNATIONALE VERMITTLUNG,** Tel. 000-333.

■ **POLIZEI,** Tel. 190.

ÄRZTLICHE HILFE

■ **RIO HEALTH COLLECTIVE (RHC),** Banco National Building, neben dem Barra Shopping Center, Avenida das Anricas 4430, Raum 303, Barra da Tijuca, Tel. 325-9300, intern 44.

Das Kollektiv arbeitet auf freiwilliger Basis und bietet Hilfe bei allen möglichen medizinischen Problemen. Man kann sich auf Portugiesisch und Englisch verständlich machen. Sie verfügen auch über eine Liste der fremdsprachigen Ärzte.

Mein Tip: Wenn man schon nichts bezahlen muß, sollte man sich in Form einer Spende erkenntlich zeigen.

Notdienst rund um die Uhr:

■ **GOLDEN CROSS,** Tel. 286-0044. Brasiliens größter nationaler Gesundheitsservice. Dort wird kaum anderes als Portugiesisch gesprochen.

Folgende Privatkliniken leisten ebenfalls Notdienste, meist findet man auch einen englischsprechenden Arzt:

■ **SOROCABA CLINIC,** Rua Sorocaba 464, Botafogo, Tel. 286-0022.

■ **CENTRO MEDICO IPANEMA,** Rua Anibal Mendonça 135, Ipanema, Tel. 239-4647.

■ **SÃO BERNARDO CLINIC,** Avenida das Américas 3250, Barra da Tijuca, Tel. 325-6611.

Ambulanzen:
Wählen Sie entweder die Nummer **192** oder folgende private Institutionen:

■ **CLINIC SAVIOR,** Tel. 227-5099.

■ **PULLMANN,** Tel. 236-1011.

Zahnärztliche Hilfe:

■ **ASSISTENCIA DENTARIA,** Av. das Américas 2300, Barra, Tel. 399-1603.

■ **CLINICA DE URGENCIA,** Rua Marques de Abrantes 27, Botafogo, Tel. 226-0083.

Die Polizei ist in Rio omnipräsent. Wirksam eindämmen können sie die Kriminalität in der Stadt jedoch nicht.

■ **DENTARIO ROLLIN,** Rua Cupertinho Durão 81, Leblon, Tel. 259-2647.

APOTHEKEN/DROGERIEN
Rund um die Uhr in Copacabana:
■ **FARMACIA DO LEME,** Av. Prado Junior 237, Tel. 275-3847.
■ **FARMACIA PIAUI,** Rua Barata Ribeiro 646, Tel. 255-7445.
■ **DROGARIA CRUZEIRO,** Av. N.S. de Copacabana 121, Tel. 287-3694.

In Ipanema/Leblon:
■ **FARMACIA PIAUI,** Av. Ataulfo de Paiva 1283, Tel. 274-7322.

Barra da Tijuca:
■ **DROGARIA ATLAS,** Estrada da Barra da Tijuca 18, Jóa, Tel. 399-5421.

BOTSCHAFTEN
■ **BOTSCHAFT DER BUNDESREPUBLIK DEUTSCHLAND,** Rua Presidente Carlos de Campos 417, Laranjeiras, Tel. 285-2333.
■ **SCHWEIZER BOTSCHAFT,** Rua Candido Mendes 158, 11. Stock, Gloria, Tel. 242-8035.
■ **ÖSTERREICHISCHE BOTSCHAFT,** Av. Atlântica 3804, Copacabana, Tel. 227-0044 und 227-0048.

Unterkunft

Abgesehen von der Hochsaison zur Karnevalszeit, wenn die nationalen und internationalen Reiseveranstalter das letzte Bett in Rio aufgekauft haben und die Preise in exorbitante Höhen schnellen, ist es kein Problem, eine passende Unterkunft zu finden. Sie können wählen: Luxus an den Strandfronten von Copacabana, Ipanema oder São Conrado, zu Preisen, die in Europa für ein 3-Stern-Hotel anzulegen sind; etwas in der mittleren Preisklasse, zwei, drei Straßen weg vom Strand. Oder kleine und günstige 2-Stern-Hotels in den hinteren Gassen von Copacabana, die erstens sehr viel Lokalkolorit bieten und zweitens um einiges ruhiger liegen als jene direkt an den Hauptstraßen.

COPACABANA und **IPANEMA** sind für Individual-Reisende die besten Wohnlagen, denn hier hat man alles in der Nähe: Stadt, Strand und vor allem Unterhaltung. **SÃO CONRADO** mit seinen internationalen Hotelketten ist eher auf die Gruppenreisen-Klientel zugeschnitten und weit ab vom Schuß. **BARRA DA TIJUCA** liegt noch weiter außerhalb, hat nur wenige Hotelunterkünfte und eignet sich am besten für jene, die mindestens den halben Tag am wunderschönen Strand verbringen wollen.

Mein Tip: City-Freaks können durchaus in der Stadt wohnen, ist aber nicht zu empfehlen, denn das **CENTRO** ist der einzige Ort in Rio, wo ernsthaft „malocht" wird und sonst gar nichts. Nach Arbeitsschluß ist das Zentrum wie ausgestorben, und da das Nachtleben einen großen Teil des Charmes von Rio ausmacht, müßte man ständig hin- und herpendeln. Einige Adressen in **CENTRO, CATETE** und **FLAMENGO** sind trotzdem angegeben, denn die Hotels sind qualitativ gut und günstig und rechtfertigen durchaus manche Taxifahrt.

Rios Hotels sind von **EMBRATUR**, Brasiliens staatlicher Tourismusorganisation, in fünf Kategorien – von einem bis fünf Sternen – aufgeteilt. Fünfstern-Hotels gelten als absolute Luxusklasse, der Unterschied zwischen drei und vier Sternen ist minimal, wärend der zwischen zwei und drei Sternen beträchtlich sein kann. Zweistern-Hotels sind zwar einfach, aber durchaus komfortabel für ihren Preis. Und sogar in den erwähnten Einstern-Hotels haben alle Zimmer mindestens eine Dusche. Die aufgelisteten Häuser sind sauber und auch sicher.

PREISWERTE HOTELS

Einfach, sauber und bequem sind die Hotels der unteren Klasse. Über mindestens eine eigene Dusche oder auch ein Bad verfügen die Zimmer alle. Oft sind auch TV, Bar und Safe vorhanden. Die Preise bewegen sich zwischen 20 und 30 Dollar.

■ **BIARRITZ,** Rua Aires Saldanha 54, Copacabana, Tel. 255-6552.
Kleines, nettes Hotel in den rückwärtigen Straßen von Copacabana.
■ **CARLTON,** Rua João Lira 68, Leblon, Tel. 259-1932.

Ruhiges Haus, daher gut für **FAMI-LIEN** geeignet, die eine freundliche Atmosphäre schätzen. Nur ein paar Straßen vom Strand entfernt.

■ **FLAMENGO PALACE,** Praia do Flamengo 6, Flamengo, Tel. 205-1552. Bei RUCKSACK-TOURISTEN sehr beliebt. Komfortable und gute Lage zwischen Stadt und Strand.

■ **FLORIDA,** Rua Ferreia Viana 69/81, Flamengo, Tel. 245-8160. Sehr großes Hotel. Viele Gruppen steigen hier ab. Die vielen Reisebüro-Aufkleber an der Eingangstür bestätigen das.

■ **GRANADA,** Avenida Gomes Freire 530, Lapa, Tel. 224-8622. Nahe am Zentrum in einer ziemlich dubiosen Gegend; *für alleinreisende Frauen nicht so geeignet.*

■ **GRANDE HOTEL OK,** Rua Senador Dantas 24, Centro, Tel. 292-4114. Befindet sich im Zentrum nahe dem Kinoviertel. Wie schon in anderen Hotels ist auch hier die Empfangshalle das Prunkstück.

■ **GUANABARA PALACE,** Avenida Presidente Vargas 392, Centro, Tel. 253-8622. Liegt an einer der Prachtstraßen von Rio. *Sehr zentrale Lage.*

■ **IMPERIAL,** Rua do Catete 186, Catete, Tel. 205-0212. Nahe am Zentrum, und trotzdem gute Busverbindungen zum Strand.

■ **IPANEMA INN,** Rua Maria Quiteria 27, Ipanema, Tel. 287-6092. Gute Lage mitten in Ipanema, außerdem sehr bequem fürs Geld.

■ **MARTINIQUE,** Rua Sá Ferreira 30, Copacabana, Tel. 521-4552. Ebenfalls zu empfehlen für BUDGET-BEWUSSTE. Ruhige, aber zentrale Lage.

■ **PAYSANDU,** Rua Passaindu 23, Flamengo, Tel. 225-7270. Beliebt und sinnvoll, wenn man in Flamengo wohnen will.

■ **POUSO REAL,** Rua do Resende 35, Lapa, Tel. 224-2757. Mitten im Vergnügungsrummel von Centro.

■ **PRAIA LEME,** Avenida Atlântica 866/Avenida Princesa Isabel 7, Leme, 275-3322. Abseits vom Strand und leider in einer lauten Seitenstraße.

■ **RIO PRESIDENTE,** Rua Pedro I 19, Centro, Tel. 297-0110. Einst war es ein sehr herrschaftliches Haus. Heute wirkt es leicht verlottert, ohne die frühere Grandezza eingebüßt zu haben.

■ **SAN MARCO,** Rua Visconde de Pirajá 524, Ipanema, Tel. 239-5032. Sehr einfaches Haus, aber in sehr guter Lage. Kleine Zimmer.

■ **TOLEDO COPACABANA,** Rua Domingos Ferreira 71, Copacabana, Tel. 257-1990. Eines der BESTEN BILLIGEN; in einer kleinen, ruhigen Seitenstraße von Copacabana, dennoch zentral.

■ **VERMONT,** Rua Visconde de Pirajá 254, Tel. 247-6100, Ipanema. Sehr günstige Unterkunft, zentrale Lage in Ipanema; große, aber schlichte Zimmer.

DREISTERN-HOTELS

Einige Häuser dieser Stufe sind bequem und behaglich, andere modern und sachlich. Rios Dreistern-Hotels erfül-

len ihren Zweck auf beste Art und Weise, sind recht komfortabel und die Zimmer haben stets Minibar und TV. Sie kosten im Schnitt um die 40–50 Dollar.

■ **AMBASSADOR,** Rua Senador Dantas 25, Centro, Tel. 297-7181
Prächtige Eingangshalle mit noch prächtigerem Kronleuchter. Nicht neu, aber stilvoll. Liegt in Cinelândia, also ideal für KINOFREAKS.

■ **ARPOADOR INN,** Rua Francisco Otaviano 177, Arpoador, Tel. 247-6090.
Kleines, sehr BELIEBTES Mittelklasse-Hotel an dem kleinen Strand zwischen Copacabana und Ipanema. Die Zimmer zur Straßenseite sind sehr laut, es gibt aber auch ruhige mit Ausblick aufs Meer.

■ **CASTRO ALVES,** Avenida Nossa Senhora Copacabana 552, Copacabana, Tel. 257-1800.
Auch nicht mehr so neu, aber im Herzen von Copacabana.

■ **COPACABANA PRAIA,** Rua Francisco Taviano 30, Copacabana, Tel. 521-2727.
Nicht am Strand, wie der Name vermuten ließe, dafür in einer RUHIGEN Seitenstraße.

■ **COPACABANA SOL,** Rua Santa Clara 141, Copacabana, Tel. 257-1840.
PREISGÜNSTIGES und modernes Hotel sehr zentral in Copacabana, aber an einer äußerst lauten Straße.

■ **EXCELSIOR,** Avenida Atlântica 1800, Copacabana, Tel. 257-1950.
Wirkt von außen wie ein KLEINER PALAST und ist auch eines der traditionellsten großen Häuser von Copacabana, wenn auch leicht angestaubt.

■ **GRANDE HOTEL CANADA,** Avenida Nossa Senhora 687, Copacabana, Tel. 257-1864.
Sehr laut, sehr zentral, aber auch sehr zweckmäßig und günstig im Preis.

■ **GRANDE HOTEL SÃO FRANCISCO,** Rua Visconde de Inhaúma 95, Centro, Tel. 233-8122.
Mitten im Zentrum und somit für GESCHÄFTSLEUTE ideal.

■ **NOVO MUNDO,** Praia do Flamengo 20, Flamengo, Tel. 225-7366.
Sehr beliebt bei JUNGEN Reisenden. Befindet sich auf halbem Weg zwischen Copacabana und Centro.

■ **OLINDA,** Avenida Atlântica 2230, Copacabana, Tel. 257-1890.
Gehört ebenfalls zur Othon-Gruppe und liegt direkt an der Strandpromenade. Altmodisch, aber BEQUEM.

■ **RISHON,** Rua Francisco Sá 17, Copacabana, Tel. 257-1880.
In sehr ruhiger Lage und mit mehr Annehmlichkeiten als für diese Klasse zu erwarten wäre.

DIE BESONDEREN

Rio besitzt sehr viele schnell hochgezogene Hotels, viel Beton, Glas und Stahl. Stil, Charme und Atmosphäre scheinen in der Postmoderne abhanden gekommen zu sein. Die erwähnten luxuriösen Hotels *Copacabana Palace* und *Glória* gehören zu den berühmten Ausnahmen. Weniger teuer, aber mindestens so schön und mit viel altmodischem Charme ausgestattet sind andere kleinere. Alle sind sie in **COPACABANA**, bieten Blick aufs Meer und kosten 50–80 Dollar.

■ **CALIFORNIA,** Avenida Atlântica 2616, Tel. 257-1900.

Leicht ALTMODISCH, aber das macht es ja aus. Viele Zimmer auf der Strandseite haben kleine, hübsche Balkons.

■ **DEBRET,** Rua Almirante Gonçalves 5, Ecke Avenida Atlântica, Tel. 521-3332.

Mit Zimmern aus Brasiliens KOLONIALZEIT.

■ **MIRAMAR PALACE,** Avenida Atlântica 3668, Tel. 247-6070.

Sehr schöne Aufenthaltsräume und sehr geschmackvolle, neu eingerichtete Zimmer.

■ **OURO VERDE,** Avenida Atlântica 1456, Tel. 542-1887.

Sehr beliebtes, klassisch elegantes Hotel. Nicht sehr groß, daher RECHTZEITIG RESERVIEREN.

KOMFORTABLE HOTELS

Hotels dieser Kategorie sind weniger prächtig als die Luxusklasse, die Zimmer aber immer äußerst komfortabel mit TV, Minibar, Restaurant, Safe und diversen Aufenthaltsräumen. Das Doppelzimmer kostet 60–100 Dollar.

■ **LANCASTER,** Avenida Atlântica 1470, Copacabana, Tel. 541-1887.

Ebenfalls direkt am Meer, kleines und gemütliches Haus.

■ **LUXOR REGENTE,** Avenida Atlântica 3716, Copacabana, Tel. 287-4212.

Das beste aus der Luxor-Kette.

■ **MARINA RIO,** Avenida Delfim Moreira 696, Leblon, Tel. 239-8844.

Aussicht auf den Strand von Leblon. Modernes und funktionelles Haus.

■ **PRAIA IPANEMA,** Avenida Vieira Souto 706, Ipanema, Tel. 239-9932.

Recht modernes und gemütliches Hotel direkt an der Strandpromenade.

■ **ROYALTY COPACABANA,** Rua Tonelero 154, Copacabana, Tel. 235-5699.

Ein paar Straßen vom Strand weg, modern und zweckmäßig.

■ **SAVOY OTHON,** Avenida Nossa Senhora Copacabana 995, Copacabana, Tel. 257-8052.

Zwar keine Meeressicht, aber mitten im Trubel von Copacabana.

■ **SOL IPANEMA,** Avenida Vieira Souto 320, Tel. 227-0060.

Weniger modern als das Schwesterhotel Praia Ipanema, aber nett und den Geschäften von Ipanema sehr nahe.

■ **TROCADERO,** Avenida Atlântica 2064, Copacabana, Tel. 257-1834.

Eines der besseren Hotels an Copacabanas Strandfront.

SEHR GUTE HOTELS

Auch diese Hotels sind mit allen Annehmlichkeiten ausgerüstet, jedoch einfach eine Spur weniger prunkvoll als die Besten. Die Preise bewegen sich zwischen 80 und 120 Dollar.

■ **EVEREST RIO,** Rua Prudente de Morais 1117, Ipanema, Tel. 287-8282.

Im Herzen von Ipanema und doch nur einen Block vom Strand weg. Moderne Ausstattung der Zimmer in drei Abstufungen: Standard, de Luxe und Grand suite.

■ **GLORIA,** Rua do Russel 632, Glória, Tel. 205-7272.

Mit 700 Zimmern immerhin das größte Hotel ganz Brasiliens. Hat bessere Zeiten gesehen, ist aber immer noch sehr STILVOLL.

■ **LEME PALACE,** Avenida Atlântica 656, Leme, Tel. 275-8080.

Kleiner und ruhiger als andere Copacabana-Hotels.

■ **MARINA PALACE,** Rua Delfim Moreira 630, Leblon, Tel. 259-5212.
Am Strand von Leblon, nicht mehr de Luxe, aber sehr gut.

■ **NATIONAL RIO,** Avenida Niemeyer 769, São Conrado, Tel. 322-1000.
Zimmer mit Aussicht und bei amerikanischen Gruppen sehr beliebt. Mit rund 75 Dollar das günstigste der sehr guten Hotels.

■ **RIO OTHON PALACE,** Avenida Atlântica 3264, Copacabana, Tel. 255-8812.
Sehr modernes Flaggschiff der Othon-Gruppe, Südamerikas größter Hotelkette. Mit Aussicht.

DIE BESTEN

Luxusklasse ist in Rio wahrlich luxuriös. Gespart wird an nichts. Den *Blick aufs blaue Meer* bieten sie alle, großzügige Zimmer mit Minibars auch; dazu die besten Restaurants, Bars und Discos, Farbfernsehen sowieso, Swimmingpool, Zimmerservice rund um die Uhr, Safes, Boutiquen und was der verwöhnte Tourist sonst noch so braucht. Die Preise liegen bei 150−170 Dollar für ein Doppelzimmer, Einzelzimmer sind zehn Prozent billiger. Zu Karnevalszeiten ist alles teurer.

■ **CAESAR PARK,** Avenida Vieira Souto 460, Ipanema, Tel. 287-3122.
Direkt am Strand von Ipanema gelegen, bietet das Hotel fraglos das BESTE VOM BESTEN. Sehr cool und elegant.

■ **COPACABANA PALACE,** Avenida Atlântica 1702, Avenida Nossa Senhora de Copacabana 313, Copacabana, Tel. 255-7070.

Wer unbedingt viel Geld ausgeben will, der sollte es hier tun. Das Haus hat CHARME UND STIL und eine Atmosphäre, die an Rios Belle Epoque erinnert.

■ **INTERCONTINENTAL RIO,** Avenida Prefeito Mendes de Morais 222, São Conrado, Tel. 322-2200.
Noch weiter draußen und mit Blick auf Rios größte Favela. Top modern, aber ohne viel Atmosphäre.

■ **LE MERIDIEN,** Avenida Atlântica 1020, Leme, Tel. 275-9922.
Am anderen Ende von Copacabana, am Strand von Leme. Modern und doch sehr französisch angehaucht, wie es sich für eine französische Hotelkette eben gehört.

■ **RIO PALACE,** Avenida Atlântica 4240, Copacabana, Tel. 521-3232.
Sehr modernes Hotel nahe dem *Posto 6* am Strand von Copacabana. Schöner Ausblick von der Terrasse über die Strände von Ipanema und Copacabana. Sehr beliebt bei Geschäftsleuten.

■ **RIO SHERATON,** Avenida Niemeyer 121, Vidigal, Tel. 274-1122.
Amerikanisches Hotel für Erholungssuchende, in einer parkähnlichen Anlage gelegen und mit direktem Zugang zum Meer. Viele Gruppen steigen hier ab. Sehr GHETTOHAFT und weit ab vom Schuß.

AUSSERHALB

■ **ATLANTICO SUL,** Avenida Sernambetiba 18000, Recreio, Tel. 327-8411.
Noch weiter draußen ist dieses hübsche Hotel. Nur geeignet für jene, die mit Stadtaktivitäten nicht viel im Sinn haben.

■ **TROPICAL,** Avenida Sernambetiba 500, Barra da Tijuca, Tel. 399-0660. Einziges Hotel in Barra; direkt am Strand, aber sehr weit weg von allem anderen. Für Strandläufer ein schöner Ort.

APARTMENT-HOTELS

Neuerdings bieten in Rio zahlreiche Apartment-Hotels ihre Dienste an, vor allem in den Strandregionen wie **BAR-RA DA TIJUCA** und **COPACABANA**. Die meisten entsprechen dem Standard eines guten Vierstern-Hotels, bieten aber mehr Platz und kosten um die 50 Dollar für zwei Personen. Bei längerer Mietdauer werden bis zu 30 Prozent Ermäßigung gewährt.

■ **ALFABARRA,** Avenida Sernambetiba 6600, Barra da Tijuca, Tel. 385-4399.

■ **APART HOTEL,** Rua Barata Ribeiro 370, Copacabana, Tel. 256-2633.

■ **ATLANTICO FLAT SERVICE,** Rua Santa Clara 15, Copacabana, Tel. 257-8090.

■ **BARRA PALACE,** Avenida Sernambetiba 2916, Barra da Tijuca, Tel. 399-3366

■ **BARRAMARES FLAT,** Avenida Sernambetiba 3300, Barra da Tijuca, Tel. 399-5656.

CAMPING

In der Stadt selbst kann man nicht campen, auch darf man sein Zelt nirgends einfach so am Strand aufstellen, auch wenn das einige immer wieder versuchen. Es gibt aber an Rios Stränden ein paar Campingplätze, allerdings ziemlich außerhalb der Stadtregion. Sie werden von den Cariocas recht fleißig frequentiert. *Eine Reservierung ist daher nötig.* Pro Tag sind für die besseren Campinganlagen mit 3−5 Dollar zu rechnen.

■ **CCB RJ-9,** Avenida Sernambetiba 3200, Barra da Tijuca, Tel. 399-0628. Direkt am Strand, am Wochenende Riesenbetrieb.

■ **CCB RJ-10,** Estrada do Pontal 5900, Recreio dos Bandeirantes, Tel. 327-8400. Sehr schöner Platz direkt am Strand, weit weg vom Stadttrubel.

■ **NOVO RIO,** Avenida das Américas, Kilometer 18, Recreio dos Bandeirantes, Tel. 327-8213.

■ **OSTAL,** Avenida Sernambetiba 18790, Recreio dos Bandeirantes, Tel. 327-8350.

■ **PORTO PONTAL,** Estrada do Pontal 444, Recreio dos Bandeirantes.

Geschichte

Lange bevor Südamerika von den Europäern entdeckt wurde, lebten die *Indios*, die Ureinwohner dieses Erdteils, vorwiegend in kleineren Dorfgemeinschaften und betrieben primitive Landwirtschaft. In den abseits der Küste gelegenen großen Waldgebieten waren die Indios im wesentlichen aber immer noch Jäger und Sammler.

UM 1500 Zwischen 1500 und 1504, das exakte Jahr weiß man nicht so genau, entdeckte der Portugiese Pedro Alvarez Cabral die brasilianische Küste. An einer der folgenden Entdeckungsfahrten nahm auch der Italiener Amerigo Vespucci teil, der seine Entdeckungen stets nach den Tagesheiligen benannte. Am 1. Januar zwischen 1502 und 1504 erreichte er die heutige Guanabara-Bucht, die er für die Mündung eines mächtigen Flusses hielt. Da es für den Neujahrstag keinen Tagesheiligen gab, nannte er den Ort Rio de Janeiro, Januarfluß.

1555 Ein halbes Jahrhundert verging, ehe man in der Bucht eine Stadt gründete; allerdings waren es Franzosen, die hier unter dem Kommando von Admiral Nicolas Durant de Villegaignon ihre Idee vom „Antarktischen Frankreich" verwirklichen wollten.

1556 Die den Nordosten kolonisierenden Portugiesen waren wild entschlossen, sich der Konkurrenz der Franzosen ein für allemal zu entledigen. Nach zweijährigem Krieg gehörte der Ort ihnen und wurde 1556 als São Sebastiano

de Rio de Janeiro neu gegründet. Trotz des gewaltigen Naturhafens war Rio lange Zeit von minderer Bedeutung, im Gegensatz zu den Häfen im Nordosten des Landes.

1574 Der König von Portugal entschied, daß Indios, die unter dem Schutz von Jesuiten standen, nicht zur Arbeit gezwungen und als Sklaven gehalten werden durften. Den portugiesischen Kolonisten fehlten somit Arbeitskräfte für ihre Plantagen. Dieser Mangel wurde durch die Verschleppung und Ausbeutung afrikanischer Sklaven ausgeglichen.

1710 Die Entdeckung von Erz-, Silber- und Goldvorkommen im Bundesstaat Minas Gerais ließ Rio de Janeiro als einzige Hafenstadt in der Nähe in ungeahnter Weise profitieren. Gold wurde zum wichtigsten Exportartikel und über den Hafen von Rio nach Portugal verschoben. Das wirtschaftliche Zentrum verlagerte sich somit aus dem Nordosten nach Rio.

1763 Die Kolonialregierung verlegte darum ihren Sitz von Salvador nach Rio. Außerdem lag Rio den südlichen Gebieten, wo die großen Bevölkerungszentren entstanden, näher als Salvador.

1801 Der portugiesische Hof floh aus dem von Napoleon Bonaparte besetzten Portugal nach Rio, das damit nicht nur Metropole Brasiliens, sondern gleichzeitig die Hauptstadt des portugiesischen Weltreiches wurde (Vereinigtes Königreich von Portugal, Brasilien und Algarve). Rio wurde das ökonomische, kulturelle und politische Zentrum, in dem sich der Prunk der Monarchie konzentrierte. In dieser Zeit war der europäische Einfluß auf Rio gewaltig.

1822 Dom Pedro, Prinzregent und damit Thronfolger, rief die Unabhängigkeit Brasiliens aus, weil Brasilien wieder zur Kolonie degradiert werden sollte, nachdem Dom João 1821 schließlich nach Portugal zurück gekehrt war. Rund 100 000 Einwohner zählte Rio jetzt. An Stelle der abgereisten portugiesischen Herzöge traten brasilianische Adlige in die Regierung ein. Die nächsten 20 Jahre gestalteten sich durch ständig wiederkehrende Revolten gegen die Zentralregierung höchst turbulent.

1840 Erst Dom Pedro II. gelang es, die Nation zu einigen. Dieser machte Rio zu einer modernen südamerikanischen Stadt.

1854 Die Stadt wurde bereits mit Gaslaternen beleuchtet.

1874 Rio wurde per Telegraph mit London verbunden, die Konstruktion der ersten Telefonleitung außerhalb der USA fand hier in Rio statt.

1884 Angezogen vom einsetzenden Wohlstand kamen die ersten Immigranten ins Land, rund 4,6 Millionen Europäer allein bis 1954. In späteren Jahren pendelte sich der Immigrantenstrom auf 50 000 pro Jahr ein.

1888 Endgültige Abschaffung der Sklaverei, als letzter Staat der westlichen Welt.

1889 Der erfolgreich und moderat regierende Kaiser Pedro II. wurde von einer Militärclique zur Abdankung gezwungen, Brasilien wurde zur Republik der Vereinigten Staaten von Brasilien mit Rio als Hauptstadt. Das Land startete seinen ersten Versuch – von vielen – eine funktionierende Demokratie zu werden. In Wirklichkeit wurden nur die herrschenden Kreise ausgetauscht.

1930 Ein Putsch brachte Getúlio Vargas an die Macht, einen Vorkämpfer der städtischen Arbeiterklasse. Unter seinem Einfluß begann der Industrialisierungsprozeß in Brasilien. Rios Urbanisierung ging mit Riesenschritten voran, die Stadt weitete sich immer mehr gegen Süden, entlang der Strände aus. Elegante Prachtstraßen entstanden im Zentrum, ein Paris der Tropen sollte entstehen. Viel von Rios historischem Erbe wurde dabei zerstört, denn um Bauland zu gewinnen, mußten ganze Berge im Zentrum abgetragen werden, die mitsamt ihren Bauwerken aus dem 16. und 17. Jh. dem Erdboden gleichgemacht wurden. Die Jahre zwischen 1930 und 1950 wurden auch Belle Epoque genannt. Eine Kette von Kasinos, Nachtklubs und Hotels verliehen Rio international den Ruf, eine Stadt der exotischen und auch exzessiven Lebensfreude zu sein.

1960 São Paulo entwickelte sich in den letzten vierzig Jahren immer mehr zum Wirtschaftszentrum Brasiliens. Um 1950 hatte São Paulo Rio ökonomisch und bevölkerungsmäßig überholt – und hat diese Spitzenstellung bis heute inne. Rios größte Schlappe war, als 1960 der Status der Bundeshauptstadt an Brasilia, das Präsident Juscelino Kubitschek aus dem Boden stampfen ließ, verloren ging.

1964 Militärputsch, der Rio Jahre der Dürre brachten, da der Stadt aus der Staatskasse kaum Mittel zukamen. Jahre der Dürre auch im intellektuellen Sinne. Politische Verfolgungen waren **1968** an der Tagesordnung, was viele politisch links Denkende ins Exil trieb. Die sogenannte Beerdigung des freiheitlichen Geistes fand **1972** statt, als die Symbolfigur Leila Diniz auf tragische Weise bei einem Flugzeugunglück ums Leben kam.

1975 Der Bundesstaat Guanabara wurde mit dem Staat Rio de Janeiro zusammengefaßt und Rio selbst Hauptstadt. Der Massenexodus von Staatsbeamten und ausländischen Diplomaten hinterließ in Rio ein großes finanzielles Loch. Trotzdem kamen immer mehr Einwohner aus dem armen Nordosten, um in Rio Arbeit zu suchen. Da sie keine Wohnungen fanden, ließen sie sich zu Tausenden in Favelas, Slums, am Nordrand der Stadt nieder. Heute rechnet man mit mindestens 2 Millionen Favela-Bewohnern.

1980 Seit Beginn der Achtziger Jahre litt und leidet Brasilien und somit auch Rio immer mehr unter der Auslandsverschuldung. Mit einer Verschuldung von über 100 Milliarden Dollar führt Brasilien die Weltrangliste an. Rio ist nicht mehr in der Lage, das verheerende Wohnungsproblem zu lösen und einen gut funktionierenden öffentlichen Dienst aufrecht zu erhalten. Überall in der Stadt mehren sich die Zeichen des Verfalls.

1985 Der erste zivile Präsident seit dem Militärputsch, Tancredo Neves, wurde gewählt. Er stirbt noch vor seiner Vereidigung, so daß sein Stellvertreter, José Sarney, das Amt antritt.

1989 Brasilien steckt in einer wirtschaftlichen Krise. Diverse Versuche, die Inflation durch Einfrieren der Löhne und Preise sowie Abwertungen in den Griff zu bekommen, scheiterten.

Wirtschaft auf Tauchstation

Von Carl D. Goerdeler

Über die spiegelglatten Flure huschen die letzten Bittsteller; irgendwo klappert noch eine Schreibmaschine. Maria Celina Cardoso schiebt lustlos ihren Kaffeewagen durch das Labyrinth des Innenministeriums. „Bis zum Juni mußte ich jeden Tag mindestens sechs Liter Kaffee kochen − aber jetzt reichen schon zwei bis drei Liter", klagt sie. Die Beamten haben nichts mehr zu tun, sind im Urlaub oder kommen einfach nicht mehr zur Arbeit.

Brasília wirkt mehr denn je wie eine Geisterstadt. Die Amtszeit der Regierung geht zu Ende. Noch fünf Monate verbleiben Präsident José Sarney. Längst wirbeln die, die ihn beerben wollen, auf Wahltournee durchs Land.

Das politische Leben in Brasília ist auf dem Nullpunkt angelangt. Bürgermeister, Abgeordnete und Senatoren sagen Besuche in der Hauptstadt ab. Die Kassen sind leer. Sarney hat alles ausgegeben; vom Amazonas bis zu den Wasserfällen von Foz do Iguaçu verrostet der Spannbeton halbfertiger Staudämme, Brücken und Kraftwerke. Nur im Transportministerium hofft man noch auf einen letzten Geldsegen aus der jüngst eingeführten Straßenbenutzungsgebühr.

No-future-Stimmung herrscht auch bei den engsten Beratern des Präsidenten. Sarney hat abgewirtschaftet. Drei Wirtschaftsschocks, zwei Währungsreformen und der Verschleiß von 64 Ministern in wenig mehr als vier Jahren haben nicht vermocht, Brasiliens Dauerkrise zu überwinden. Trotz heiliger Schwüre auf Sparsamkeit und Sauberkeit hat der Präsident laufend die Staatsausgaben vermehrt und sich und seine Regierung ins moralische Zwielicht gebracht. Unter Sarney stiegen die Personaletats um siebzig Prozent, und die Kette der Korruptionsskandale riß nicht ab. Ohne Gefühl für die Stimmung im Lande reiste der Präsident mit über hundert Begleitern in einer gecharterten DC 10 zu den Revolutionsfeierlichkeiten nach Paris und verursachte so Kosten in Millionenhöhe − natürlich Dollar. Wenn er sich aus seinem von militärischen Schranzen belagerten Regierungsbunker, dem Palacio Planalto, hervortraut, dann nur, um abgeschirmt vom Volk Schienenstrecken einzuweihen oder Museumsbesuche zu absolvieren.

Derweil setzt die Inflation zu immer neuen Sprüngen an. Kaum nachdem die Regierung einen Lohn- und Preisstop verhängt hatte, ist die Teuerung schon wieder bei dreißig Prozent monatlich angelangt. 1989 werden es insgesamt über tausend Prozent sein.

Dabei ist Brasilien kein armes Land. Die private Wirtschaft blüht. In São Paulo werden dringend Facharbeiter gesucht. Im vergangenen Jahr erwirtschafte Brasilien einen Rekord-Handelsüberschuß; in diesem Jahr wird es nicht anders sein.

Seiner Arbeiter und Unternehmer wegen ist Brasilien heute die achtgrößte Industrienation des Westens, mit seinen Politikern aber kein kreditwürdiger Partner mehr. Weltwährungsfond und Weltbank lehnen es ab, Brasilien vor den Wahlen noch verbindliche Zusagen zu machen. Während die Zentralbank in Brasilia keine Zinsen mehr auf die Außenschuld in Höhe von 112 Milliarden Dollar an die ausländischen Gläubiger überweist, läßt sie weiter Banknoten drucken, um das Loch in der Staatskasse zu stopfen. Diese wachsende Menge von Cruzado-Scheinen verursacht die Inflation. Um das Teuerungsfieber zu senken, müßte Sarney endlich mit dem Sparen anfangen, so wie seine Kollegen in Argentinien, Chile und Bolivien. Doch der Präsident läßt sich treiben und scheut jeden Konflikt. Vier-, fünfmal hat er die Entlassung von faulen Staatsdienern und die Privatisierung der maroden Staatsbetriebe angekündigt − und dann nicht unternommen.

Die neueste Demonstration von Regierungsmacht wurde Mitte August 1989 gemeldet. Sarney verkündete die Privatisierung von siebzehn der insgesamt 228 Staatsbetriebe, den Verkauf der Minister-Villen und Dienstwohnungen und die strenge Verfolgung von Steuersündern. Für die Kommentatoren der Hauptstadt war das bloße Kosmetik: Sarney wolle sich nur einen passablen Abgang sichern, um nicht wie Alfonsín in Argentinien unterzugehen.

Wer auch immer im März 1990 in den Palacio Planalto einzieht − er wird vor einem Desaster stehen. Das Vertrauen der Wirtschaft in den Staat und der Glaube der Bürger an die Demokratie − beides hat der Präsident verspielt. In

Brasília und in den Landeshauptstädten wird immer noch nach Gutsherrenart regiert. Staatsgelder für den Straßen- und Kanalbau werden gezielt nach Maranhão, der Heimat von Sarney, gelenkt. Vetternwirtschaft und Schlamperei verhindern klare Entscheidungen, bürokratische Schikanen blockieren unternehmerische Initiativen. Das Marktprinzip von Angebot und Nachfrage setzt sich trotzdem durch — mittels Korruption, Rechtsbeugung oder dem berühmten brasilianischen *jeito*, dem Kniff, dem Trick.

Brasiliens Volkswirtschaft taucht ab: Die Schattenwirtschaft ist bereits halb so groß wie die offizielle. Das gibt selbst Finanzminister Mailson da Nobrega zu. Er braucht sich bloß umzusehen: Der Fahrstuhlführer, der ihn ins Ministerbüro bringt, die Servererin des *cafezinho*, der Schuhputzer vor dem Ministerium, die Putzfrau im Parlament, die fliegenden Händler in den Behörden, die Chauffeure der Dienstwagenflotte, die Kindermädchen und Friseusen, die Marktfrauen und Parkwächter, das ganze Heer der Dienstboten und Hausgehilfen von Brasília — fast alle arbeiten sie ohne *carteira* (Arbeitsbuch), ohne sozialen Schutz, ohne Tarif. Jeder zweite brasilianische Arbeitnehmer gehört bereits zu den Schwarzarbeitern.

Der Sozialwissenschaftler Paulo Rabello de Castro teilt Brasilien in vier verschiedene Wirtschaftssphären auf, in

— die Schattenwirtschaft mit 100 Millionen Menschen, die von der Hand in den Mund leben,

— die Marktwirtschaft, an der und 35 Millionen Bürger partizipieren, die bereits ein Bankkonto, ein Auto oder eine Wohnung besitzen,

— die Staatswirtschaft mit etwa 3,5 Millionen wirklichen Steuerzahlern,

— die Kapitalwirtschaft der Superreichen, die einen Teil ihres Vermögens — etwa 40 Milliarden Dollar — ins sichere Ausland transferiert haben.

Wegen der hohen Dunkelziffern sind amtliche Statistiken in Brasilien besonders interpretationsbedürftig. So stagnierte Brasiliens Wirtschaft 1988 zwar insgesamt, Energieverbrauch und Exporte stiegen jedoch kräftig. Die Erklärung: Die Produktion wurde in den informellen Sektor verlagert. Und das kommt nicht von ungefähr: 500 Formulare muß der Abenteurer ausfüllen, der ein kleines Unternehmen in Brasilien gründen will. Der Papierkrieg absorbiert Arbeitskraft und Geduld über die Maßen. Vor lauter Regelungen wußte kürzlich selbst das Arbeitsministerium nicht mehr wie hoch eigentlich der gesetzliche Mindestlohn in Brasilien ist. Mit jedem neuen Gesetz steigt die Wut der Brasilianer — und die Lust, es zu unterlaufen.

Das hat Tradition seit den Zeiten der lusitanischen Kolonialherrschaft. Gewirtschaftet wurde meist gegen den parasitären Staat. Wie die Schwarzarbeiter auf dem Bau oder auf der Straße, so verhalten sich auch die Unternehmer. Wenn sie der Regierung nicht Sonderkonditionen abringen können, versuchen sie die staatlichen Preisrichtlinien und Lohndekrete, Steuerbescheide und Abgabenverordnungen, Devisenbestimmungen und Marktregulierungen zu umgehen.

Jeder Manager, der neu nach Brasilien kommt, muß erst lernen, daß man sich nicht auf die Gesetze verlassen kann. Hat er die Guerilla-Schule der Wirtschaft aber durchlaufen, kann er strahlende Siege davontragen. Einige deutsche Multis wie VW, Mercedes-Benz, Mannesmann, Hoechst oder Bayer können auf die Jahresabschlüsse 1988 ihrer brasilianischen Töchter stolz sein. Im Gegensatz zu Staatsbetrieben, die wieder tief in roten Zahlen waren, konnten zumindest die 500 größten privaten Unternehmen in Brasilien im vergangenen Jahr einen durchschnittlichen Bilanzgewinn von 10,8 Prozent erzielen.

DAS NUTZLOSE GELD

„Glück und Liebe halten ewig an, solange sie dauern", lautet ein brasilianisches Sprichwort. Vor zehn Jahren, am 16. September 1979, war der Landarbeiter José Feitosa da Silva der glücklichste Mann in Amazonien. „Frau, wir sind reich!" brüllte er mit einem hühnereigroßen Goldklumpen in der Hand, den er in der Sierra Pelada gefunden hatte.

José versilberte das Gold, band die Banknoten bündelweise an eine Schnur, zog sie durch die Stadt und verkündete allen: „Ich bin mein Leben lang hinter Geld hergelaufen, nun soll das Geld hinter mir mir herlaufen!".

Lachend erzählt man sich noch heute die Geschichte in Maraba. José liegt vermutlich unter der Erde begraben, in der er sein Glück fand. Der Rattenschwanz von Banknoten wäre heute keinen Pfifferling mehr wert. Mit dem hühnereigroßen Goldklumpen aber könnte man immer noch ein kleines Häuschen kaufen.

Immer neue Banknoten mit immer mehr Nullen druckt die Zentralbank. Welches Konterfei soll die neue Cruzado-Note zieren, die zum Jahrestag der Republik erscheint? „In Kürze werden uns die Toten fehlen", spottet der Emissionsdirektor Italo Gasparini.

Das neue Geld, ebenso wertlos wie das alte, will ohnehin niemand haben. Selbst für Bagatellbeträge zücken die Brasilianer Scheckheft und Kuli. Bis der Coupon auf der Bank eingelöst wird, vergeht ein Tag. In 24 Stunden trägt Bankgeld aber immerhin ein Prozent Zinsen. Um beim Transfer von großen Beträgen keine Zeit und damit kein Geld zu verlieren, beförderte kürzlich ein Manager das Kapital persönlich von einer Bank zur anderen – in großen Plastikmüllsäcken.

Im Abwehrkampf gegen die Inflation lautet die Devise: Kaufen so schnell wie möglich, zahlen so spät als nötig. Die Wasser- und Elektrizitätswerke brauchen viel Zeit, um Tarife und Gebühren an die Teuerung anzupassen. Doch wenn die Rechnung kommt, dann muß der Kunde sie innerhalb einer Woche begleichen. Am letzten Tag vor ultimo stehen vor den Bankschaltern die Leute Schlange. Glücklich derjenige, dessen Rechnung an einem Sonnabend fällig wird – er darf auch noch am Montag zahlen.

Wer kann, der kauft Wertbeständiges. Für den kleinen Mann mag der Wertgegenstand schon ein Kühlschrank sein oder ein Bügeleisen. Telephone erzielen eine höhere Rendite auf dem schwarzen Markt als Goldbarren – wer kann schon jahrelang auf einen Anschluß warten? Auch Autos sind ein Renner.

Nicht selten ist ein Gebrauchtwagen teurer ausgezeichnet als ein fabrikneues Modell, denn die Rostlaube gibt es sofort, den Fabrikwagen erst später – und dann natürlich wieder teurer. Landbesitz und Häuser sind typische Anlagearten für Großverdiener, die es sich auch leisten können, in die Devisenspekulation einzusteigen.

Der Reichtum der Reichen wird durch die Zentralbank gemehrt. Jedes Außenhandelsgeschäft wird mit billigen Dollar subventioniert, aber das Privatvergnügen auch. Wer ins Ausland fliegt, bekommt die Dollar billiger als am Schwarzmarkt. Noch günstiger ist es, sich vom Hausarzt attestieren zu lassen, daß ein angebliches Leiden nur im Ausland kuriert werden kann. Fürsorglich stellt dann die Zentralbank die Dollar für Reise und Behandlung zum halben Marktkurs bereit. Die Reichen waren noch nie so krank wie heute.

(Dieser Artikel wurde zum erstenmal in der „Zeit", Hamburg, 10. November 1989, veröffentlicht.)

Kampf gegen Zentralismus und Bürokratie

Von Romeo Rey

Vor ein paar Monaten gelangte der 67-jährige Décio de Abreu, Besitzer einer Buchhandlung an der Avenida Nossa Senhora de Copacabana in Rio de Janeiro, mit einem Notruf an die Öffentlichkeit. Die staatliche Bürokratie, so klagte er, erhebe so viele Forderungen, daß er zum Geschäften kaum noch Zeit habe. Als kleiner Unternehmer müsse er nicht weniger als 38 verschiedene Bewilligungen, Lizenzen, Patente und Ermächtigungen bei Ministerien, Kammern, Steuer-, Zoll- und Gesundheitsbehörden, bei Gewerkschaften, Versicherungen und der Feuerwehr beschaffen oder erneuern, damit er seinen Laden überhaupt nur öffnen könne.

Zur Bekämpfung solcher Auswüchse ist im Juli 1979, kurz nach der Machtübernahme durch General João Figueiredo, das *Sonderministerium für Entbürokratisierung* geschaffen worden. Seine Mission: administrative Verfahren und Dokumente vereinfachen oder eliminieren; den jahrhundertealten Trend zur Aufblähung des Beamtenstabs umkehren; dafür sorgen, daß weniger Bürger schikaniert und mehr Dienste geleistet werden. Als erster und bisher einziger Minister für Entbürokratisierung wurde Hélio Beltrão, ursprünglich Großunternehmer, unter General Costa e Silva Planungsminister und seit Mai 1982 auch Vorsteher des gigantischen, stark defizitären Sozialfürsorgeministeriums, ernannt.

In den ersten vier Jahren wurde mit Hilfe von rund 300 Gesetzen, Dekreten und anderen Akten Erleichterung geschaffen, die nach den Ausführungen von João Geraldo Piquet Carneiro, dem Exekutivsekretär des Sonderministeriums, die Einsparung von jährlich 500 Millionen Formularen ermöglicht. Beispielsweise werden bei der Gewährung von staatlichen Landwirtschafskrediten heute 20 Forderungen weniger erhoben als früher. Und ein hoher Beamter des Arbeitsministeriums, der einst 35

Unterschriften sammeln mußte, ehe er eine Dienstreise im Inland antreten konnte, braucht jetzt nur noch deren 5.

Die Entbürokratisierungsbeamten glauben, daß dem Staat, den Privatunternehmern und dem Mann von der Straße dank diesen Rationalisierungsmaßnahmen Mehrkosten in der Höhe von jährlich über 6 Milliarden Franken erspart werden. Das entspricht etwa ein Prozent des brasilianischen Bruttosozialprodukts.

Einen Paß beschaffen, die Kinder in einer Gemeindeschule einschreiben, den Fahrausweis oder das Nummernschild erneuern, die Meldekarte in einem Hotel oder die Steuererklärung ausfüllen – das alles soll einfacher geworden sein. Dokumentenfotos gibt's nur noch zweierlei: 5 x 7 Zentimeter für den Paß, 3 x 4 für alle übrigen Ausweise und Dokumente. Auch der lange Marsch durch den Beamtenstaat, den jeder Exporteur zu absolvieren hat, ist inzwischen um ein paar Etappen und Vorschriften verkürzt worden.

„Brasilien war schon streng zentralisiert und reglementiert, als es das Licht der Welt erblickte", hat Minister Beltrão einmal vor erlauchter Gesellschaft erklärt. „Als Tomé de Souza 1549 in Bahia an Land ging und sich, vom absolutistischen und streng zentralistisch geprägten Regime in Portugal ernannt, als *Governador-Geral* (Generalgouverneur) vorstellte, brachte er auch gleich ein fixfertiges *Regimento* mit, das in Lissabon verfaßt worden war und eigentlich als erste Staatsverfassung Brasiliens zu betrachten ist." Noch pointierter drückte das der verstorbene Denker Tristão de Athayde aus: „Unser Land hat einen verkehrten Bildungsprozeß durchgemacht: Hier existierte schon eine Krone, bevor es ein Volk gab; Parlamentarismus vor den ersten Wahlen, Hochschulen vor einer Alphabetisierung und Banken, ehe es eine Ökonomie gab."

Von ihren einstigen Kolonialherren scheinen die Brasilianer einen starken Hang zum Formalismus geerbt zu haben. Das äußert sich vor allem in einer wahren Flut von Gesetzen (es sollen zur Zeit auf Bundesebene, in den Teilstaaten und Gemeinden insgesamt an die 200 000 „in Kraft" sein). Dabei war es, gerade in den vergangen zwei Jahrzehnten autoritärer Herrschaft hauptsächlich die Exekutive, die das Land mit Vorschriften und Normen überschwemmte, während die Legislative eine fast ausschließlich ratifizierende anstatt gesetzgeberische Funktion innehatte. Weder Ratsherren noch Regierung schien es zu kümmern, wieviel zusätzliche Arbeit, Komplikation und Kosten damit verursacht wurden.

Hélio Beltrão kreidet den Gesetzgebern und Funktionären immer wieder an, sie hätten viel zu wenig Vertrauen in den Staatsbürger, wie wenn Brasilien das Mutterland der Gauner wäre. „Es genügt hier nicht, zur Welt zu kommen. Man muß beweisen, daß man geboren wurde", schimpfte er am Anfang seines Mandats. „Es genügt nicht zu arbeiten oder zu studieren, Militärdienst zu leisten oder die Stimme abzugeben. Alles muß nachgewiesen werden." Viele dieser Attestate und Zertifikate sind unterdessen dank seinem Ministerium abgeschafft worden. Und auch das Leben Tausender von Gleichnamigen – der zahllosen José da Silva, Maria Pereira und João dos Santos – ist jetzt etwas leichter als vor einigen Jahren.

„Brasiliens Hauptproblem ist der Zentralismus. Alle andern Probleme sind Subprodukte", predigte der Minister unermüdlich. Schon im Portugal des 15. Jahrhunderts wurde der Übersee- und Binnenhandel in der Figur des Prinzen zentralisiert. Das Bürgertum war „von Anfang an mit goldenen Zügeln an die Krone gebunden", wie Raymundo Fãoro in seinem Klassiker „Os donos do poder" (Die Herren der Macht) schreibt. Alle Unternehmungen hingen von königlichen Ermächtigungen, sogenannten Privilegien, ab. „Der Staat wird zu einem Unternehmen des Prinzen, der als kühner Unternehmer überall interveniert und aus Liebe zum Reichtum und Ruhm allerlei Risiken eingeht: friedliches Geschäft und Kriegsgewinn."

Das sei, so schließt Fãoro, die Grundsteinlegung zum Staatskapitalismus, der Brasilien heute entscheidend prägt. Hier gab es kein Gegengewicht wie etwa die Ansätze zum *Selfgovernment* (Selbstverwaltung) bei den Kolonisatoren britischer Herkunft, und die Gemeinde konnte sich nie als Keimzelle der Demokratie entpuppen. Zentralismus und Bürokratie wucherten benahe so ungehindert wie im zaristischen oder im sowjetischen Rußland. Unter ihrem Schirm vergrößerte sich unaufhaltsam das Heer der Advokaten und *Despachantes* (Makler), die sich im Dschungel der staatlichen Instanzen auskennen und dem gewöhnlichen Bürger gegen Bezahlung jedes amtliche Papier zu beschaffen verstehen. Je mehr Normen, Gesetze, Dekrete und Vorschriften von

der Zentralgewalt diktiert wurden, um so mehr Gelegenheit gab es zur Korruption. Brasiliens Fahrzeugbesitzer mußten sich bis 1981 alljährlich um ein Klebeschildchen bemühen, das sie zum Zirkulieren berechtigte. Das Ministerium für Entbürokratisierung schaffte das ab – zum Leidwesen Tausender von Maklern und der Verkehrsdepartemente in den Bundesstaaten, die sich damit einer stattlichen Nebeneinkunft beraubt sahen.

Beltrãos Mitarbeiterstab umfaßt nur 30 Personen. Sie belegen einen Teil des zweiten Stocks im Planalto-Palast, dem Regierungssitz in Brasília. „Alleine kämen wir kaum zurecht", gesteht Exekutivsekretär Piquet Carneiro. Jeden Monat treffen durchschnittlich 1000 Briefe in seinem Ministerium ein, in denen Bürger und Beamte aus dem ganzen Land Kritik üben, Klagen unterbreiten und Vorschläge machen. Diverse Anwaltsgruppen entwerfen ohne Entgelt Pläne, wie man bestimmte bürokratische Forderungen zurückstecken oder fallenlassen könnte.

Nach und nach strahlt das nationale Entbürokratisierungsprogramm in die verschiedensten Sektoren der Administration und Wirtschaft aus. Alle Teilstaaten, zahlreiche Großgemeinden und selbst einige Privatunternehmen haben sich von der Tendenz zur Dezentralisierung anstecken lassen. Vielerorts werden Seminare abgehalten. Man überlegt sich, wie man dem Staatsbürger den Zugang zu den Behörden erleichtern kann. So wie der Zentralismus in Brasilien die Frucht eines jahrhundertealten, autoritären und patriarchalen Regimes ist, kann der Kampf gegen die Büro-

▶

Rios Verwaltungszentrum – wo Bürokratie und Formalismus wüten.

kratie nur im Rahmen der Demokrati-
sierung geführt werden, die unter Präsident Figueiredo Schritt für Schritt
vorangekommen ist.

Eine der wichtigsten Maßnahmen
von Minister Beltrão betrifft die brasilianischen Kleinbetriebe, die durch
Steuererlaß und diverse flankierende
Maßnahmen begünstigt werden sollen.
Initiativen, welche die Einnahmen der
öffentlichen Hand verringern, rufen jedoch die Finanzbehörden auf den Plan.
Mitte November demissionierte Hélio
Beltrão als Minister für Sozialfürsorge
und Entbürokratisierung und warf dem
allmächtigen Planungsminister Delfim
Neto vor, er zentralisiere die wirtschaftliche Entscheidungsgewalt nur immer
mehr und grabe ihm damit das Wasser

ab. Auch der Buchhändler von Copacabana hat inzwischen die Konsequenz
gezogen. Er hat seinen Laden geschlossen. (1983)

*(Der Schweizer Romeo Rey verließ die
Schweiz 1969 in Richtung Südamerika
ohne genaueres Ziel. In den ersten Jahren versuchte er sich mit Sitz in Bolivien
und Chile in freier Berichterstattung für
verschiedene deutschsprachige Tages-
und Wochenzeitungen. 1973 bestellte
ihn der Tages-Anzeiger, Zürich, und die
Frankfurter Rundschau zu ihrem La-
teinamerika-Korrespondenten.*

*Den obigen Artikel haben wir aus
dem Buch „Reportagen aus Brasilien",
Helbing & Lichtenhahn, Basel und
Franfurt am Main, entnommen.)*

Spaziergänge in Rio

„Gott hat die Welt in sechs Tagen geschaffen, den siebten widmete er der Entstehung von Rio." (Sprichwort der Cariocas).

Rios Lage in der Guanabara-Bucht, wo Berge und Meer zusammentreffen, ist in der Tat unschlagbar, und dieser grandiosen Lage inmitten einer tropischen Vegetation hat Rio denn auch ihr Wachstum zu verdanken und ihren Namen: *Cidade Maravilhosa*. Über 10 Millionen Cariocas sind in Rio mitsamt den Vororten zu Hause, auf einer Fläche von rund 1171 Quadratkilometern. Zum Vergleich: West-Berlin hat eine Fläche von 480 Quadratkilometern, bei knapp 2 Millionen Einwohnern.

Betrachtet man Rio aus der Vogelperspektive, also aus dem Flugzeug, vom Zuckerhut oder vom Corcovado aus, fällt auf, wie weitläufig und unübersichtlich die City ist, die aus einem Gewirr von *Morros*, den Bergen, dichtgedrängten Hochhäusern, Straßentunnels und kühn geschwungenen Brücken mit mehrspurigen Fahrbahnen über engen Häuserschluchten zu bestehen scheint. Dennoch ist die Stadt in zwei ausgeprägte Zonen geteilt: in die Nordzone, die **ZONA NORTE** und die Südzone, die **ZONA SUL**.

Im nördlichen Teil von Rio hat sich viel Industrie mit großen und kleinen Fabrikanlagen angesiedelt. In den Stadtteilen **VILA ISABEL** und **SÃO CRISTOVÃO, BONSUCESSO, RAMOS** und **PENHA** wohnt Rios mittelständische Bevölkerung, zumeist in kleinen, gefälligen Häuschen. Diese Gegenden sind dicht besiedelt. An den umliegenden Bergen ziehen sich die winzigen Hütten der zahllosen *Favelas*, der Elendsviertel, empor. Der Tourist wird in letztere überhaupt nicht vordringen, die nackte Not ist nun mal keine Attraktion. In der Nordzone bieten sich keine sogenannten Sehenswürdigkeiten an, außer der auf dem nackten Felsen thronenden Kirche **NOSSA SENHORA DA PENHA**. Der interessierte Reisende hingegen wird in Restaurants, Sambaschulen, Tanzsälen und Botequims viel *brasilianische Lebensart* kennenlernen, die sich vom Schickimicki-Flair der Südzone kraß unterscheidet. *„Hier tobt das Leben"*, pflegt meine 22-jährige Nichte Andrea zu sagen, die schon seit mehr als 10 Jahren in Rio wohnt. Und recht hat sie.

Im Süden hingegen liegen die weitläufigen Strände von **COPACABANA** und **IPANEMA, LEBLON** und **BARRA DA TIJUCA,** hier locken **ZUCKERHUT** und **CORCOVADO,** dominieren die großen Shoppingcenter und prachtvollen Einkaufsstraßen, die mondänen Hotels und das laute Nachtleben.

Sozusagen als Puffer zwischen Nord und Süd dient das **CENTRO**, das Zentrum von Rio: Es ist der Mittelpunkt des öffentlichen Lebens mit seinen Geschäften, Büro- und Bankhäusern, den Stadt- und Bundesstaat-Behörden. Das **HISTORISCHE RIO** liegt hier im Centro, ebenso die meisten Museen, deren Gebäude sich bis in die angrenzenden Stadtteile **LAPA, GLORIA** und **CATETE** verteilen.

Sicher wird man die Erkundungstour durch Rio im **CENTRO** beginnen, und genau so sicher wird man hier nicht Tage verbringen, denn Rio hat Besseres und Interessanteres zu bieten. Ein Muß ist das Zentrum trotzdem, damit man weiß, was Rio außer Stränden, Zuckerhut und Samba eben auch noch ist. Ein Muß auch, weil man entdeckt, daß Rio nicht nur eine Stadt mit Zukunft ist, sondern auch eine Vergangenheit aufweisen kann.

Centro

HISTORISCHES CENTRO

Rios Zentrum strotzt nicht vor Sehenswürdigkeiten im eigentlichen Sinne. Aus den beiden ersten Jahrhunderten nach der Stadtgründung um 1500, das genaue Datum ist umstritten, ist abgesehen vom **MOSTEIRO DE SÃO BENTO**, dem 1589 begonnenen Benediktinerkloster, nichts erhalten geblieben. Dafür zählt es zu den bedeutendsten in Brasilien und ist durchaus einen Besuch wert, nicht zuletzt wegen der herrlichen Sicht auf die Guanabara-Bucht. Kirche und Klosterbauten gehören dem Stil nach der Renaissance an, insbesondere gefällt mir die Kapelle *Nossa Senhora da Conceiçáo*, da sie mit guten Kunstwerken des 17. und 18. Jh. ausgestattet ist. In der Sakristei hängt zum Beispiel das Gemälde *O Salvador,* der Erlöser, das Meisterwerk von Frei Ricardo do Pilar, immerhin der erste Maler Brasiliens. Wer Sinn für *gregorianische Gesänge* hat: Jeden Sonntagmorgen um 10 Uhr sind sie hier zu hören.

Gebäude im Kolonialstil sind über die ganze Stadt verstreut, doch die meisten findet man an der **PRAÇA XV DE NOVEMBRO**, dem wichtigsten Platz der Stadt. Hier ist immer viel Betrieb, schon allein wegen der *Fährboote,* die hier Richtung Niteroi ablegen. Der **PALACIO DOS VICE-REIS**, ein elegantes dreistöckiges Kolonialgebäude, ist die ehemalige Residenz der portugiesischen Vizekönige. Heute ist darin ein Kulturzentrum untergebracht. Auf der anderen Seite des Platzes gelangt man zum **ARCO DE TELES**, ein Aquädukt, der im 18. Jh. ein Großfeuer überstand.

Auffallend sind die zahlreichen Kirchen in Rios Zentrum, die es unbedingt lohnt zu besuchen. Dem alten Palast schräg gegenüber befinden sich gleich zwei Kirchen aus dem 18. Jh., nur von einem schmalen Durchgang getrennt. Die Kirche **NOSSA SENHORA DO CARMO** war bis 1978 Rios erzbischöflicher Dom, und **NOSSA SENHORA DO MONTO DO CARMO** ist berühmt wegen ihrer barocken Fassade mit neoklassizistischen Elementen aus dem 19. Jh. Imposant ist auch die **IGREJA DE SANTA CRUZ DOS MILITARES**, etwas weiter unterhalb der Straße **PRIMEIRO DE MARCO**. Der größte Teil der Innenausstattung im Rokoko-Stil stammt vom bekannten brasilianischen Architekten und Bildhauer *Mestre Valentim.* Zauberhaftes Licht durchflutet indes die kleine, mit Holzschnitzereien überladene Kirche **NOSSA SENHORA DA LAPA DOS MERCADORES** in der **RUA DO OUVIDOR**, in der nicht mehr als ein Dutzend Menschen Platz finden.

Weitere kirchliche Gebäude finden

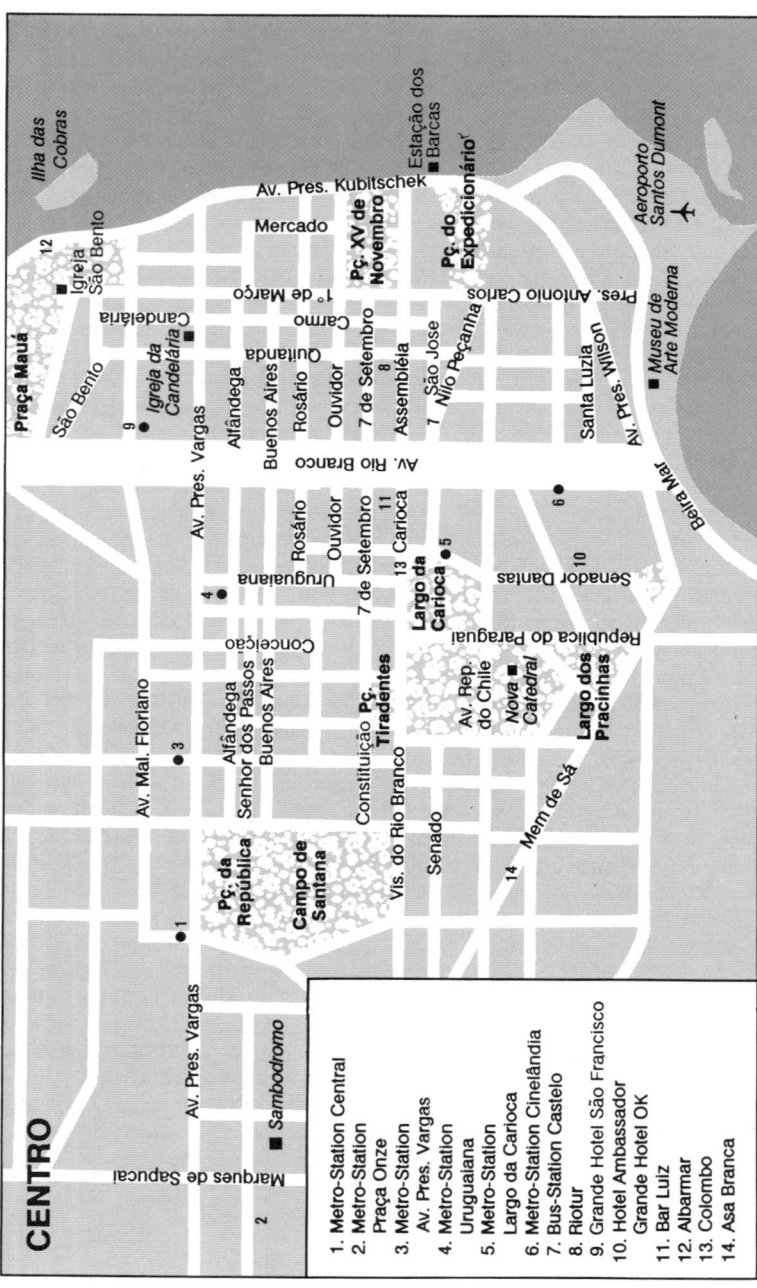

CENTRO

1. Metro-Station Central
2. Metro-Station
   Praça Onze
3. Metro-Station
   Av. Pres. Vargas
4. Metro-Station
   Uruguaiana
5. Metro-Station
   Largo da Carioca
6. Metro-Station Cinelândia
7. Bus-Station Castelo
8. Riotur
9. Grande Hotel São Francisco
10. Hotel Ambassador
    Grande Hotel OK
11. Bar Luiz
12. Albamar
13. Colombo
14. Asa Branca

sich gleich hinter dem **STADTTHEA-TER**, am **LARGO DA CARIOCA**. Auf einem kleinen Hügel steht hier die Abtei **SANTO ANTONIO**. Im fensterlosen Kirchengewölbe flackern zahllose Kerzen, was dem Ganzen etwas Unheimliches gibt. Neben der Hauptkirche steht die Kapelle **SÃO FRANCISCO DA PENITNCIA**, die mit ihrer Anhäufung von Blattgold und überladenen Holzschnitzereien unglaublich prachtvoll wirkt.

Am sonst recht vergammelt aussehenden **PRAÇA TIRADENTES** steht die zierliche, von Sklaven errichtete Kapelle **NOSSA SENHORA DA LAMPADOSA**, in der der erste Revolutionär Brasiliens, *Tiradente*, der „Zahnzieher“, zwei Stunden vor seiner Hinrichtung zum letzten Mal die Heilige Messe hörte. Wunderschön sind auch die **IGREJA DE SÃO FRANCISCO DE PAULA** sowie die **VITORIA KAPELLE** an der Südseite des **LARGO DE SÃO FRANCISCO** nahe dem Busbahnhof.

Ein Gewirr von Gassen und Gäßchen – zum Glück den Fußgängern vorbehalten – ersteckt sich vom Busbahnhof bis zu Rios Prachtstraße, der **AVENIDA RIO BRANCO**. In dieser Gegend befinden sich die ältesten Kirchen von Rio. Eine davon ist **NOSSA SENHORA DA CONCEIÇÃO DA BOA MORTE**, die bereits 1735 fertiggestellt wurde. Ein Kuriosum ist die Sammlung tropischer Vögel in der Sakristei, die schon manche Messe mit ihrem Gezeter gestört haben. Die meistbesuchte Kirche im Zentrum ist **SANTA EFIGNIA E SANTO ESLEBÃO** in der **RUA DA ALFANDEGA**, in der im Jahre 1817 Dom Pedro I. Kaiserin Leopoldina heiratete.

Kaum verfehlen läßt sich die knallblau gestrichene Kirche **SANTA LUZIA** an der gleichnamigen Straße.

Rios modernste Kirche ist zweifellos die neue **KATHOLISCHE KATHEDRALE**, am Südrand des Stadtkerns an der **AVENIDA CHILE**. 1978 wurde die Kathedrale eingeweiht und machte auch prompt Schlagzeilen. Eigentlich soll der Dom das Emporstreben der menschlichen Seele zum Himmel demonstrieren. Böse Zungen vergleichen das Gebäude hingegen mit einer Raumkapsel oder gar mit einem umgestülpten Blumentopf.

Pittoresk nimmt sich inmitten der Hochhäuser die Kirche **NOSSA SENHORA DA CANDELARIA** aus, die, knapp 100 Meter von der Kreuzung der beiden großen Avenidas **RIO BRANCO** und **PRESIDENTE VARGAS** entfernt, auf der **PRAÇA PIO X**, steht. Der Matrose Antonio da Palma hat diese Kirche als Dank für seine Errettung aus höchster Seenot in den Jahren 1775 – 1810 erbauen lassen. Ein Gemälde seiner glücklichen Rettung ist im Innern der Kirche zu bewundern.

HEUTIGES CENTRO

Großflächig ist Rios Zentrum nicht, anderthalb Kilometer lang, anderthalb Kilometer breit und gut zu Fuß zu machen. Es lohnt, in ausgedehnte Spaziergänge Zeit und Geduld zu investieren, denn es sind gerade die kleinen Ecken und Gäßchen, die den Charme von Rio ausmachen. Prachtstraße Rios ist die **AVENIDA RIO BRANCO**, durch die der vielspurige Verkehr rauscht. Die Avenida ist eine Straße der Banken und

Verwaltungsgebäude, der Geschäftshäuser, Fluggesellschaften und Reisebüros. Entsprechend hektisch gestaltet sich das Leben hier, wo Geschäftsleute − trotz großer sommerlicher Hitze − in Anzug und Krawatte durch die Straße eilen und ihnen die Kondenswasser der eisgekühlten Bürotürme auf die Nase tropfen. Allerdings nur von Montag bis Freitag; am Wochenende und auch abends ist das Centro wie ausgestorben. Am unteren Ende, in Richtung **PRAÇA MAUA**, befinden sich eine Anzahl Wechselstuben, wo Sie Bargeld, oft auch Traveller-Schecks, zum Parallelkurs tauschen können. An der Praça Mauá selbst sind zwei touristische Informationsstellen der **RIOTUR**. *Ich fand sie allerdings nie geöffnet vor.* Gleichfalls ist an der Westseite des Platzes die Autobusstation **ESTAÇÃO RODOVIARIA.** Die zweite große Avenida Rios, die **AVENIDA PRESIDENTE VARGAS,** nach dem Staatspräsidenten Getúlio Vargas benannt, der von 1930 − 1945 und wiederum von 1951 − 54 an der Macht war, dient als Verbindungsstraße zwischen dem Zentrum und dem Westen und Nordwesten der Stadt.

Shopping im Centro sollte man sich nicht entgehen lassen. Eine der interessantesten Geschäftsstraßen ist die **RUA OUVIDOR,** die ziemlich schmal und den größten Teil des Tages für den Verkehr gesperrt ist. Noch schmaler und schon ein Gäßchen ist die **RUA GONÇALVES DIAS,** die eine ganze Reihe netter Geschäfte und Restaurants aufweist. Das **COLOMBO** zum Bespiel, an der Hausnummer 32. Seit mehr als 90 Jahren werden hier in supereleganter Atmosphäre Snacks, Getränke und Lunches serviert. Das prächtige Interieur aus handgeschnitztem Ebenholz, riesige Jugendstil-Spiegel und der Pianospieler auf der Galerie im ersten Stock erinnern an ein Wiener Caféhaus. Ältere Damen treffen sich hier zum Tee, Banker nehmen ihren Mittagssnack ein und die Jeunesse dorée zeigt sich beim Eis die neuesten Einkäufe.

Ein Geschäft ans nächste drängt sich in der **RUA DO ROSARIO,** an deren Ecke sich ein zwar kleiner, aber höchst farbenfroher Blumenmarkt befindet. Die **LIVRARIA KOSMOS** an der Nummer 155 gilt übrigens als eine der bestsortierten Buchhandlungen im Centro. Der Besitzer spricht auch Deutsch, und alte Drucke von Rio gibt es hier zu günstigen Preisen. Wer gut zu Fuß ist, sollte auch noch die **RUA URUGUAIANA** mit ihren schönen pastellfarbenen Kolonialhäusern, die **RUA ALFANDEGA** und die **RUA DOS INVALIDOS** abklappern, wo Kitsch und Kunst, Ramsch und Antiquitäten sehr nahe beieinander liegen. Nummer 36 der **RUA DO CARMO** birgt einen Laden ganz spezieller Art, heißt **APOSTOLADO LITURGICO** und zeigt, wie ernst die Brasilianer ihre Religion, die katholische notabene, auch im Alltag nehmen. Krippen und Bilder, Posters und Postkarten, Heiligenfiguren, Bücher zum Thema, Gewänder, Weihkoffer und alles für den eigenen Hausaltar ist hier zu finden. Auch wenn man letzteres nicht im Sinn hat, interessant ist der Laden allemal.

Am **LARGO DA CARIOCA,** einem der betriebsamsten Plätze der Stadt und Schnittpunkt zwischen Gestern und Heute, findet sich alles ein, was Beine

▶

Im Colombo herrscht immer noch Jugendstilatmosphäre. In den oberen Stock führt ein knarrender Fahrstuhl.

hat: Händler, Gaukler, malende und musizierende Straßenkünstler, Geschäftsleute mit Fast Food in der Hand und auch Bettler. In der **RUA DA CARIOCA**, der traditionsreichsten Straße, steht an der Nummer 39 die älteste Bar von ganz Rio, die **BAR LUIZ**, 1887 von Deutschen gegründet. Das deutsche Erbe ist bis heute auf der Speisekarte erhalten geblieben. *Kassler, Eisbein, Wiener Würstchen* und *Linsengerichte* kann hier haben, wen es bei 35 Grad im Schatten wirklich danach gelüstet. Aber auch nur auf ein Bier lohnt es sich hereinzuschauen, denn an den Wänden hängen interessante alte Fotos, die die Entwicklung der Rua da Carioca in den letzten hundert Jahren aufzeigen. Gleich gegenüber haben sich – sozusagen als kulinarisches Kontrastprogramm – zwei italienische Feinkostgeschäfte eingerichtet. Gesundheitsbewußtsein hat sich ganz offensichtlich auch in Rio breitgemacht. Homöopathische Mittelchen und Naturprodukte gibt es in der **RUA SETE DE SETEMBRO**. Verkaufshits sind *Ginseng* und das brasilianische Äquivalent *Guaraná*, eine kaffeeähnliche Pflanze, die neue Energien verspricht. Für den sofortigen Leistungsschub kann man sich in den zahlreichen spezialisierten Läden einen Guaraná-Drink mixen lassen.

Am anderen Ende der Avenida Rio Branco, in Richtung **AVENIDA PRESIDENTE WILSON,** liegt hinter dem **TEATRO MUNICIPAL** und der **PRAÇA FLORIANO** das Vergnügungsviertel **CINELANDIA**. Der Name sagt es schon: Hier reiht sich in der **RUA SENADOR DANTAS** Kino an Kino. Hinzu gesellen sich unzählige Restaurants,

vor allem *Churrascarias,* Bars und Nachtlokale der leicht schummrig vergammelten Art. Rund um die **RUA ALVARO ALVIM** ist denn auch das Nachtjackenviertel des Centro, das angrenzende Stadtviertel **LAPA** ist berühmt und berüchtigt für *Striptease.* Heute hat Lapa seinen Reiz und die Attraktionen des Nachtlebens weitgehend an Copacabana abtreten müssen, obwohl wieder einige gute Clubs an der Grenze Centro/Lapa eröffnet haben. Das bekannteste ist das **ASA BRANCA**, ein riesiger Tanzsaal, in dem brasilianischer Pop und natürlich Samba von Topinterpreten dargeboten werden. Das **TEATRO BRIGITTE BLAIR** an der **RUA SENADOR DANTAS 13** ist durch seine Transvestiten-Shows in Slapstick-Manier bekannt geworden.

Am anderen Ende der Rio Branco, quasi an der Küste von Rio-Centro, wo sich auch das **MUSEU DE ARTE MODERNA** befindet, steht ein grüner, achteckiger Turm, in dem eines der besseren Fischrestaurants, das **ALBAMAR** untergebracht ist. Noch besser als das Essen ist hingegen die Aussicht auf die Bucht mit der **ISLA FISCAL**. Im Februar 1889 gab Dom Pedro auf dieser Insel noch einen Ball, seinen letzten als Herrscher von Brasilien. Denn im November desselben Jahres wurde Brasilien eine Republik. Heute ist die Insel im Besitz des Militärs. Rund um das **ALBAMAR** findet samstags ein sehr schöner Antiquitätenmarkt statt.

RESTAURANTS
■ **ADEGA MORENA TROPICANA,** Rua do Carmo 49, Tel. 242-1384,

Mo bis Fr 11 – 21 Uhr.

Typisches Lunch-Restaurant. Gleichzeitig nette Bar für PETISCOS, Kleinigkeiten.

■ **ALBAMAR,** Praça Marechal Ancora 184, Tel. 240-8378, Mo bis Sa 11 – 23 Uhr.

Ein HISTORISCHES MONUMENT, eine Touristenattraktion und ein Fischrestaurant – das wäre wohl die umfassendste Bezeichnung für das Albamar. Das Restaurant ist wahrlich ein schöner Ort, um den geschundenen Füßen nach einem ausgiebigen Besuch auf dem samstäglichen Antiquitätenmarkt die wohlverdiente Ruhe zu gönnen. Die Fischgerichte sind gut, die einfachen die besten, wenn auch teurer als woanders. Das Schönste ist auf alle Fälle der Blick aufs Meer hinüber zur *Isla Fiscal*.

■ **BAR BRASIL,** Avenida Mem de Sá 90, Centro/Lapa, Tel. 222-5943, täglich 11.30 – 23 Uhr, Sa nur bis 15 Uhr.

Auch so ein Überbleibsel aus Zeiten deutscher Einwanderung vor gut 80 Jahren, das sich zum In-Spot der INTELLEKTUELLEN Cariocas entwickelt hat. Trotz – vielleicht auch gerade deshalb – Eisbein und Kassler, Rollmops und Linsen, treffen sich hier die Schriftsteller, Journalisten, Professoren und Künstler der Stadt, um sich am fremdländischen Essen zu laben. Einst hieß die Bar *Bar do Alemão*, und die einstigen Inhaber hatten – für unsere Ohren jedenfalls – so vertraut klingende Namen wie Beutenmüller, Franz Leitner und Franz Mayr. Heutiger Besitzer ist der Spanier José Otero, der die deutsche Küche und substantielle Brocken derselben Sprache von seinen Vorgängern, dem Ehepaar Felix

und Gertrude Scholler gelernt hat. Um die Atmosphäre perfekt zu machen: An Wochenenden spielt ein kleines Orchester auf, bestehend aus Geige, Klavier und Cello.

■ **BAR LUIZ,** Rua da Carioca 39, Tel. 262-1979, Mo bis Sa 11 – 24 Uhr.

Wenn irgendwo ALTDEUTSCHE KÜCHENTRADITION hochgehalten wird, dann wohl hier. Trotzdem ist die Bar Luiz eine typische brasilianische Bar: laut, unkompliziert und gemütlich. Man fühlt sich auf Anhieb wohl – den Cariocas sei Dank. Die sehr deutschen Speisen sind denn auch so, daß vor allem Einheimische ihren Gefallen daran finden: Würstchen als Appetithappen, Rollmöpse, Kartoffelsalat, Rippchen – alles in wohldosierten Snack-Portionen. Sogar ein eisgekühlter Steinhäger wird zum eisgekühlten *Chope* serviert. Und wer sich für die Historie dieses altehrwürdigen Hauses interessiert, braucht nur den Wänden entlang zu schauen, denn dort ist alles dokumentiert.

■ **CAÇAROLA,** Rua do Rosário 152, Tel. 252-7339, Mo bis Sa 11 – 16 Uhr.

GUT FÜR FISCH. Riesiger Saal, weißgedeckte Tische, an denen sich die Geschäftsklientel über Mittag verköstigt.

■ **CAFE DO TEATRO,** Avenida Rio Branco im Teatro Municipal, Tel. 262-4164, Mo bis Fr 11 – 16 Uhr.

Essen kann man hier nur über Mittag, und das ist nicht so spektakulär – wenn auch in Ordnung –, daß man im Café do Teatro unbedingt hätte gewesen sein müssen. Eine absolute Augenweide ist hingegen das DEKOR mit den bunten Mosaiken mit Szenen aus dem Leben im alten Assyrien. *Kitsch as Kitsch can* kann man da nur noch sagen. Die ideale Kulisse für einen drittrangigen Hollywood-Schinken zum Thema Ägypten.

■ **COLOMBO**, Rua Gonçalves Dias 32 – 36, Tel. 232-2300, Mo bis Fr 11 – 18 Uhr.

Ganz tolle JUGENDSTILATMO-SPHÄRE – immer noch. Denn das Restaurant hat sein Äußeres seit der Eröffnung im Jahre 1894 kaum verändert. Auch der Balkon im oberen Stock, zu dem man mit einem alten knarrenden Fahrstuhl gelangt, verströmt die ruhige Eleganz von Anno dazumal. Die Preise sind trotzdem moderat, die Küche ist recht gut, doch leider die Bedienung nicht mehr das, was sie wohl einst gewesen sein mag. Die heutigen Kellner sind eher hochnäsig.

■ **FLOR DO CARMO**, Rua do Carmo 38, Tel. 242-1554, Mo bis Fr 11 – 21 Uhr.

EINFACH UND GUT und sehr portugiesisch mit den blaugekachelten Wänden.

■ **SERTÃO GAUCHO**, Rua da Quitanda 49, Tel. 242-1755, Mo bis Fr 11 – 16 Uhr.

Hier gibt es riesige CHURRASCOS, Fleischgerichte, etwas für den großen Hunger.

■ **SHO-GUN**, Rua do Rosário 102, 2. Stock, Tel. 252-1438, Mo bis Fr 11 – 15 Uhr.

Man muß die Nase ziemlich weit oben tragen, bis man das kleine unprätentiöse Restaurant mit nur ein paar wackeligen Tischen und Stühlen im zweiten Stock und den schummrigen Eingang überhaupt findet. Überraschend ist hingegen das Essen, japanisch natürlich, zu überaus günstigen Preisen. Für Rios Japaner ist das Sho-Gun schon lange ein GEHEIMTIP, vor allem zur Mittagszeit.

■ **LA TOUR**, Rua Santa Luzia 651, im Gebäude des Clube de Aeronautica, 34. Stock. Tel. 240-5795, Täglich 12 – 24 Uhr.

Einziges DREHRESTAURANT der Stadt und Südamerikas überhaupt mit schönem Ausblick über die Bucht von Guanabara und das Zentrum von Rio.

MUSEEN

■ **MUSEU HISTORICO NACIONAL**, Praça Marechal Ancora, Tel. 240-7978, Di bis Fr 10 – 17.30 Uhr, Sa und So 14.30 – 17.30 Uhr.

Für ein historisches Museum ist es relativ neu, denn gegründet wurde es erst 1922, anläßlich der 100-Jahr-Feiern zur Unabhängigkeit. Immerhin befindet sich das Museum in einem der ältesten Gebäude der Stadt aus dem Jahre 1603, als es noch das *São Tiago Fort* war. *Allein das Gebäude lohnt einen Besuch.* Das Gezeigte präsentiert einen geschichtlichen Abriß von Brasiliens Entdeckung um 1500 bis zur Ausrufung der Republik im Jahre 1889. Also – wenn ein Museum, dann dieses, gilt es doch als das wichtigste im ganzen Land.

■ **MUSEU NACIONAL DE BELAS ARTES**, Avenida Rio Branco 189, Tel. 240-0068, wechselnde Öffnungszeiten, telefonisch erfragen.

Rios wichtigste Kunstkollektion. Die Ausstellung ist aufgeteilt in Exponate von Künstlern der Kolonialzeit und solchen aus dem 19. und 20. Jahrhundert. Die ausgestellte zeitgenössische brasilianische Kunst ist am interessantesten.

SHOWS

■ **ASA BRANCA,** Avenida Nem de Sa 17, Tel. 252-0966, täglich ab 21 Uhr.
Hier sind brasilianische Rock- und Sambastars zu sehen und zu hören. Essen kann man sogar bis in die frühen Morgenstunden. Die Tanzfläche ist dann immer noch brechend voll und die Stimmung schlägt hohe Wellen. Das Asa Branca ist übrigens der einzige Ort in Lapa, wo schon ein real existierender König leibhaftig gesehen wurde. Es war Juan Carlos von Spanien, und Gerüchte wollen sogar wissen, er habe das Etablissement stehenden Fußes gekauft. Wer es glaubt!

■ **CASA DE CULTURA CANDIDO MENDES,** Rua da Assembleia 10, mittwochs 12 Uhr.
Das Haus ist bekannt wegen seiner **MITTAGS-MUSIKSHOWS.** Gleichfalls finden hier Ausstellungen moderner brasilianischer Kunst statt.

■ **JOÃO CAETANO,** Praca Tiradentes, Tel. 221-0305, Mo bis Fr ab 18 Uhr.
In diesem Ballsaal strömt nach Büroschluß das tanzwütige Volk. Und wenn in Europa alles nach **LAMBADA** schreit, so können Cariocas darüber eigentlich nur den Kopf schütteln: Denn das tanzen sie schon lange — hier, seit Jahren und in Varianten.

Der Kampf um das alte Rio de Janeiro

Nach zwei Jahrzehnten Militärdiktatur blieben nur Reste einstiger Schönheit. Von Klaus Hart

Beim Durchstreifen der kulturhistorisch wertvollen Altstadtviertel Rio de Janeiros drängt sich einem nicht selten der Eindruck auf, daß hier Straßenkämpfe à la Beirut getobt haben müssen — Ruinen und Trümmer, immer wieder große Lücken in den Häuserfronten. Die jüngere Zeitgeschichte nennt weder Brasilien noch deren berühmteste Metropole als Ort irgendwelcher Schlachten — und doch wurde gegen die einstige Perle des Tropenstaates eine Art Krieg geführt. Der Feind kam nicht von außen, sondern aus dem eigenen Land; der Generalangriff begann 1964. In diesem Jahr putschten Militärs finsterster lateinamerikanischer Prägung im Auftrage stumpfer, korrupter, in kolonialen Wertvorstellungen behafteter Geldleute die *Zivilregierung Goulart* weg — auch in Rio bedeutete dies das Aus für die Freiheit der Kunst, unkonventionelle Gedanken, eine blühende Boheme-Szene. Wo diese zuhause war, regierten nunmehr Grundstücksspekulanten und Abrißbirnen der Baufirmen, eine ganze wundervolle Altstadt wurde Stück für Stück zum Abschuß freigegeben. Die bis dahin einmalige Harmonie zwischen Rio de Janeiros faszinierender Naturkulisse und der gewachsenen, außerordentlich reichen Architektur wurde vorsätzlich zerstört. Große Architekten aus den Einwandererländern Portugal, Spanien und Frankreich hatten zu Beginn des Jahrhunderts im Auftrage kunstsinniger, weltläufiger Gouverneure und Präfekten Rio de Janeiro in der Tat in eine *cidade maravilhosa* verwandelt. Doch statt architektonischer Vielfalt strebten die Uniformierten und ihre Partner nun die Uniformierung Rios an. Gebäude maurischen, manoelischen, neugotischen, neoklassizistischen Stils fielen ebenso wie Meisterwerke der Belle Epoque, des Art Deco und Art Nouveau. Das glücklicherweise noch existierende Opernhaus, nachempfunden jenem von Paris, gibt dem heutigen Betrachter eine Ahnung davon, welche Art von Bauten sich einst anschlossen – statt der heutigen Brutalarchitektur. Dem Opernhaus gegenüber stand bis in die siebziger Jahre hinein der 1904 eingeweihte neoklassizistische *Monroe-Palast* – gegen den völlig willkürlichen Abriß wandten sich so gut wie alle Bewohner der Stadt, dennoch wurde das einst bevorzugte Postkartenmotiv Rios in Stücke gehauen. Generäle, Präfekten, Spekulanten und Baufirmen arbeiteten Hand in Hand – nahezu sämtliche Regelungen zum Schutze des architektonisch-kulturellen Ambientes der Stadt wurden außer Kraft gesetzt.

Ein bezeichnendes Beispiel bietet in diesem Sinne das *Centro Candido Mendes*. Man stelle sich ein 46-stöckiges, 140 Meter hohes, drohend-schwarzes Glas- und Stahlbürogebäude mitten auf dem Petersplatz in Rom vor – eine ebensolche fatale Wirkung auf Schönheit und Harmonie jenes Teils der Altstadt hat das genannte Centro. Der Bau, bis dahin aus ästhetischen Gründen in Rio unmöglich, wurde gegen existierende Vorschriften von einem Mann erlaubt, der heute von einem großen Büro im 26. Stock aus seinen enormen Immobilienbesitz verwaltet. Ex-Gouverneur *Chagas Freitas* läßt verbreiten, die Büroräume seinerzeit gekauft zu haben. Unter Branchenkennern kursiert dagegen eine andere Version: Chagas, der in seiner Amtszeit von 1971 bis 1975 der Vettern- und Günstlingswirtschaft in Rio zu einem ersten Höhepunkt verhalf, gab die Baugenehmigung unter der Bedingung, daß für ihn in dem seelenlosen Klotz ein Firmensitz abfiel.

Glücklicherweise nicht mehr mundtot zu haltende Architekten nennen das Centro Candido Mendes heute eine typische Konstruktion der Diktaturperiode. Für viele Bewohner Rios ist bezeichnend, daß darin auch die städtische Tourismusbehörde Riotur residiert; nach Aussagen von Kulturexperten ignorant, auf die kommerziellen Interessen der Hoteliers und Nachtklubbesitzer in den Touristenvierteln *Copacabana* und *Ipanema* ausgerichtet, desinteressiert an der Erhaltung des kulturellen Erbes. Beim Blättern in brasilianischen Reiseprospekten drängt sich in der Tat der Eindruck auf, daß die Zuckerhutmetropole keine nennenswerte Altstadt hat, dafür aber eine touristische Südzone am Meer. Dort gelang die Uniformierung so gut wie komplett: Brasiliens berühmtester noch lebender Sambakomponist und Sänger Dorival Caymmi nennt Rio de Janeiro heute mißhandelt, verlassen und vergleicht

▶

Pittoresk, inmitten der Hochhäuser, die Kirche Nossa Senhora da Candelaria und im Hintergrund die Neue Kathedrale, die für viele wie ein umgestülpter Blumentopf aussieht.

den famosen Stadtteil *Copacabana* mit einem Slum. Dort stehen inzwischen fast nur noch häßliche Billigbetonblocks − ein nicht geringer Teil gehört Uniformträgern von einst und jetzt; Diktaturgeneräle, Geheimdienstoffiziere. Ähnliches gilt für die sich anschließenden Distrikte *Ipanema* und *Leblon*; vor dem 64er Putsch noch eine gleichfalls vielbesungene Oase der Ruhe und Schönheit in der Stadt. Für die entsetzliche Brutalarchitekturfront an der Meerpromenade wurde in Anlehnung an das einst Berlin zerschneidende Betonband der Begriff *Muro da Vergonha* − Schandmauer − geprägt.

In einer Zeit der totalen Medienzensur konnte solcherart Stadtverunstaltung problemlos propagiert und bejubelt werden − ungestört durch Kritik von Schriftstellern, Architekten oder Stadtsoziologen. Wer zur Diktaturzeit auf die Idee verfiel, sich gegen die brachiale *Decharakterisierung*, so das brasilianische Wort, zu wehren, mußte sogar die Verhaftung befürchten. Gravierender als die *Decaracterização* bewerten viele aber die damit einhergehende Deformierung der Carioca-Mentalität − das Ende von Bürgersinn, Zivilcourage, Mitverantwortung angesichts ausufernder Korruption und Kriechertum, von den autoritär Herrschenden offen gefördert.

Gegen Ende der siebziger Jahre holten diese zum ganz großen Schlag aus: Ein Projekt sah vor, nahzu die gesamte restliche Altstadt abzureißen und an gleicher Stelle eine Stadtautobahn und Büroblocks zu errichten. In einer der noch heute interessantesten Straßen Rios, der *Rua da Carioca*, bildeten

daraufhin Händler und Bewohner eine Bürgerinitiative und setzten alle Hebel in Bewegung, um den Abriß zu verhindern. Zu einer Zeit, als die Diktaturgeneräle auch in Brasiliens ehemaliger und nach wie vor heimlicher Hauptstadt auf eine leichte *politische Öffnung* setzten, gelang den Initianten der Aufschub des Projekts. 1982 mußte sich die Abrißmafia endgültig geschlagen geben: Die Militärs ließen erstmals wieder freie Gouverneurswahlen zu − völlig überraschend siegte im Teilstaat Rio de Janeiro der kurz zuvor aus dem Exil zurückgekehrte Präsident der Partido Democratico Trabalhador, *Leonel Brizola*. Zu seinem Vize bestimmte er den 1964 durch die Putschisten amtsenthobenen und ins Ausland verjagten Erziehungsminister, den auch in Europa durch zahlreiche Veröffentlichungen bekannten Anthropologen und Sozialwissenschafter *Darcy Ribeiro*. Entsetzt über den Zustand der Stadt, bildete Ribeiro sofort eine Behörde für den Schutz des kulturellen Erbes und versuchte, möglichst viele juristisch abgesicherte Abrißbefehle und -genehmigungen rückgängig zu machen. Jene Bürgerinitiative der Rua da Carioca, auf die sich übrigens der erste registrierte und verlegte Samba aus dem Jahre 1916 bezieht, bekam unverhofft Rückenwind. Im kleinen, niedrigen Büro über dem Taschengeschäft *Mala Ingleza*, englischer Koffer, sagt mir der Besitzer Roberto Curi, Präsident der *Sociedade de Amigos da Rua da Carioca*: „Erst in der Amtszeit *Brizolas* gelangen uns erste Siege, vor allem wegen Ribeiro, dessen Sensibilität für die Altstadt enorm ist. Durch Ribeiro wurde die Rua

▶

Rios letzte Straßenbahn, die Bonde, führt nach Santa Teresa (oben).
Der Largo do Boticario, der Apothekerplatz, ist das letzte Relikt aus Rios Kolonialzeit (unten).

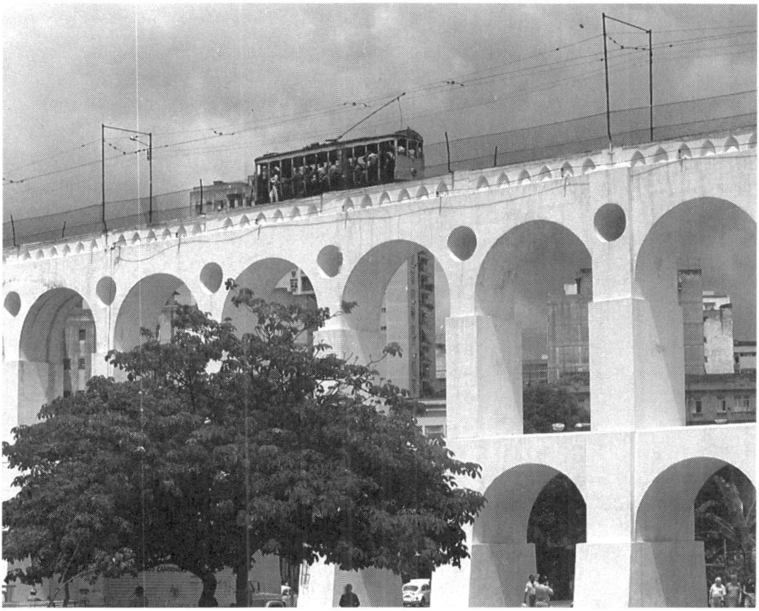

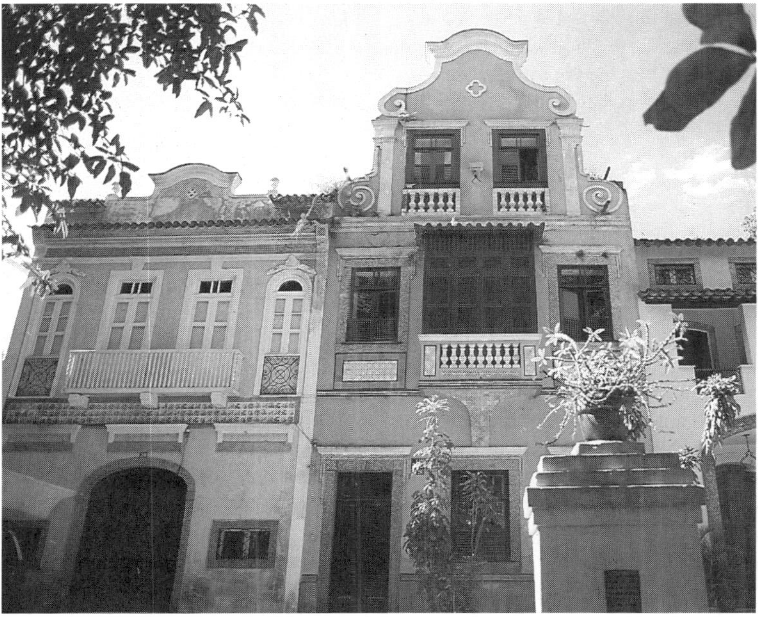

da Carioca denkmalsgeschützt, ein so-
genannter kultureller Korridor mit
hunderten architektonisch wertvollen
Gebäuden dekretiert und eine Serie von
Restaurierungsprojekten   eingeleitet.
Nur durch das Ende der Diktatur und
den Übergang zur Demokratie wurde
die Rettung der Reste des einst wundervollen Rio möglich."

Die Arbeit für die Initiative wächst
dem Idealisten Roberto Curi inzwischen fast über den Kopf, um das Taschengeschäft kann er sich kaum noch
kümmern. Sein „Dreh", um Rio de Janeiros Bewohner für die Erhaltung der
Rua und der immer noch stark ver-
kommenen Altstadt zu interessieren,
sind Straßenfeste. Es vergeht kaum eine
Woche, in der Curis Mannschaft in der
Rua da Carioca nicht mindestens eine
Fete vom Stapel läßt. Sambistas und die
berühmtesten Kapellen der Gafieiras,
Rio de Janeiros seelenvoller alter Tanz-
dielen, spielen zum Massenschwof auf;
die größte Torte, die größte Pizza Rios
wird von Curi angeschnitten und an die
Menge verteilt. Die Bewohnerinitiative
schreckt auch nicht davor zurück, den
dicksten Mann der Stadt und die
schönste Straßenkehrerin zu küren, ein
Bierwett-Trinken aus halbmeterlangen
Gläsern auch für Frauen zu veranstalten.

Der infernalisch-laute Autoverkehr
wird während der Festivitäten umgelei-
tet; die dicken, stinkenden Diesel-Ab-
gaswolken der Omnibusflotten verziehen sich, das Einkaufen in den vielen
alten Läden und Lädchen ist dann
streßfrei möglich. Wenn es nach Curi
ginge, wäre wie in schweizerischen oder
deutschen Altstädten nicht zuletzt im

Interesse höherer Umsätze die Rua da
Carioca schon längst eine Fußgänger-
zone; engstirnige, aber einflußreiche
Geschäftsleute und ihre Freunde in der
Stadtverwaltung blockieren aber solche
Pläne auch für den sich anschließenden
Tiradentes-Platz, der vor der Diktatur
ebenfalls zu den Prunkstücken Rio de
Janeiros gehörte. Die Verkehrsbehörde
besetzte dort das einst berühmte elegante Ballschlößchen des Barons von Rio
Seco, errichtet zu Beginn des Jahrhunderts, und ließ die fein gearbeiteten
großen Fenster des Erdgeschosses mit
groben Ziegelsteinen zumauern. Damit
nicht genug, wurden die früher den
Fußgängern, Bäumen und Blumen vor-
behalteten Flächen des Platzes auf ein
Minimum reduziert; private Busunter-
nehmen erhielten die Erlaubnis, den an
Brasiliens Nationalhelden und bedeutendsten Aufrührer gegen die portugiesische Krone erinnernden *Praça Tiradentes* als Parkplatz und Endstelle zu
mißbrauchen. Die Leute von der Sociedade de Amigos da Rua da Carioca hatten ein intimes Verhältnis auch zu diesem herausragenden Ort der Stadtge-
schichte, der derzeitige Zustand macht
sie wütend und traurig.

Abgestumpft und ohne Sinn für die
Reste einstiger Schönheit, fluten Menschenmassen über den Platz. Die Bürgerinitiative weiß von Reisen in europäische Städte, wie sehr sich dort Bewohner aller Altersgruppen zum Teil
sogar militant für den Schutz der hi-
storschen   Stadtzentren   engagieren.
„Diese Mentalität", so sagt Roberto Curi, „wollen wir hierherholen, hier einp-
flanzen." Curi weiß auch, daß in Zürich
oder Basel schlecht möglich wäre, was

sich gleich neben seinem Taschengeschäft tagtäglich abspielt. Dort steht man vor einer studierenswerten Absonderlichkeit der Straße, dem *Cinetheatro Iris*. In dem denkmalsgeschützten Gebäude mit schmiedeeisernen Treppen und Geländern sowie Wandkacheln und großen Spiegeln befindet sich das älteste und nach wie vor schönste Kino Rios, 1909 eröffnet. Nach jahrzehntelanger Glanzzeit fiel es unglücklicherweise Geldleuten in die Hände, die in der Generalsepoche eine schroffe Programmänderung befahlen: Heute ziehen sich im Anschluß an einen Porno- und einen Gewaltfilm aus den USA vor dem durchweg männlichen Macho-Publikum mindestens sechs Frauen nacheinander aus; Zwischenbeifall für Artistas, die einen Orgasmus imitieren. Auf den verdunkelten Rängen luden noch unlängst Dutzende von Transvestiten während Film und Show zum Geschlechtsverkehr ein. Nur im Zusammenhang mit der raschen Aids-Ausbreitung in Brasilien hielten es die Besitzer, wenn auch widerwillig, für angeraten, die obersten Ränge abzusperren. Filme, die diese Bezeichnung verdienen, bleiben jedoch weiterhin aus dem Cinetheatro Iris verbannt, obwohl das entsprechende Publikum im Viertel vorhanden ist; der Besucherandrang in zwei guten Theatern am Praça Tiradentes beweist es.

Einem anderen, nicht minder schönen Kino auf der gegenüberliegenden Seite erging es weitaus schlechter — der häßliche Schuhladen beherbergte einst das elegante *Cine Ideal*, in den Pausen unterhielt ein famoses Orchester. Roberto Curis Initiative konnte den heutigen Besitzer dazu überreden, wenigstens die abgedeckte und verstümmelte Fassade zu restaurieren; nun wird an Brasiliens staatliche Filmgesellschaft Embrafilme appelliert, den Laden aufzukaufen und das Cine Ideal wiedererstehen zu lassen.

Der vehemente Einsatz des erwähnten Diktaturgegners Darcy Ribeiro und seiner Behörde für den Schutz des kulturellen Erbes verhinderte zwar den Totalabriß der Altstadt, die Zerstörung von Rio de Janeiros Herzstück konnte jedoch nicht völlig gestoppt werden. Die Entlassung sämtlicher Diktaturanhänger in den Behördenstuben im Jahre 1982 wäre durch Brizola allein wegen des Drucks von der Militärregierung in Brasília nicht möglich gewesen, die erst 1985 offiziell abtrat. Und auch heute noch wird in den Amtsbüros vielfach wie einst gedacht, weshalb das von Ribeiro ins Leben gerufene *Departamento Geral de Patrimonio Cultural* nach wie vor keinen leichten Stand hat. Die einst von Poeten und Malern als feminin, sinnlich und kokett, als leicht und graziös und parisienne gerühmte *Cidade Mulher* wurde von Macho-Militärs geschändet — eine Frau, eine Poetin ist wesentlich an dem Versuch beteiligt, das Opfer physisch und psychisch so weit wie möglich zu heilen und zu kräftigen. *Rachel Jardim* engagierte sich von Anfang an für den „kulturellen Korridor", nennt die Denkmalsschützer des Departamento Idealisten, die mit Leidenschaft — und einem lächerlich geringen Etat — retten wollen, was zu retten ist. „Viele Chefs städtischer Behörden kennen und verstehen die Stadt nicht, haben keinen Begriff von Architektur und

Ambiente, das Ausmaß von Dummheit und Ignoranz ist enorm", sagt Rachel Jardim. Sie schwärmt von nahzu komplett erhaltenen mitteleuropäischen Städten, dem dortigen Mäzenatentum: „Er ist Unternehmer – das heißt hier immer auch, er hat keine Kultur."

Den Stadtzerstörern kommt bis heute zugute, daß in den alten Vierteln größtenteils arme Leute wohnen, die beispielsweise zu einer juristischen Gegenwehr überhaupt nicht in der Lage sind. In Europa, so wissen Rachel Jardims Mitarbeiter, wäre eine so bestechend schöne Altstadt durchweg von Künstlern, Intellektuellen, Alternativen, generell der Mittelschicht angehörigen Leuten bewohnt, die den Kahlschlag zu verhindern wüßten. An der *Rua Taylor* läßt eine schwerreiche Fabrikanten- und Großgrundbesitzerfamilie vorsätzlich einen Palast in Trümmer gehen – noch fehlen gesetzliche Druckmittel und auch die Mitarbeit der Medien, um das außergewöhnliche Bauwerk zu retten.

Das Architektenteam spart auch nicht mit Kritik an der Tourismusbehörde Riotur: da fallen Bemerkungen wie „nichts begriffen, ignorant, kein Sinn für das Kulturerbe". Bedenklich vor allem die Unterschätzung europäischer Touristen, bei denen man lediglich ein Interesse an Stränden, Samba und sexy Mulattinnen vermute bzw. wecken will. Rio de Janeiro wurde dieses seit Diktaturzeiten kultivierte Karneval- und Palmenimage inzwischen zum Verhängnis – Rio ist „out", wie die starke Abnahme des Besucherstroms in den letzten Jahren zeigt. Die Tourismuswerbung wendet sich nicht an jene, die gerne Kulturferien machen, sich für

Architektur und Kunst interessieren. Ob und wann eine Trendwende eintritt, ist schwer voraussagen. Zeichen der Umkehr sind dennoch unübersehbar – daher rührt der Optimismus Rachel Jardims. Wenn sie heute durch Rios orientalisch-turbulentes Marktviertel *Saará* (Sahara) geht, schlägt ihr Sympathie entgegen, präsentieren die Casarão-Besitzer stolz zum Teil wundervoll generalrestaurierten Fassaden und Interieure. Noch unlängst klang es anders: „Da kommt schon wieder diese nervige Alte und will, daß wir die Betonmarkisen und die amerikanische Leuchtreklame abreißen." Der Bazillus der Rua da Carioca sprang auf die Nebenstraßen über, die Restauratöre vollbrachten bisweilen kleine Wunder und registrierten befriedigt ungläubiges Erstaunen verharrender Passanten und – wenn auch noch selten – wieder fotografierende Touristen. Brasiliens führende Architektengilde, so lange Zeit zum Schweigen gebracht, trumpft auf und sagt den Cariocas offen, welche Diktaturbauten am besten schon morgen per Dynamit und Spitzhacke verschwinden sollten: neben dem erwähnten Centro Candido Mendes und Dutzenden anderen ambienteverstümmelnden Büro- und Wohnblocks auch die mit einem Kühlturm oder einem Wespenhintern verglichene *Catedral Metropolitana* des Architekten *Oscar Niemeyer* – unmittelbar an den Avenidas Chile und Paraguay, damals Pinochet und Stroessner gewidmet. Inzwischen dürfen auch jene Baufirmen beim Namen genannt werden, die Rios Schönheit mit auf dem Gewissen haben – Veplan, Sergio Dourado oder João Forte Engenharia. Letzteren

Konzern scheint inzwischen so etwas wie Schuldbewußtsein zu plagen, beteiligt er sich doch an Restaurationen und an der Herausgabe hervorragend gemachter Bildbände, die Rio *vor* der Zerstörung zeigen. Die Bände sind teuer und erscheinen nur in kleiner Auflage. Hin und wieder zeige ich sie jungen Brasilianern, neugierig auf die Reaktion. Regelmäßig Rufe des Entzückens über soviel Schönheit, Anmut und Poesie; erst in diesem Moment erkennen die Heranwachsenden das Ausmaß der Häßlichkeit ihrer derzeitigen Wohnumwelt und können einfach nicht begreifen, weshalb die Generation ihrer Eltern die Brutalisierung Rio de Janeiros nicht verhinderte. Den Jugendlichen hatte auch niemand erzählt, daß in der *Rua Camerino* einst der Menschenverkauf in der nach Historikeransicht bedeutendsten, typischsten Sklavenhalterstadt der Weltgeschichte konzentriert war. In der Straße erinnert heute nicht ein einziges Denkmal und keine einzige Informationstafel an jene Zeit, in der sich auch Padres, Nonnen und Mönche reichlich mit Negersklaven eindeckten und mindestens sechs von zehn Einwohnern Rios aus Afrika, vor allem aus Angola Verschleppte, waren. Rachel Jardims Behörde konnte nicht verhindern, daß an die Stelle von Phantasiearchitekturbauten der Jahrhundertwende jetzt ein grober Betonklotz gesetzt wurde, der den Charakter der Straße vollends abtötet.

Junge Leute sorgen in wenigstens einem verstümmelten Stadtteil Rio de Janeiros für eine gewisse Renaissance. Gesellschafter und Publikum des Kulturzentrums *Circo Voador* im Viertel Lapa verteidigten mit Klauen und Zähnen, was die Betonköpfe an den Schalthebeln seit langem schon ausradiert sehen wollten. Das Zentrum dehnte sich von einer provisorischen Halle aus Stahlrohren auf ein altes Fabrikgebäude unmittelbar daneben aus, wodurch sich nicht nur die Fläche, sondern auch die Programmvielfalt vervielfacht. Im Circo Voador treten Avantgarde und älteste Sambagenerationen auf, wird die Kultur des schwarzen Brasilien gepflegt, haben Bürgerinitiativen und selbst die Prostituierten ein Diskussionsforum. Auch nach dem Wechsel in die Fabrik ist das Circo Voador Synonym für Fest, Tanz und Ausgelassenheit − vor allem sonntagabends, wenn Brasiliens beste Tanzkapelle, das *Orchestra Tabajares* mit dem über 70 Jahre alten Dirigenten Severino Araujo für Tausende aufspielt. *„Solange man noch tanzt, gibt es Hoffnung"*, sagen die Leute in Rio. *(Klaus Hart, Jahrgang 1949, ist Mitarbeiter der Neuen Zürcher Zeitung, deutscher Medien und der BBC London. Er lebt als freier Journalist seit 1986 in Rio de Janeiro − einer Stadt, die ihn vom ersten Zufallsbesuch im Jahre 1977 an fasziniert.)*

Glória und Catete, Flamengo, Laranjeiras

Im Süden endet die großartige **AVENIDA RIO BRANCO** fast am Meer. Das heißt, früher war hier − wo heute weite Parks und schön gestaltete Grünanlagen angelegt sind − nichts als Wasser.

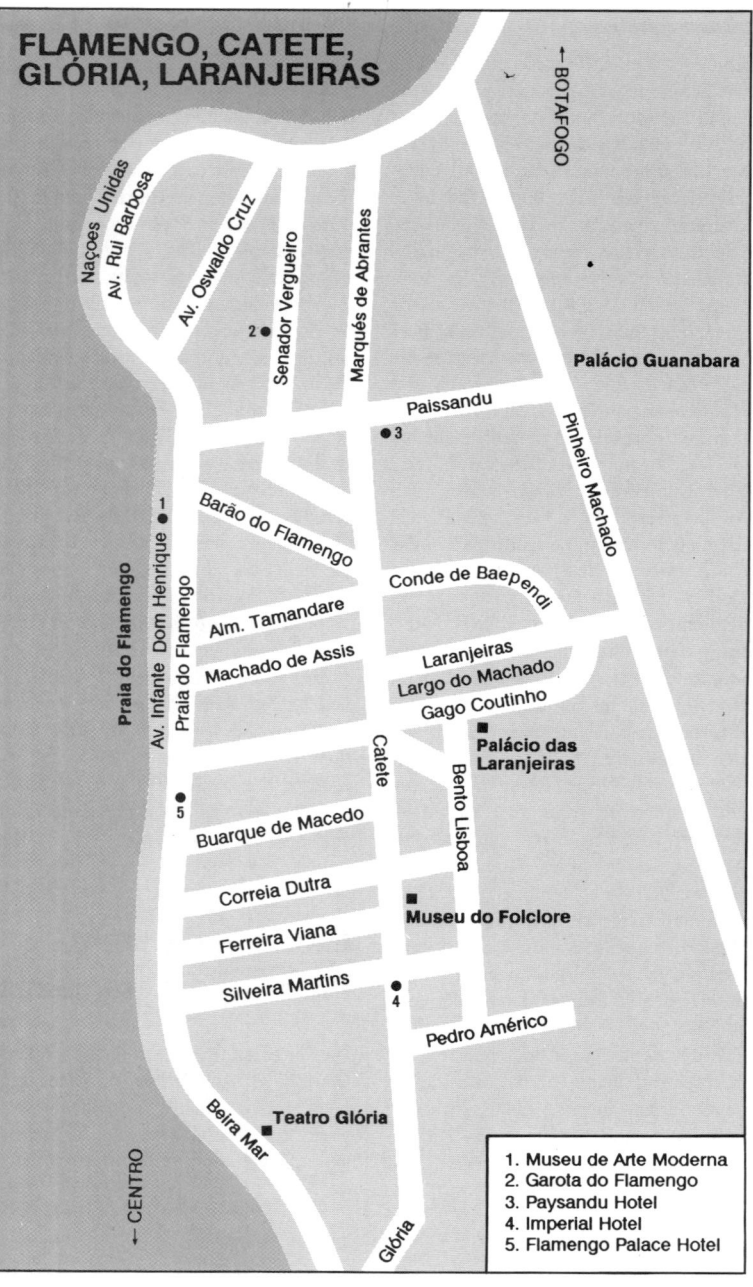

FLAMENGO, CATETE, GLÓRIA, LARANJEIRAS

→ BOTAFOGO

Nações Unidas

Av. Rui Barbosa

Av. Oswaldo Cruz

Senador Vergueiro

Marquês de Abrantes

Palácio Guanabara

Paissandu

Pinheiro Machado

Barão do Flamengo

Conde de Baependi

Praia do Flamengo

Av. Infante Dom Henrique

Praia do Flamengo

Alm. Tamandaré

Machado de Assis

Laranjeiras

Largo do Machado

Gago Coutinho

Palácio das Laranjeiras

Calete

Bento Lisboa

Buarque de Macedo

Correia Dutra

Ferreira Viana

Museu do Folclore

Silveira Martins

Pedro Américo

Beira Mar

Teatro Glória

← CENTRO

Glória

1. Museu de Arte Moderna
2. Garota do Flamengo
3. Paysandu Hotel
4. Imperial Hotel
5. Flamengo Palace Hotel

Durch Aufschüttungen hat man dem Meer beträchtliche Landstreifen abgerungen. „Aterro fahren", sagen die Cariocas denn auch, wenn sie den Bus durch dieses Gebiet nehmen. Ein wahres Freizeitparadies ist der rund sechs Kilometer lange **PARQUE DO FLAMENGO** an den Ufern der Guanabara-Bucht. Zahlreiche Spiel- und Sportplätze und eine großzügige Hafenanlage für Sportboote finden sich hier. Vorbei an zahlreichen Denkmälern, für die Toten des Zweiten Weltkrieges zum Beispiel, gelangt man zu den Museen für Moderne Kunst, Volkskunst und Völkerkunde.

Westlich des Parks kommt man zu den Stadtvierteln **LAPA**, (das eigentlich noch zum Zentrum gehört), **GLORIA**, **CATETE** und noch weiter westwärts **LARANJEIRAS**, die noch Anfang des 19. Jh. eigenständige Villenvororte waren. Prachtvolle Jugendstilhäuser sind hier immer noch zu sehen, allerdings auch Straßenzüge, die dem Verfall preisgegeben zu sein scheinen. Von der **PRAÇA FLORIANO** fahren Busse in diese Gegend, die Metrô hält an den Stationen **GLORIA, CATETE, LARGO DO MACHADO, MORRO AZUL.**

Wuchtig auf einem Hügel thront im Stadtteil Glória die Kirche **NOSSA SENHORA DA GLORIA DO OUTEIRO**, in der am 15. August das Fest Maria Himmelfahrt besonders prunkvoll begangen wird. Nur von einer Straße, der **RUA DO CATETE**, getrennt, gelangt man ins Viertel **CATETE** und ins **MUSEUM DER REPUBLIK** oder das angrenzende **FOLKLORE-MUSEUM**, die beide in einem weiten Park liegen. Die Gegend hat längst nicht soviel Restaurants und Lokale zu bieten wie das Centro. Den Klassikern unter ihnen, **GAROTA DO FLAMENGO** und **TABERNA DA GLORIA**, sollte man jedoch einen Besuch abstatten, denn hier treffen sich von Mittag bis weit in die Nacht hinein die Bewohner des Quartiers.

Der **PALACIO GUANABARA**, der bis zur Ausrufung der Republik Brasilien Residenz der Prinzessin Isabel war – sie machte sich übrigens einen Namen, weil sie mit der Unterzeichnung des sogenannten goldenen Gesetzes die Sklaverei im Jahre 1888 abschaffen ließ –, befindet sich in Laranjeiras, wo an der **RUA COSME VELHO** auch die Talstation der **CORCOVADO-BAHN** liegt. Nur wenig westlich der Station an derselben Straße ist der **LARGO DO BOTICARIO**, der Apothekerplatz, den man nicht verpassen sollte, denn der Platz ist sozusagen einer der letzten Winkel aus der Kolonialzeit von Rio. Ansonsten ist die Gegend am Fuß des Corcovado bis hin nach **COSME VELHO** eine gesuchte Wohnlage von gutbetuchten Leuten. Prachtvoll, was sich dort an Villen mit Swimmingpool im Dschungel versteckt, gut bewacht von Hunden und Sicherungsanlagen. Wie überall in Rio, ist das Elend nicht weit weg. Gleich auf der anderen Seite des Morros wächst und wuchert **RIO COMPRIDO** den Berg hinauf, eine der größten Favelas der Stadt.

RESTAURANTS

■ **GAROTA DO FLAMENGO**, Rua Senador Vergueiro 41A, Tel. 265-6297, täglich ab 8 Uhr bis der letzte Kunde geht. Erfüllt die Funktion der KNEIPE um die Ecke. Manchmal mit Musik, günstiges Essen.

■ **TABERNA DA GLORIA,** Rua do Russel 32, Tel. 245-6595, täglich 11.30 – 3 Uhr morgens.

Brasilianische Küche der gehobeneren Klasse, sehr schön zum DRAUSSEN-SITZEN. Lassen Sie das Leben an sich vorbeiflanieren.

MUSEEN

■ **MUSEU DE ARTE MODERNA,** Avenida Infante D. Henrique 85, Parque do Flamengo, Tel. 210-2188, Di bis So 12 – 18 Uhr.

Die Ausstellungsräume sind 1978 mitsamt aller modernen brasilianischen und europäischen Werke abgebrannt. Die jetzt zu sehenden Exponate sind Geschenke verschiedener Länder.

■ **MUSEU DE ARTES E TRADI-ÇOES POPULARES,** Adresse wie Museu do Folclore, Di bis So 12 – 17 Uhr.

■ **MUSEU CARMEN MIRANDA,** Avenida Rui Barbosa, Parque do Flamengo, Tel. 551-2597, Di bis Fr 11 – 17 Uhr, Sa und So 13 – 17 Uhr.

Hübsche Ausstellung von Kleidern, Schmuck und Erinnerungen der Sängerin und Künstlerin *Carmen Miranda.* Sie gilt als Rios bestbekannter Exportartikel, hatte sie doch kurz vor Ausbruch des Zweiten Weltkrieges wesentlich dazu beigetragen, daß der Samba Modetanz der westlichen Welt wurde.

■ **MUSEU DO FOLCLORE,** gleiche Adresse, Di bis Fr 11 – 18 Uhr, Sa, So und Feiertage 15 – 18 Uhr. Viel Interessantes zum Thema *Macumba* und anderen afrobrasilianischen Kulten.

■ **MUSEU DA REPUBLICA,** Rua do Catete 179, Flamengo, Tel. 225-4302.

Die neuen Öffnungszeiten muß man telefonisch erfragen, da das Museum wegen Restaurierungsarbeiten seit langem geschlossen ist, und niemand weiß, wann es neueröffnet werden soll.

Santa Teresa

Häuschen mit Giebeldächern, bunten Fenstern und schmiedeeisernen Toren, orthodoxe Kirchen mit Zwiebeltürmen, Häuserzeilen aus dem 19. Jh. und elegante Villen – all das zieht sich im Stadtteil Santa Teresa hoch den Berg hinauf. Am besten ist diese malerische Gegend mit der *Straßenbahn* zu erreichen, der einzigen Linie, die in Rio überhaupt noch betrieben wird. Die Fahrt beginnt im **CENTRO,** an der **PE-TROBRAS BUILDING PLAZA** und führt über Rios technisches Meisterwerk, über den **ARCOS DA LAPA,** ein Aquädukt, der die Bewohner der Stadt einst mit Wasser versorgte. Sie ist wahrhaft abenteuerlich, die Fahrt mit der Straßenbahn, aus der zur Linken wie zur Rechten gewaltige Menschentrauben hängen, über die Bogenbrücke. Leider aber ist sie auch nicht ganz ungefährlich, denn jugendliche Banden haben sich zum Ziel gesetzt, soviele Touristen wie möglich um ihre Barschaft zu bringen.

Mein Tip: Wirklich nur das Nötigste an Kleingeld mitnehmen und nach Möglichkeit auch die Kamera im Hotel lassen!

Im 18. Jh. lebten schwarze Sklaven am Hügel von Santa Teresa, um hier vor ihren Peinigern Zuflucht zu suchen. Später wurde Santa Teresa zum Zentrum für Schriftsteller, Musiker und Maler, denen noch später Geschäftsleute folgten. Noch immer verspürt man in Santa Teresa einen gewissen *Bohemien-Charakter*, wenn man die gewundenen Straßen mit dem Kopfsteinpflaster hinaufläuft. Man sieht ein paar Alte im *Botequim* sitzen oder junge Bewohner, die ihrem Haus einen neuen Anstrich geben. Das Viertel ist ruhig und abgeschieden, hin und wieder übt jemand auf dem Klavier oder eine Katze schleicht miauend um die Ecke – von der Hektik der Stadt ist hier nichts zu spüren. Geradezu grandios sind die Aussichten auf die **GUANABARA-BUCHT**, die sich immer wieder auftun.

Viele Läden oder Restaurants gibt es in Santa Teresa nicht. Hier und da ist beides in einem, ein paar Stühle stehen auf dem Bürgersteig, damit man sein Bier trinken kann. Dafür bietet Santa Teresa eines der besten Kunstmuseen von Rio, das **MUSEU CHACARA DO CÉU**. Die besten Werke moderner brasilianischer Kunst sind hier zu besichtigen, aber auch Werke europäischer Meister von Weltruf sowie Kunstobjekte längst vergangener Zeiten und Kulturen sind ausgestellt.

RESTAURANT
■ **BAR DO ARNAUDO**, Rua Almirante Alexandrino 316B, Tel. 252-7246. Di bis So 11.30 – 23 Uhr. Arnaudo, seine Frau und seine beiden Söhne pflegen hier ihren Familienbetrieb für Gäste aus der Nachbarschaft. Die Küche stammt strikt aus dem Nordosten, wie die Familie auch. LUFTGETROCKNETES FLEISCH ist die Spezialität des Hauses und wird – der Echtheit zuliebe – in regelmäßigen Abständen höchstpersönlich aus Pernambuco geholt. Junge und alte Gäste fühlen sich hier gleich wohl. Und natürlich ist das Restaurant beliebter Treffpunkt der Leute aus dem Nordosten, die ihre Regionalgerichte wie zu Hause haben können. Die Preise sind – aller Popularität zum Trotz – sehr mäßig.

MUSEUM
■ **MUSEU CHACARA DO CÉU**, Rua Murtinho Nobre 93, Tel. 232-1386, Di bis Sa 14 – 17 Uhr, Sonntag 13 – 17 Uhr. Brasiliens bestes Kunstmuseum schlechthin – und *ein Muß!* Die Sammlung stammt aus dem Besitz des Gründers Raymundo Ottono de Castro Mayo, der hier auch wohnte. Obwohl klein, enthält die Ausstellung die besten Werke moderner brasilianischer Kunst, vor allem demjenigen *Portinaris,* einem lebenslangen Freund des Sammlers. Moderne Werke europäischer Meister sind hier gleichfalls zu finden: Braque, Dalí, Degas, Matisse, Monet und Picasso. Aus dem Fundus des Castro Mayo sind zudem Perserteppiche aus dem 17. Jahrhundert zu bestaunen sowie indisches und chinesisches Elfenbein und eine über 2400 Jahre alte Skulptur eines griechischen Bildhauers. Trotz aller Kunstschätze: Vergessen Sie nicht, aus dem Fenster zu schauen. Die Aussichten auf die Guanabara-Bucht und Rios Stadtzentrum sind spektakulär.

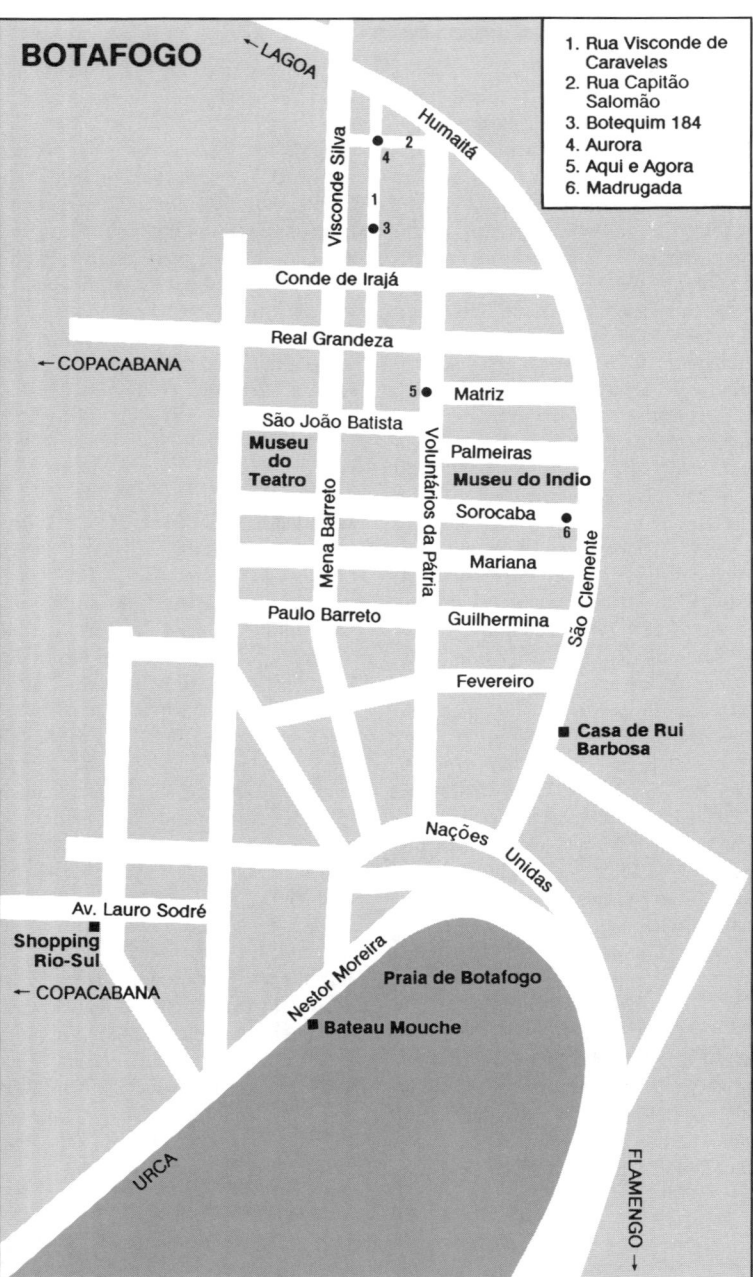

Botafogo

Einmal abgesehen davon, daß mit dem Namen Botafogo der Star-Fußballclub assoziiert wird, dessen Mannschaftsaufstellung jedes Kind herunterbeten kann, ist das Stadtviertel wenig bekannt. Touristen werden in erster Linie zur Anlegestelle **BATEAU MOUCHE** eilen, die Anlegestelle der Ausflugsboote in die Guanabara-Bucht. Silvester 88/89 brachte die Boote in die Schlagzeilen, als eines davon – mit feiernden Gästen hoffnungslos überladen – draußen in der Bucht sank und etliche der Passagiere ertranken. Bekannt in Botafogo ist zudem das vierstöckige Shopping-Center **RIO SUL**, in dem unter einem Dach schlichtweg alles zu haben ist, was überhaupt in Rio angeboten wird.

Es lohnt, auch einmal Botafogos hintere Gassen zu durchstreifen, die einen so ganz anderen Charakter aufweisen als andere Viertel der Südzone. Übrigens: Christus, der Erlöser ist einem hier, am Fuße des **CORCOVADOS**, ganz nahe, und er scheint seine weitausgestreckten Arme durchaus wohlwollend um den Stadtteil zu legen. Hauptstraße von Botafogo ist die **RUA VOLUNTARIOS DA PATRIA**, durch die die Busse bis zur Metro-Station mit ungebremster Kraft donnern. Ruhiger ist es links und rechts dieser Verkehrsader. Schmucke Einfamilienhäuschen säumen die schmalen Straßen. Mächtige Häuser, fast Paläste, die einst die ausländischen Botschaften aufnahmen, sind heute zu Bürohäusern umfunktioniert worden. Ein paar ganz moderne Bauten sind im Laufe der Jahre auch noch hinzugekommen. Zwischendurch, wie überall in Rio, viel nacktes Elend: Penner, die auf der Straße ihren Rausch ausschlafen, Obdachlose, die nicht wissen wohin.

Mit Sehenswertem locken das **MUSEU DO INDIO**, die **CASA DE RUI BARBOSA** und das **MUSEU DOS TEATROS**. Besonders viele und gemütliche *Botequims*, kleine Restaurants, sind in den ruhigen Wohnstraßen **CARAVELA DO VISCONDE** und **RUA CAPITÃO SALOMÃO** zu finden, wo es auch so skurrile Einrichtungen wie eine *Katzenpension* gibt.

BOTEQUIMS

■ **AQUI E AGORA**, Rua Voluntários da Pátria 404, Tel. 266-4028, So bis Do 11 – 2 Uhr, Fr und Sa bis 4 Uhr. Brasilianische Spezialitäten wie FEIJOADA; schwarze Bohnen mit Trockenfleisch am Samstag und Eintopf am Sonntag. *Günstige Preise.*

■ **AURORA**, Rua Capitão Salomão 43, Tel. 226-4756, täglich 10.30 – 24 Uhr, Fr und Sa bis 2 Uhr, So nur bis 19 Uhr. Brasilianische Fischgerichte, riesige Speisekarte.

■ **BOTEQUIM 184**, Rua Visconde de Caravelas 184, Tel. 266-0437, täglich 12 – 2 Uhr. BERÜHMTES verwinkeltes Botequim mit Plätzen drinnen und draußen, brasilianische Küche.

■ **MADRUGADA**, Rua Soprocaba 305, Tel. 286-6097, täglich ab 19.30 Uhr,

bis der letzte Gast gegangen ist.
Gute italienische Küche, LIVE-MUSIK
und oft auch Shows.

■ **MAGDALENA,** Rua Visconde de
Caravelas 121, Tel. 286-3063, täglich
12 – 16 und 20 – 24 Uhr.
Sehr klein, nett und versteckt.

■ **O PLEBEU,** Rua Capitão Salomão
50, Tel. 296-0699, täglich 12 – 3 Uhr, So
bis 17 Uhr.
Große Speisekarte und sehr schön verwachsene VERANDA.

■ **SUSHI-DO,** Rua General Góis
Monteiro 128, Botafogo, Tel. 275-1646,
täglich 19 – 2 Uhr.
Neues Paradies für Sushi-Liebhaber,
jene klebrigen Essigreishappen mit
Meeresfrüchten oder Fisch belegt. 30
SORTEN bietet Sushi-Mann Eije Yoshida an, der im zarten Alter von elf
Jahren nach Brasilien kam. In den
Bundesstaat Paraná zuerst, später
machte er ein Restaurant in São Paulo
auf. Seit kurzem ist er nun in Rio. Die
berühmten japanischen Suppen *soba,
lamen, udon* gibt es im Sushi-do natürlich auch. Ebenfalls die japanischen
Klassiker *Tempura*, frittierten Fisch
oder Gemüse sowie *Sashimi*, rohen
Fisch.

EINKAUFEN

■ **CROMAGEM,** Rua Voluntários da
Pátria 244
Kleiner, verstaubter Laden mit wunderschönen ART DECO-LAMPEN.

■ **RIO SUL SHOPPING,** Rua Lauro
Müller, Tel. 295-3642, täglich 10 – 22
Uhr, So nur Essen und Trinken sowie
Unterhaltung.
Die ganze KONSUMWELT auf vier

Stockwerken unter einem Dach. Kostenloser Bus ab Metro-Station Botafogo.

MUSEEN

■ **MUSEU CASA DE RUI BARBO-SA,** Rua São Clemente 134, Tel. 286-1297, Führungen Di bis Fr um 10, 14, 16
Uhr.
Der Jurist und Staatsmann Rui Barbosa, der 1923 verstarb, war einer der Väter der brasilianischen Verfassung. Das
Museum war einst sein Wohnhaus.
SEHR LOHNEND.

■ **MUSEU DO INDIO,** Rua das Palmeiras 55, Tel. 286-8799, Di bis Fr
10 – 18 Uhr, Sa und So 13 – 17 Uhr.
Zahlreiche Objekte der Amazonas-Indios. Das Museum ist kleiner als jenes
in Belem. EIN MUSS, wenn man nicht
in den Norden reist.

■ **MUSEU DOS TEATROS,** Rua São
João Batista 105, Di bis So 13 – 17 Uhr.
Ausstellungsstücke von Künstlern, die
im *Teatro Municipal* Erfolge feiern
konnten. *Caruso* gehörte übrigens auch
dazu.

AUSFLUGSBOOTE

■ **BATEAU MOUCHE,** Avenida Reporter Nestor Moreira 11, Tel. 295-1947.
Bootsfahrten in der Bucht starten täglich außer Di um 9.30 und 14.20 Uhr,
dauern rund 4 Stunden und kosten 25
Dollar.

Zuckerhut, Corcovado

Der Zuckerhut ist wohl das bekannteste Wahrzeichen von ganz Rio, und somit findet hier auch tagtäglich eine entsprechende Touristen-Invasion statt. Menschenmassen hin oder her, auf dem **PÃO DE AÇUCAR** muß man gewesen sein. Die Talstation der Seilbahn befindet sich am **PRAÇA GENERAL TIBURCIO**, von der die Bahn in halbstündlichen Intervallen zwischen 8 und 22 Uhr verkehrt. Zuerst fährt man innerhalb von fünf Minuten auf den **MORRO DA URCA**, der dem Zuckerhut wie eine Stufe vorgelagert ist. Dann geht es in weiteren fünf Minuten bis hinauf zum Zuckerhut auf 390 Meter Höhe. Was man hier machen kann? Nichts, nur staunen. Und wenn das Wetter nicht mitspielt − was hin und wieder passiert −, ein paar Tage später noch ein paar Dollar in die Hand nehmen und es erneut versuchen.

Auf dem Morro da Urca wird täglich zwischen 9 und 18 Uhr eine *Multimedia-Show* dargeboten, nach amerikanischem Vorbild *The Brazil Experience* genannt, und zwar mit englischem, französischem, spanischem oder portugiesischem Begleittext. Der Film soll Ihnen Land und Leute näher bringen, justamente so, wie es sich PR-Fritzen vorstellen. Gleichfalls wird hier um 22 Uhr jeden Montag eine *Samba-Show* abgezogen, die von der zur Zeit erfolgreichsten Sambaschule *Beija-Flor* veranstaltet wird. Schön ist die Show, zugegeben, schon allein der luftigen Höhe wegen. Sie hat aber mit dem, was Beija-Flor in ihrem Übungslokal in der Nordzone zum Besten gibt, wenig zu tun.

Rios noch höherer Aussichtspunkt ist der 704 Meter hohe **CORCOVADO**, der Bucklige. Steil ragt er nördlich der **LAGOA RODRIGO DE FREITAS** in die Höhe. Eine Zahnradbahn fährt täglich zwischen 8 und 19 Uhr innerhalb von 30 Minuten auf den Gipfel, die Station befindet sich an der **RUA COSME VELHO** in **LARANJEIRAS**. Oben angekommen gilt es, 220 Stufen zu erklimmen, bis man am Fuße der mächtigen Statue, dem **MONUMENTO DO CRISTO REDENTOR**, steht. Sockel und Statue sind etwa 38 Meter hoch. Der französische Bildhauer *Paul Landowski* hat das Monument entworfen. Die Ausführung dauerte fünf Jahre, ehe die Statue 1931 eingeweiht werden konnte. Der Blick vom Corcovado ist schlichtweg sensationell − in alle Himmelrichtungen. Ganz Rio und Umgebung liegt Ihnen zu Füßen.

STATIONEN

■ **PÃO DE AÇUCAR,** Praia Vermelha, Avenida Pasteur, Urca, Tel. 541-3737, täglich 8 − 22 Uhr.
Von der Südzone fahren die *Jardineira-Busse 511* und *512* nach Praia Vermelha. Von Centro aus fährt man mit dem *Bus 107*.

■ **CORCOVADO,** Estrada de Ferro Corcovado, Rua Cosme Velho 513, Laranjeiras, Tel. 285-2533, täglich 8 − 19 Uhr. Am einfachsten mit dem Taxi oder aber mit dem Bus direkt bis zum Largo do Boticário zu erreichen.

Copacabana

Um es gleich vorwegzunehmen: Copacabana ist nicht nur ein Strand, sondern ein ganzer Stadtteil. Mehr als 300 000 Menschen leben und arbeiten hier in 109 Straßen. Wohl nirgends sonst sieht man ein größeres Rassen- und Klassengemisch, und wer das Wort Schmelztiegel bemühen möchte – in Copacabana entspricht es seiner wahren Bedeutung.

Seine Blütezeit hatte Copacabana in den dreißiger und vierziger Jahren, als der Strand zum Tummelplatz der Reichen und Berühmten wurde. Die besten Restaurants, Hotels und Nachtclubs ließen sich hier nieder. Zum Teil ist das immer noch so, auch wenn Copacabana seit dem generellen Verbot des Glücksspiels 1946 viel von seinem Glanz und seiner Exklusivität eingebüßt hat, und die Qualität von Sand und Wasser oft mehr schlecht als recht ist. Einheimische und andere, die das Strand- und Badeleben lieber von der sportlichen Seite nehmen, tummeln sich längst weiter westlich bis hin zu den Stränden in **GRUMARI**.

Als einer der ganz großen Strände gilt der von Copacabana dennoch. Sechsspurig führt die Prachtstraße **AVENIDA ATLANTICA** vier Kilometer direkt am Strand entlang. Die breite Promenade ist mit den berühmten geschlängelten Mosaiken ausgelegt und lädt zum Flanieren ein. Vielgeschossige Hotels, das **MERIDIEN** an der Grenze zu **LEME** ist mit seinen 37 Stockwerken

das höchste, Wohnhäuser, Restaurants und Straßencafés säumen die Avenida.

Mein Tip: Vom Restaurant in der obersten Etage des Meridien oder auch vom Swimmingpool im vierten Stock hat man einen tollen Überblick über die ganze Bucht. Dementsprechend prächtig ist zu fotografieren.

Der Strand erstreckt sich bis zum legendären **POSTO 6**, ganz in der Nähe des anderen Luxushotels **RIO PALACE**, wo einst das alte Casino stand. Am Strand bei Posto 6 hat sich Copacabana noch ein Stück Romantik bewahrt. *Fischerboote* sind hier am Strand vertäut. Allmorgendlich fahren die Fischer hinaus aufs Meer und kommen gegen Mittag zurück, um am Nachmittag ihre Netze zu flicken. In unmittelbarer Nähe befindet sich auch ein kleiner, überdachter Pavillon, in dem sich jung und alt zu Karten- und Brettspielen treffen.

Im krassen Gegensatz dazu steht die *Touristenszene* in den vielen kleinen Straßencafés auf der anderen, der Hotelseite der Avenida Atlântica. Nirgends sieht man mehr Touristen als hier, die sich auf ein Bier, einen Snack oder gar ein Essen unter den Sonnenschirmen niederlassen. Dementsprechend hektisch und spannungsgeladen ist die Atmosphäre, denn die zahlreichen kleinen und großen *fliegenden Händler* sehen mit einem Blick: Hier ist etwas zu verkaufen. Buntgeflochtene Garnarmbänder gegen den bösen Blick, Erdnüsse, die auf einem mitgeführten rauchenden Stövchen warm- und frischgehalten werden, Blumen für die Mädchen und T-Shirts jeder Farbe und Länge.

Charme haben die gewieften Verkäufer, das muß man ihnen lassen, und ihre

▶

Fast schwarz von Menschen sind am Wochenende die Strände von Copacabana und Ipanema.

LEME/COPACABANA

← IPANEMA

Rio Palace

Rainha Elizabeth

Julio de Castilho

Francisco Sá

Souza Lima

Sá Ferreira

Tunel Prefeito
Sá Freire Alvim

Hotel
Debret

Bulhões de Carvalho

LAGOA →

Djalma   Ulrich ● Caranguejo

Othos
Palace
Hotel

Xavier da Silveira

Bolivar

Confeitaria
● Colombo

Constante Ramos

Dias da Rocha

R. Correia

Santa Clara

Praça Edmunco

Bittencourt

California
Hotel

Figueiredo de Magalhães

O Peixe Vivo

Praça Siqueira Campos
Serzedelo
Correia   Hilário Gouveia

Paula Freitas

Jardim

República do Peru

Rio Souvenirs

Hotel
Copacabana
Palace

Rodolfo Dantas

Trav
Guimāraes

Ouro Verde
● Hotel

Duvivier

Praça
do Lido

Belford Roxo

Av.
Prado   Junior

Meridien
● ●
Mariu's   Av. Princesa Isabel

Av. Atlântica

Av. Nossa Senhora de Copacabana

Cinco de Julho

Toneleiros

Barata

Ribeiro

Ladeira do Leme

Praia de Copacabana

Praia do Leme

LEME ↓

Methoden, ihre Ware an die Frau und an den Mann zu bringen, sind in ihrer Kundenfreundlichkeit unschlagbar. Ein nettes Lächeln, ein Wort über das schöne Wetter, ein lobendes über das gute Aussehen sind der Einstieg ins Geschäft. Dann lassen sie ganz locker ein paar Erdnüßchen neben dem Bier liegen. Wer wollte da widerstehen? In der zweiten Runde stehen sie wieder da, diesmal mit dem ganzen Päckchen und in aller Hartnäckigkeit – bis der Gast das Portemonnaie zückt. Alles wird so losgeschlagen: vom Jo-Jo bis zur Landkarte. Imponierend ist die Gelassenheit der meist jugendlichen Verkäufer, die sie beim Handeln und Verkaufen genauso an den Tag legen wie bei Spiel und Sport. Verbissener Ernst ist in Rio nun mal nicht gefragt.

Die hinteren Straßen und Gassen von Copacabana zeichnen sich entweder durch Hektik und Geschäftigkeit, oft aber auch durch Beschaulichkeit aus. Hektisch ist die **RUA BARATA RIBEIRO** und an Lärm und Gestank wohl kaum zu überbieten, denn der gesamte Busverkehr vom Centro in die südlichen Stadtteile rollt in nicht endenwollender Kolonne durch diese Straße.

Geschäftig geht es rund um die **AVENIDA NOSSA SENHORA DE COPACABANA** und **RUA SANTA CLARA** zu. Kein arriviertes Modegeschäft, das in den sieben Blocks rund um diese beiden Straßen nicht seine Adresse hätte. Für Souvenirjäger bieten sich hingegen die Straßenzüge zwischen der **RUA PAULA FREITAS** und der **PRAÇA BERNADELLI** hinter dem ehrwürdigen **HOTEL COPACABANA** an.

Farbenfrohe Beschaulichkeit findet sich auf den doch noch erhaltenen *Wochenmärkten* von Copacabana. Hausfrauen rollen hier ihre vergitterten Einkaufskarren übers Pflaster, prüfen mit dem Blick der Kennerin die feilgebotenen Waren, feilschen lautstark um den Preis, während die Händler sie beim Anpreisen ihrer Qualitäten noch an Phonstärke übertreffen. viel Lokalkolorit bieten diese traditionsreichen Märkte, die an unterschiedlichen Wochentagen stattfinden.

Noch eine Spur lärmender und quirliger ist Copacabana am Abend und in der Nacht. Dann ist in den Straßencafés kaum noch ein Platz zu finden. Das ewige Spiel der Anmache überschlägt sich fast und die Händler sind noch eilfertiger. Musikanten und andere Spaßmacher tragen zur Unterhaltung der Passanten bei, die die eilends ausgelegten Waren auf dem Pflaster der Avenida bestaunen. Liebespaare schlendern am rauschenden Meer den Strand entlang, und ein paar ganz Unentwegte spielen dort immer noch Fußball. Unter Flutlicht versteht sich. Tatsächlich ist die gesamte Strandlänge der Copacabana nachts angestrahlt. Schön sieht es aus, aber nachdenken darf man über soviel Unsinn wirklich nicht. Andernorts sitzt man dafür im Dunkeln, weil das Elektrizitätsnetz wegen Überlastung zusammenbricht.

Während die Straßencafés alle mehr oder weniger das gleiche, aber durchaus gute und meist auch günstige Angebot an Speis und Trank bieten, finden sich in den hinteren Straßen einige der besten und bekanntesten Restaurants der Stadt, die bis tief in die Nacht hinein

▶

Verdiente Ruhepausen im warmen Sand für den unermüdlichen Mate-Vekäufer.

geöffnet sind. Viele Hotels wie das **MERIDIEN, COPACABANA PALACE** und **OURO VERDE** verfügen über ausgezeichnete Eßlokale. Auch hier wird nicht vor neun Uhr abends gegessen.

Entsprechend spät – also kaum vor elf – beginnt denn auch das eigentliche *Nachtleben*. Kinos, Discos, Bars und Theater finden sich in Copacabana zuhauf. Das Niveau ist so unterschiedlich, wie es nur sein kann. Tendenz: *sinkend*.

RESTAURANTS

■ **ARATACA,** Rua Figueiredo Magalhaes 28, Tel. 255-7448, täglich 11–2 Uhr.

Die *echte brasilianische* Küche aus dem Norden und Nordosten für solche, die Fische, *pirarucu, surubim, tucunare* aus dem Amazonas und seinen Nebenflüssen probieren wollen. Gleichfalls bietet das Restaurant eine sagenhafte Auswahl an tropischen Fruchtsäften und *batidas*. Eine gelungene und *stilvolle kulinarische Abwechslung*.

■ **LE BEC FIN,** Avenida Nostra Senhora Copacabana, Tel. 542-4097, täglich 20–2 Uhr.

Eins der ganz EXKLUSIVEN und ebenso teuren Restaurants in Rio mit traditioneller französischer Speisekarte.

■ **CARANGUEJO,** Rua Barata Ribeiro 771, Tel. 235-1249, Mo bis Sa 10–3 Uhr.

Unprätentiöses, aber originelles Restaurant für FRISCHE KREBSE und anderes Meeresgetier. Serviert wird das Ganze auf einem Holzbrett mit einem kleinen Hämmerchen dazu. Leider ist es in diesem Lokal sehr laut und stinkend wegen des starken Busverkehrs.

■ **CONFEITARIA COLOMBO,** Ecke Barão de Ipanema 890, Tel. 257-8960, Di bis So 11–23 Uhr.

Gut für Snacks, Kaffee, Tee und süße Kleinigkeiten. Ein LADEN mit Delikatessen und Getränken ist angeschlossen. Lange nicht so toll wie der Laden im Centro.

■ **JARDIM,** Rua República do Peru 225, Tel. 235-3263, täglich 11–2 Uhr

Traditionelle *Churrascaria* mit mittlerem Preisniveau, am schönsten ist es draußen im Garten.

■ **MARIU'S,** Avenida Atlântica 290, Ecke Copacabana/Leme, Tel. 542-2393, täglich 11–2 Uhr.

Die beste *churrascaria rodizio* der Stadt. Es gibt nur Fleisch und Beilagen wie Salate und Gemüse. Der Kellner säbelt Ihnen unermüdlich immer wieder Fleisch vom gewünschten Stück, bis Sie genug haben. *Nicht billig.*

■ **LA MOLE,** Avenida Nostra Senhora Copacabana 552, Tel. 235-3366, täglich 11–2 Uhr.

GÜNSTIGE Restaurants einer beliebten italienischen Kette. Die Qualität variiert allerdings von Filiale zu Filiale.

■ **O PEIXE VIVO,** Rua Toneleros 76, Tel. 255-9225, täglich 10–3 Uhr.

Hier werden ausschließlich frischer Fisch und KRUSTENTIERE serviert. Man kann die lebenden Tiere vorher im Tank besichtigen.

STRASSENMÄRKTE

RUA DECIO VILARES – Sonntag
RUA GUSTAVO – Montag
RUA DOMINGOS FERREIRE – Mittwoch

RUA BELDORF ROXO – Donnerstag
RUA RONALD DE CARVALHO – Donnerstag
AVENIDA ATLANTICA – Jeden Abend ab Dämmerung bis gegen Mitternacht Straßenmarkt mit Kitsch und Kunst, Hängematten, Kleidern, Lederwaren und diversen kunstgewerblichen Artikeln.

MODE

■ **ATHLETA DO PÉ,** Avenida Nostra Senhora Copacabana 680.
Sportsachen und sehr gute Turnschuhe aus Leder.
■ **FABRICATTO,** Avenida Nostra Senhora Copacabana 675.
Lustige Kleider, aber gar nicht billig.
■ **PERLA & CIA,** Rua Barata Ribeiro 468.
Besonders schöne Schuhe aus handschuhweichem Leder.
■ **SULA DREY,** Rua Barata Ribeiro/Ecke Rua Raimundo Correa und Rua Bolivar 86.
Besonders originelle T-Shirts mit Aufdrucken der Malereien von Chagall, van Gogh, Picasso, Matisse und Gauguin. Rund 20 Dollar das Stück.
■ **YES BRAZIL,** Avenida Nostra Senhora Copacabana 693.
Die brasilianische *Designer-Marke* wird hier verkauft. Flippig und teuer.

BÜCHER

■ **SICILIANO,** Avenida Nostra Senhora Copacabana 836.
Hier findet man auch eine große Abteilung für *deutsch-* und *englischsprachige* Bücher.

SOUVENIRS

■ **FREDDY'S,** Avenida Nostra Senhora de Copacabana 209-327, Nähe Copacabana Palace.
Das riesengroße Geschäft nimmt einen ganzen Block ein. Es gibt alles und viel Farbiges, inklusive rare ausgestopfte Vögel und weniger rare Hängematten.
■ **THE LEATHER SHOP,** Rua Fernando Mendes 45a.
Wie der Name schon sagt: Leder in allen Varianten
■ **LIDO BAG,** Rua Rodolfo Dantas 267.
Schöne Ledertaschen.
■ **RIO SOUVENIRS,** Avenida Nostra Senhora de Copacabana 339/Ecke Rua Fernando Mendes.
Lustiger Shop mit den berühmten blauen Schmetterlingen, diversen Halbedelsteinen sowie Flaschen und Fläschchen, die mit dekorativem farbigem Sand gefüllt sind.
■ **E.SIMON,** Avenida Nostra Senhora de Copacabana 339c.
Laden der besseren und teureren Klasse; z.B. prächtige Silberwaren inklusive MATE-BOMBILLAS, jene Teegefäße, die die Brasilianer im Norden benutzen.

BARS UND KLUBS

Die populärsten *Piano-Bars* sind in den großen Hotels **RIO PALACE, MERIDIEN** und **OTHON PALACE** zu finden. Wer handfestere Vergnügungen sucht, muß in den sogenannten *Rotlicht-Bezirk*, der besser als sein Ruf ist, weil – wie alles in Rio – sehr spielerisch. *Heterosexuelle* finden ihre Bars und Klubs in den Seitenstraßen vom **HOTEL LANCASTER** bis zum **MERIDIEN.**

Namen wie **PUSSY CAT, SWING** und **EROTIKA** lassen ahnen, was zu erwarten ist. Die zahlreichen Bars und Etablissements in der **ALASKA GALLERY** hingegen, am anderen Ende des Strandes in Richtung **RIO PALACE**, werden meist von Homosexuellen und Transvestiten aufgesucht.

DISCOS UND TANZLOKALE

Rios Jugend, die ganz junge und auch ältere, tanzt leidenschaftlich gern; Discos und Tanzlokale sind darum zahlreich. Discos sind anders organisiert als bei uns. Man zahlt seinen Obolus, und dann bleibt es einem selbst überlassen, ob man nur tanzen, rumstehen und sich zwischendurch an der Bar einen Drink genehmigen will, oder ob man einen Tisch besetzen möchte, an dem man allerdings etwas konsumieren muß. Rund um die meist großen Tanzflächen ist darum immer viel abgeschrankter Platz für die stehenden Zuschauer – ein bißchen wie in der Stierkampfarena.

■ **COLUMBUS,** Rua Raul Pompeia 94.
Gemäßigter im Rhythmus, gepflegter im Stil. Rios Jeunesse dorée trifft sich hier Freitagnacht.

■ **HELP,** Avenida Atlântica 3432.
Die GRÖSSTE Disco Rios, wenn nicht gar Südamerikas. Sehr beliebt bei den ganz Jungen und Touristen. Links und rechts der Tanzflächen stehen zwei Podeste, auf denen leicht geschürzte Mädchen zum Tanz anheizen.

■ **SOBRE AS ONDAS,** Avenida Atlântica 3432.
GEDIEGENER Tanzsaal für solche, die längst aus dem Discoalter heraus sind.

■ **VINICIUS,** Avenida Nostra Senhora Copacabana 1144.
Eigentlich ein gepflegtes Restaurant, in dem nach Mitternacht aber auch zum Tanz aufgespielt wird.

Ipanema

Der an Copacabana angrenzende Stadtteil Ipanema ist wohl der eleganteste, gepflegteste und auch romantischste Teil von Rio. Hier vereinigt sich Geld mit Geist, hier, zwischen **RUA BULHOES DE CARVALHO** und **JARDIM DE ALAH**, gut zwei Kilometer weiter westlich, wohnt die Schickeria von Rio und alles, was sonst noch Geld hat. Man logiert in modernen Eigentumswohnungen aus Stahl und Glas direkt an der Strandpromenade, der **AVENIDA VIEIRA SOUTO**, oder in verspielten Villen, gut versteckt in den hinteren und auch leiseren Nebenstraßen des Stadtviertels, die sich bis zur Lagune **LAGOA RODRIGO DE FREITAS** erstrecken. Versteckt in wild wuchernder tropischer Vegetation finden sich hier auch die schicksten und lauschigsten Restaurants der Stadt. Die wichtigste Geschäftsstraße ist die **RUA VISCONDE DE PIRAJA.** An ihr liegen zusammen mit den Querstraßen **RUA GARCIA D' AVILA, RUA PRUDENTE DE MORAIS** und **NASCIMENTO SILVA** in nur vier Blocks die exklusivsten Geschäfte und Boutiquen und die elegantesten Shopping-Malls der Stadt. Nichts, was nicht erhältlich wäre! Die Preise sind –

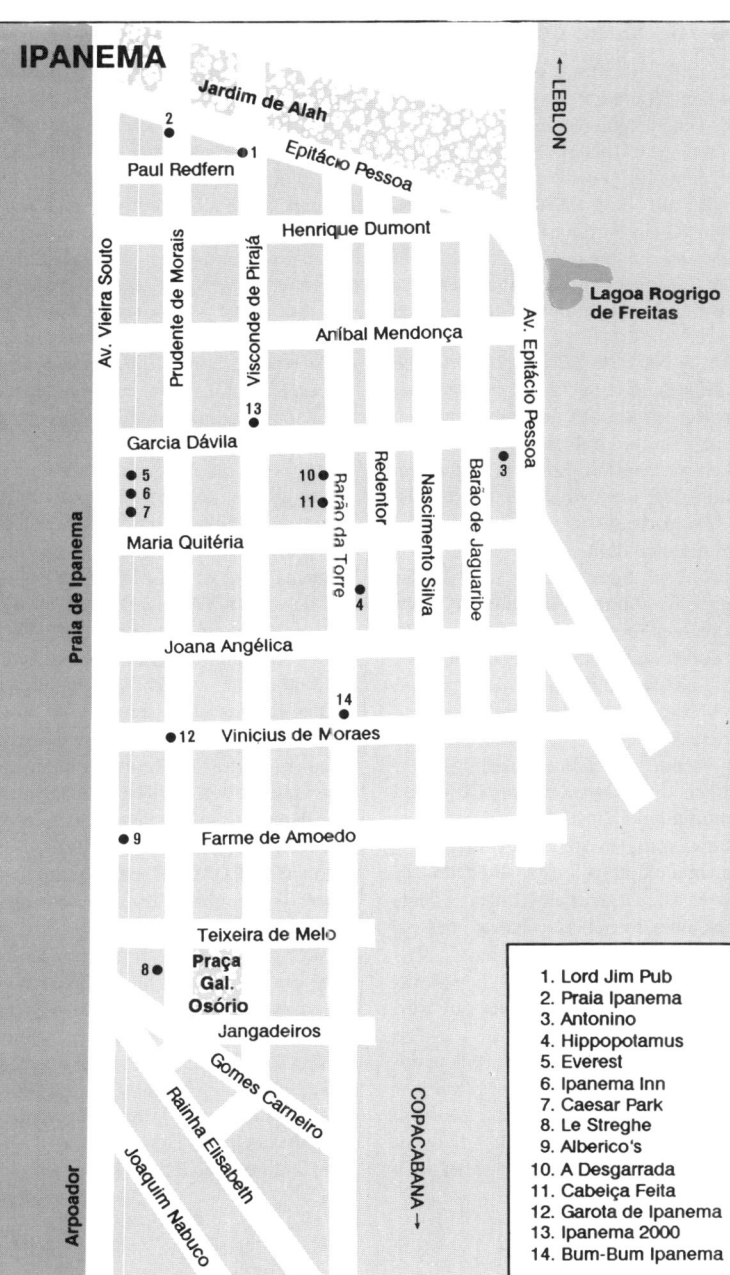

aller Inflation zum Trotz – für Leute mit konvertierbarer Währung in den Taschen allemal interessant.

Zwei Marktplätze sorgen auch in Ipanema für Lokalkolorit. Sonntags findet auf der **PRAÇA GENERAL OSORIO** ein Flohmarkt statt, der auch *Hippiemarkt* genannt wird. Er bietet allerlei Kurioses an: echte brasilianische Kunst, wahre Trouvaillen, aber auch viel Kitsch und Touristentand. Auf der **PRAÇA NOSSA SENHORA DA PAZ** findet jeden Freitag bis Mittag ein riesiger Markt statt, auf dem Obst und Gemüse, Fleisch, Fisch und Blumen feilgeboten werden. Die Farbenpracht ist gewaltig. Wer kurz vor Marktende gegen 14 Uhr vorbeischaut, kann sicher sein, Arme voller Blumen und Körbe voller Früchte zu Spottpreisen nach Hause tragen zu können. An anderen Tagen bauen hier *wandernde Buchhändler* ihre Läden auf. Das Angebot ist zwar größtenteils in portugiesischer Sprache, doch sind auch einige Bildbände und andere Bücher in englisch zu günstigeren Preisen als in Buchhandlungen erhältlich. Ein etwas kleinerer Obst- und Gemüsemarkt installiert sich jeden Montag morgens am anderen Ende von Ipanema, kurz vor dem **JARDIM DE ALAH**. Die Gegend hier unten ist lange nicht mehr so nobel, dafür ist alles ein bißchen billiger und einfacher.

Mein Tip: Halten Sie auf allen Märkten ihre Börse fest, denn geklaut wird wie die Raben.

Ipanema ist nicht nur das Mekka der Reichen und Neureichen, sondern war in den Sechziger Jahren auch Zentrum einer neuen Jugendkultur. Drogen, lange Haare und freie Liebe waren auch

hier Gesprächsthemen der langen Nächte in den Botequims, doch wie alles in Rio, war auch die Jugendbewegung nicht so verbissen und ernsthaft wie in Europa oder in den USA. Geblieben ist den Bürgerinnen und Bürgern von Ipanema dennoch ein offener Geist, was sich in den zahllosen *Experimentiertheatern* der Gegend bemerkbar macht, wo *brasilianische Rockmusik* und modernes Sprechtheater aufgeführt werden. Auch *Bürgerinitiativen*, die sich für Ökologie und menschenfreundliche Raumplanung ihrer Gegend einsetzen, sind hier etabliert.

Der Noblesse des Stadtteils entsprechend gibt es, ganz im Gegensatz zum lauten Copacabana, nur zwei Straßencafés an der Straßenpromenade von Ipanema. Eins ist das **ALBERICO'S** an der Ecke **RUA FARME DE AMOEDO**, das zum frühabendlichen Treffpunkt der Ipanema-Jugend avancierte. Klammheimlich mischen sich immer wieder ein paar Touristen in diese Szene. Denn von hier aus sieht man die Sonne ganz prächtig hinter den Bergen von Leblon, den **DOIS IRMÃOS**, den zwei Brüdern, untergehen. Das andere Restaurant ist das **BARRIL 1800**, fast schon in **ARPOADOR**, ein ebenfalls beliebter Treffpunkt für Einheimische und Touristen.

Auch das Strandleben in Ipanema ist weniger laut und schrill. Sieht man einmal vom Jet-Set-Treffpunkt vor dem Nobelhotel **CAESAR PARK** ab, könnte man es gar familiär nennen. An Sonntagen macht es definitiv diesen Eindruck. Denn ab 10 Uhr morgens werden die wasserseitigen Fahrspuren in Richtung Stadt bis 18 Uhr für jeden Verkehr gesperrt, so daß Flanierer und Jogger, Skateboardfahrer, Hunde und Kinderwagen ihr wahres Eldorado finden.

Da Ipanema über viel weniger Hotels als Copacabana verfügt, findet das Nachtleben auch nicht in Hotelpalästen statt. Ausnahme ist wiederum das Caesar Park, das zwei ganz ausgezeichnete Restaurants aufweist: eins mit japanischer, das andere mit internationaler Küche. Ipanemas Gastronomie und das Nachtleben spielen sich vielmehr in den rückwärtigen Straßen ab, da wo es, wie schon erwähnt, lauschig und idyllisch ist.

RESTAURANTS

■ **ALBERICO'S,** Avenida Vieira Souto 236, Tel. 239-3793, täglich 11−3 Uhr.
Wahrlich keine Gourmet-Küche, dafür sehr junges Ambiente nach der Devise: *sehen und gesehen werden.* Gut für Snacks und Drinks, auch wenn die Preise um die Karnevalszeit in die Höhe schnellen.

■ **BARRIL 1800,** Avenida Vieira Souto 110, Tel. 227-2447, täglich 10−3 Uhr.
Ebenfalls ein Restaurant mit Ausblick: *petiscos*, kleinen Snacks, Drinks und auch komplette Gerichte.

■ **CABEÇA FEITA,** Rua Barão da Torre 665, Tel. 239-3045, täglich 18−3 Uhr.
Schön zugewachsene Veranda in den hinteren Straßen von Ipanema und daher ein idealer Ort für VERLIEBTE. Sehr oft Live-Musik zu später Stunde. Die gegrillten Scampis mit viel Knoblauch sind ausgezeichnet.

■ **CHURRASCARIA PORÇÃO,** Rua Barão da Torre 218, Tel. 521-0099, täg-

lich 11−2 Uhr.
Einer der besten Orte für Gegrilltes. Zum Einheitspreis von *rund 10 Dollar* können Sie inklusive Beilagen soviel essen wie Sie mögen.

■ **A DESGARRADA,** Rua Barão da Torre 667, Tel. 239-5746, Mo bis Sa 19−2 Uhr.
Portugiesische Küche. Doch richtig interessant wird es erst um halb elf, wenn die schön melancholischen FADO-KLÄNGE das kleine Restaurant erfüllen.

■ **GARDEN,** Rua Visconde de Pirajá 631, Tel. 259-3455, täglich 12−2 Uhr.
Eine typische ECKKNEIPE. Die Küche ist solide und gut, die Preise günstig und die Bedienung, bereits beim zweiten Mal, vertrauensvoll. Am Samstag gibt es *Feijoada*, an der sich gegen Nachmittag Heerscharen von Familien laben.

■ **GAROTA DE IPANEMA,** Rua Vinicius de Morais 49, Tel. 267-8787, täglich 9−2 Uhr.
EIN MUSS! Allein der Stimmung wegen am Sonntagnachmittag, wenn der letzte Platz mit Bikini-Schönheiten vom Strand besetzt ist. Das Essen ist zwar mäßig, die *Caipirinhas* schmecken wie Sprit, Bier empfiehlt sich aber immer.

■ **MARIKO,** im Hotel **CAESAR PARK,** Av. Vieira Souto 460, täglich 12−3 Uhr.
Schlichtweg das BESTE JAPANISCHE Restaurant in ganz Rio. Obschon nicht billig, ist es im europäischen Vergleich doch recht preiswert.

■ **LE STREGHE,** Rua Prudente de Morais 129, Tel. 287-1369, täglich 19−2 Uhr.
Wenn man wirklich mal sehr viel Geld

ausgeben will für *feine italienische* Küche wie im Heimatland. Eines der besten und eben auch teuersten Restaurants der Stadt.

■ **VIA FARME**, Rua Farme de Armoedo 47, Tel. 227-0743, täglich 11−2 Uhr.
Nettes italienisches Restaurant mit schöner Veranda. Der Salat ist echt Klasse mit hausgemachtem Kräuteressig und Olivenöl.

CONFEITARIAS

■ **CHAIKA**, Rua Visconde de Pirajá 321, täglich 8−2 Uhr.
SCHNELLIMBISS der gehobenen Klasse mit Torten, Sodas, gepflegten Snacks. Treffpunkt der etwas reicheren Jungen.

■ **PONTO DAS FAMILIAS**, Rua Visconde de Pirajá 112, täglich 8−20 Uhr.
Schnellimbiß nach brasilianischer Art.

MODE

■ **BOUTIQUES DE IPANEMA**, Rua Visconde de Pirajá 303.
Die modernste EINKAUFSPASSAGE mit den flippigsten und besten Boutiquen in Ipanema.

■ **BUM-BUM IPANEMA**, Rua Vinicius de Moraes 130.
Rios berühmteste BIKINI-MARKE. Unbedingt vorbeischauen, Badeanzüge kosten rund 20 Dollars, Bikinis 10−15 Dollar.

■ **COMPANY**, Rua Garcia D'Avila.
Shop mit junger Freizeitmode für Sie und Ihn. Der Eingang ist nicht zu übersehen, ein CHINESISCHER DRACHEN auf dem Dach ziert das Ganze.

■ **IPANEMA 2000**, Rua Visconde de Pirajá 547.
Die richtige Adresse, wenn Ihnen der Sinn nach *Designer-Klamotten* steht. Vertreten sind Yves St. Laurent, Benetton und Timberland, allerdings alles MADE IN BRAZIL. Mehr dazu im Kapitel „Einkaufen".

GESCHENKE UND KURIOSA

■ **ASTROS E MAGIAS**, Rua Visconde de Pirajá 86, beim Praça General Osório im Centro Commercial, Tel. 227-8688.
Astrologisches und Magisches, Bücher zum Thema Esoterik, Räucherstäbchen und transzendentale Musik. Professor *Bosco Viegas* veranstaltet auch Kurse.

■ **PAPEL PRINCIPAL**, Rua Visconde de Pirajá 582.
Schön gestylte PAPETERIE mit farblich sortiertem Büroutensilien, Geschenkartikeln und außergewöhnlichen T-Shirts.

ZEITUNGEN

Zeitungs-Kiosk an der **PRAÇA DA PAZ**: Der Zeitungsstand vor der **CASA PIANO** führt eine beachtliche Auswahl an internationalen Zeitungen und Zeitschriften inklusive *Stern* und *Spiegel* und ist bis gegen 23 Uhr geöffnet. Ausländische Zeitungen und Magazine sind extrem teuer!

SPORT

■ **EQUIPE 1**, Centro de Ginastica, Rua Visconde de Pirajá 161.
Die FITNESSWELLE ist längst auch

nach Brasilien übergeschwappt. Jeder, der etwas auf sich hält, geht zum Stretching, Aerobic, Hantelturnen etc. Jazztanzen à la brasileira ist besonders schweißtreibend, dynamisch und antörnend. Stunden-, Wochen- und Monatstickets zu sehr mäßigen Preisen. Equipe ist die größte Kette dieser Fitneßhallen. Allein an der Rua Visconde de Pirajá finden Sie mindestens 10 weitere Veranstalter.

BARS UND NACHTLEBEN

■ **ALO ALO,** Rua Barão da Torre 368, Tel. 521-1047, täglich 22 – 4 Uhr.
Die ganz großen Namen treten hier nicht auf, aber gute Künstler der brasilianischen Unterhaltungsmusik.

■ **CALIGOLA,** Rua Prudente de Morais 129, Tel. 287-1369, täglich Sa 22 – 4 Uhr.
Vornehmste Bar von ganz Ipanema, ideal für ein CANDLELIGHT-DINNER zu zweit, untermalt von Piano-Musik. Eine gute Disco, nicht unbedingt für die jüngsten Gemüter, eher für die schicken Jungen, ist ebenfalls im Haus.

■ **HIPPOPOTAMUS,** Rua Barão da Torre 354, täglich 23 – 4 Uhr.
Eigentlich ein PRIVATKLUB. Sehr nobel. Portiers in Fünfstern-Hotels können manchmal eine temporäre Mitgliedschaft erwirken. Gute Freunde natürlich auch.

■ **JAZZMANIA,** Rua Rainha Elizabeth 769, Tel. 227-2447, tägl. 20 – 4 Uhr.
Bekannte Jazz-Bar, oft LIVEAUFTRITTE von populären Interpreten.

■ **LORD JIM,** Rua Paul Redfern 63, Tel. 259-3047, Mo bis Sa 16 – 1 Uhr, So 12 – 1 Uhr.

Wen es im heißen Rio unbedingt nach *fish and chips* und ein Dartspiel gelüstet, ist hier an der richtigen Adresse. Immer sehr laut und voll. Der *Five o' clock tea* ist ausgezeichnet. Und fürs Heimweh: Fotos von Prinz Charles und Lady Di hängen an der Wand. Beliebter Treffpunkt für die in Rio lebenden Engländer, Touristen und junge Cariocas aus der Südzone, die wieder einmal Englisch parlieren wollen. Das **BRITISCHE** Essen im ersten Stock ist von hervorragender Qualität, hat aber seinen Preis.

Leblon

Nur durch einen Kanal und den Park **JARDIM DE ALAH** von Ipanema getrennt liegt das ruhige Wohnviertel Leblon mit viel weniger Hotels und viel weniger Geschäften als im Nachbarviertel. Hingegen sieht man Kinder in Schuluniformen ins irische College St. Patrick springen und englische Hausfrauen mit sehr weißem Teint und Lokkenwicklern im Haar nach Toastbrot fahnden. Der Anteil der ausländischen Bevölkerung ist in Leblon sehr hoch. Dementsprechend gibt es hier viele recht gute Restaurants und ein paar Eckkneipen, *Botequims*, die am Sonntagnachmittag vermuten lassen, daß sich hier ganz Rio trifft. Und ebenso schlägt das Nachtleben hohe Wellen, denn in Leblon sind die ganz großen Klubs zu finden, in denen entweder *Superstars* auftreten oder große Shows gezeigt werden.

Die Verlängerung der Strandpromenade von Ipanema heißt in Leblon
AVENIDA DELFIM MOREIRA. Hier ist
nur ein einziges Straßencafé, um den
ruhigen Wohnortcharakter zu unter-
streichen, das **CANECO 70.** Ruhiger ist
auch die Klientel, die das zweigeschos-
sige Caneco besucht. Meist sind es Paa-
re, die in der Gegend wohnen, um hier
mit *Blick aufs Meer* einen Drink oder
ein Essen zu sich zu nehmen.

Obwohl sich die **AVENIDA GENE-
RAL SAN MARTIN** und die **AVENIDA
ATAULFO DE PAIVA** als Leblons Einkaufsstraßen durch das ganze Viertel
ziehen, ist das Angebot bei weitem nicht
so attraktiv wie in Ipanema. An der Ek-
ke **AVENIDA AFRANIO DE MELO
FRANCO 119** befindet sich das **RIO
DESIGN CENTER,** das auf vier Etagen
zeigt, wie sich Brasiliens Top-Designer
das Innere eines Hauses vorstellen. Am
Rande von Leblon, wo die beiden trut-
zigen Berge, die **DOIS IRMÃOS,** über
dem Stadtteil thronen, befinden sich am
Ende der **RUA DIAS FERREIRAS** eine
Menge netter Restaurants.

Auch in bezug auf das Nachtleben ist
einiges los. In der **PLATAFORMA** zum
Beispiel oder in der **SCALA I** und **II:**
Hier treten gute brasilianische Sängerinnen und Sänger wie *Simone Sedu-
ção* oder *Gilberto Gil* auf, die man allerdings auch im Restaurant des Plataforma beim Essen sehen kann. In beiden Klubs finden ebenfalls die großen
Samba-Shows für Touristen statt. Ich
kann ihnen nicht viel abgewinnen, da
sie künstlich wirken und überteuert
sind. Die Bälle hingegen zur Karnevalszeit haben es in sich. Beliebt sind auch
die **LUNA-BAR,** in der bis morgens um

5 Uhr Hochbetrieb herrscht und die
zwei Karãoké-Lokale **CANJA** und **VO-
GUE,** wo nach japanischem Muster mit
Background-Musik ins Mikrofon ge-
kräht wird, daß die Wände wackeln.
Mein Tip: Das muß man einmal erlebt
haben.

RESTAURANTS

■ **ALVARO'S BAR,** Avenida Ataulfo
de Paiva 500, Tel. 294-2149, täglich
12 – 2 Uhr.
Kenner meinen, daß hier samstags die
beste *feijoada* und am Sonntag der beste *cocido* (Eintopf) serviert werden.
Viele kommen auch nur auf ein eisgekühltes Bier, das für jeden Carioca, der
auf sich hält, einige Male am Tag einfach sein muß. Kleine Snacks sind auch
zu haben, *pasteis* zum Beispiel. Chef
Antonio empfiehlt die Tagesspezialitä-
ten zur *Caipirinha,* die er denn auch ei-
genhändig zubereitet, wenn es seine Zeit
zuläßt. Nach 22 Uhr ist an Wochenenden kaum ein Tisch zu haben!

■ **CANECO 70,** Avenida Delfim
Moreira 1026, Tel. 294-1180, täglich
10 – 4.30 Uhr.
Die Küche ist von gutem Durchschnitt,
die Preise mäßig. Es ist schön zum
Draußensitzen, wenn man sich den
Abendwind um die Nase wehen lassen
möchte.

■ **DINHO'S PLACE,** Rua Dias Ferreira 57, Tel. 294-5972, täglich 12 – 3 Uhr.
Die wohl MODERNSTE Churrascaria
in der ganzen Stadt. Sehr luftig im Design, allerdings ziemlich unterkühlt, was
die Atmosphäre und airkonditionierte
Temperatur betrifft. Dafür ist das
Fleisch vorzüglich.

■ **ENTRECOTE,** Rua Rainha Guilhermina 48, Tel. 294-2915, Mo bis Fr 12 – 2 Uhr.
Steakhaus nach AMERIKANISCHER Art mit diversen Sorten Fleisch, Kartoffeln in allen Variantionen und jede Menge Soßen. Einfach, gut und *sehr günstig* im Preis.

■ **FINAL DO LEBLON,** Rua Dias Ferreira 64, Tel. 294-2749, täglich 11.30 – 2 Uhr.
Sehr brasilianisches Restaurant mit Landesspezialitäten wie getrocknetem Fleisch in vielen Varianten.

■ **HELSINGOR,** Avenida General San Martin 983, Tel. 294-0347, Di bis So 18 – 1 Uhr.
Leichte SKANDINAVISCHE Kost, vom Lachs-Sandwich bis zur kompletten Mahlzeit. Sonntags wird am Mittag ein üppiges *Smorgasbord* aufgetischt.

BARS

■ **ACADEMIA CACHAÇA,** Rua Conde de Bernadotte 26, Tel. 239-1542, Di bis So ab 17 Uhr, bis der letzte Gast geht.
Mehr als 200 SORTEN CHACHAÇA könnte man hier ausprobieren. Dazu gibt es *Petiscos*, kleine Appetithappen.

■ **GIG SALADAS,** Avenida General San Martin 629, Tel. 294-3545, Di bis So, 12 – 4 Uhr.
Neben Salaten und anderen kleinen Snacks bietet diese Bar viel Musik: Jazz und Country, dazu – ganz im Stil der Zeit – Video. Diese sind die Attraktion des Hauses. Berühmtheit haben ebenfalls die *Caipirinhas* erlangt, die man zur Abwechslung nicht nur mit Limone sondern auch mit anderen Früchten ordern kann: Trauben, Ananas, Melone und Erdbeeren.

SHOW-TIME

■ **PLATAFORMA,** Rua Adalberto Ferreira 32, Tel. 274-4022, täglich 11 – 4 Uhr.
Große *touristische Sambashow*, aber auch Auftritte bekannter Stars. Wenn man den Karneval in Rio nicht erlebt, geben die Shows zumindest einen kleinen Vorgeschmack. Das angegliederte Restaurant ist ausgezeichnet und sehr stimmungsvoll, denn viele Showgrößen tafeln hier.

■ **SCALA I** und **II,** Avenida Afranio de Melo Franco 296, Tel. 239-4448, Shows Do bis So ab 22 Uhr.
Ebenfalls große revueartige Sambashows, der Eintritt ist *etwas billiger* als ins berühmte Plataforma. Auch Auftritte von Showstars.

■ **UN, DEUX, TROIS,** Rua Bartolomeu Mitre 123, Tel. 239-0198, täglich 19 – 4 Uhr. Ein bißchen konventionell, aber oft treten recht erfolgreiche brasilianische Sängerinnen und Sänger auf. TANZEN und essen kann man selbstverständlich auch.

KARÃOKE

■ **CANJA,** Avenida Ataulfe de Paiva 375, Tel. 511-0484.

■ **VOGUE,** Rua Cupertino Durão 173, Tel. 274-4145.
In beiden Nachtlokalen wird *gesungen*, was das Mikrofon hergibt. Wer meint, mithalten zu können, nichts wie hin, ein riesiger Spaß ist es in jedem Fall, das *Karãokelen …*

Lagoa

Lagoa heißt der vornehme Stadtteil im Rücken von Ipanema, der an die **LAGOA RODRIGO DE FREITAS** grenzt. Baden kann man nicht in der Lagoa, dafür ist sie zu verdreckt, dennoch bildet sie zusammen mit dem **JARDIM BOTANICO** eine der wichtigsten grünen Lungen von Rio. Jogger ziehen rund um die Lagune ihre täglichen Runden, der *Jockey-Klub* ist hier ebenso zu Hause wie der *Ruder-Klub* von Rio. Moderne, mehrstöckige Apartment-Gebäude aus Stahl und Beton säumen die Straßen. Wer es sich leisten kann, wohnt in dieser Gegend. Im Gefolge der noblen Bevölkerung haben sich dementsprechend einige der besten, teuersten und exklusivsten Restaurants und Bars in Lagoa etabliert.

RESTAURANTS UND BARS

■ **ANTONINO,** Avenida Epitácio Pessoa 1244, Tel. 267-6791, täglich ab 12 Uhr bis zum letzten Gast.
Wenn schon, dann aber bitte Fensterplatz, denn der Blick auf die Lagune ist wunderschön. Sehr konventionelles Restaurant: teuer, aber gediegen und mit netter PIANO-BAR.
■ **BAR LAGOA,** Avenida Epitácio Pessoa 1674, Tel. 287-1135, täglich 19 − 2 Uhr.
Pizza-Snacks und sehr jungendliche Atmosphäre.
■ **CHIKO'S BAR,** Avenida Epitácio Pessoa 1560, Tel. 287-3514, täglich 11.30 − 5 Uhr.
Absoluter IN-TREFFPUNKT für Cariocas der Lagune. Nette und ruhige Bar, Piano- und Violinenmusik, oft auch kleine Ensembles.
■ **CLAUDE TROIGROIS,** Rua Custodio Serrão 62, Tel. 226-4542, Mo bis Sa 19.30 − 24 Uhr.
Kleines, aber höchst *exquisites* Restaurant, das zu Rios besten und teuersten gehört. Claude Troisgrois kocht selbstverständlich nach traditioneller FRANZÖSISCHER Art.
■ **EL CORDOBES,** Avenida Borges de Medeiros 3207, Tel. 2661901, täglich 18 − 2 Uhr, Sa und So ab 12 Uhr.
SPANISCHES Restaurant mit ziemlich happigen Preisen.
■ **LAGOA CHARLIE'S,** Rua Maria Quiteria 136, Tel. 287-0335, täglich 18 − 2 Uhr.
MEXIKANISCH inspiriert. Gute Magueritas, Sangria und mexikanische Häppchen. Schöne Terrasse, oft auch Live-Musik, leider *sehr arroganter Service.*
■ **QUADRIFOGLIO,** Rua Maria Angelica 43, Tel. 226-1799, Mo bis Sa 12 − 2 Uhr.
ITALIENISCHE Küche der gehobenen Klasse.
■ **QUEEN'S LEGS,** Avenida Epitácio Pessoa 5030, Tel. 226-3648, täglich 18 − 2 Uhr.
Man kann hier zwar essen; die Qualität ist aber nicht so toll. Für einen Drink bei einem Schwatz durchaus zu empfehlen. Die Bar sieht aus wie ein alter VIKTORIANISCHER PUB.

RENNPLATZ

■ **JOCKEY,** Praça Santos Dumont 31, Lagoa. Zum Jockey-Club gehört auch ein sehr beliebtes Restaurant.

Vidigal, São Conrado und Barra da Tijuca

Südlich von Leblon erstrecken sich die abgelegeneren Strände. Die Straße dorthin, die **AVENIDA NIEMEYER,** führt in atemberaubenden Serpentinen dicht am Meer vorbei. Ein Stopp lohnt, um einen Blick zurück auf das sagenhafte Panorama zu werfen.

Zuerst gelangt man nach **VIDIGAL,** und stünde dort nicht das **SHERATON,** der Tourist hätte hier wohl kaum etwas verloren; gegenüber dem Hotel befindet sich eine der größten *Favelas* von ganz Rio. Das Sheraton ist das einzige Hotel in Rio mit direktem Strandzugang. Die ungeklärten Abwässer der nahen Favela, die in einem gut sichtbaren braunen Fluß direkt ins Meer fließen, lassen das Bade-Vergnügen mehr als zweifelhaft erscheinen.

Viel vorhandener Platz war der Grund für die internationalen Hotelketten und den *Golfklub von Gávea,* sich in **SÃO CONRADO** anzusiedeln. Allerdings sorgt auch hier die größte aller Favelas, die **ROCINHA** dafür, daß die Realitäten gewahrt bleiben. Mehr als eine Millionen Menschen leben vom Gipfel des Berges bis ins Tal hinunter in armseligen Bretterverschlägen und zerfallenen Hütten.

Das sich anschließende **BARRA DA TIJUCA** schließlich ist schon so weit weg vom Zentrum, daß man es wohl als *Trabantenstadt* bezeichnen muß. Rios Mittelstand und mehr und mehr ausländische Geschäftsleute lassen sich mit Vorliebe hier draußen nieder. Zwar verunzieren gräßliche Hochhäuser, die zum Teil nie fertig werden, da Spekulationsobjekte, die Gegend. Auch die riesigen *Supermärkte* sind zwar praktisch, wenn auch keine Augenweide. *Der Strand hingegen ist traumhaft.* Mit 18 Kilometern Länge ist er der weitaus längste von Rio. Vom Meer weht stets eine frische Brise, Menschenmassen sind hier − außer am Wochenende − unbekannt. Kleine Verkaufsstände am Strand sorgen alle paar Meter für das leibliche Wohl, an Samstagabenden für so manchen sehr originellen Tanz-Anlaß − mit Samba natürlich; an der Küstenstraße, der **AVENIDA SERNAMBETIBA,** machen sich immer mehr kleine und große Restaurants breit.

Mein Tip: Wer das urbane Leben satt hat, kann hier einen oder zwei Tage lang auftanken.

In Barra sind gleichfalls auffällig viele *Motels* zu finden. Die sind ganz klar für *Liebespaare* bestimmt und nicht für Touristen. Als Paar kann man problemlos mal eine Nacht lang hierbleiben, denn die Motels sind sehr schick und luxuriös. Bleiben Sie aber nicht länger, das gehört sich nicht.

RESTAURANTS

■ **CHURRASCARIA ESTRELA DO SUL**, Avenida das Américas 2100, Barra da Tijuca, Tel. 325-3748, täglich 11–23 Uhr.

Gegrilltes ohne Ende. Eine der beliebtesten und modernsten *Rodizios* der Stadt.

■ **EDO GARDEN**, Avenida das Américas 2578, Barra da Tijuca, Tel. 325-3319, täglich 19–24 Uhr.

Aufstrebende, sehr gute **JAPANISCHE** Kette.

■ **FAROL DA BARRA**, Avenida Sernambetiba 1700, Barra da Tijuca, Tel. 399-6599, täglich 11–2 Uhr.

Am **LEUCHTTURM**, dem Symbol, erkennbar. Das beste am ganzen Restaurant ist die Terrasse, von der man bei einem kalten Bier und einem kleinen Snack den tollen Blick auf den Strand genießen kann.

■ **PEIXE FRITO**, Avenida Fernando Mattos 371, Barra da Tijuca, Tel. 399-9494, täglich 12–24 Uhr.

Für Liebhaber von Fisch und **MEERESFRÜCHTEN**.

■ **LE PETIT PARIS**, Avenida Sernambetiba 6250, Barra da Tijuca, Tel. 385-5000, 24-Stunden-Service.

Kleines, sehr beliebtes **FRANZÖSISCHES** Restaurant.

■ **POMODORO, AGLIO E OLIO**, Rua Armando Lombardi 800, Barra da Tijuca, Tel. 399-7020, täglich 12–24 Uhr.

Populäre italienische Küche. 500 Sitzplätze lassen den Hang zur Massenabfertigung erkennen.

■ **RODEO**, Avenida Alvorada 2150, Casa Shopping, Barra da Tijuca, Tel. 325-6163, täglich 12–1 Uhr.

Bestbekanntes Steakhaus in hoch-

eleganter Atmosphäre. Allerdings sehr abgelegen.

EINKAUFEN

■ **BARRA SHOPPING**, Avenida das Américas 4666, Barra da Tijuca, täglich 10–22 Uhr, So nur Lebensmittel.

Das größte und modernste Einkaufszentrum von ganz Südamerika. Nicht nur zum Einkaufen, sondern auch „nur so" zum Vergnügen, mit Eisfläche, Kinos, Restaurants, Spielsalons etc.

■ **FASHON MALL**, Auto Estrada Lagoa-Barra, São Conrado, Mo bis Fr 10–22 Uhr, Sa bis 20 Uhr.

Eine Unzahl neuer Modegeschäfte; Kleider, Schuhe, Taschen, Sportsachen, dazwischen ein paar kunsthandwerkliche Läden.

■ **GAVEA SHOPPING**, Rua Marques de São Vicente 52, Gávea, Mo bis Fr 10–20 Uhr, Sa bis 13 Uhr.

Drei Theater und ein Kino sorgen dafür, daß auch nachts immer etwas los ist. Ansonsten findet sich eine bunte Anzahl der verschiedensten Geschäfte. Viele Galerien und Antiquitätengeschäfte.

Zona Norte

Wie eingangs erwähnt: Viel Sehenswertes im eigentlichen touristischen Sinne gibt es in der Nordzone nicht, außer der kleinen Kirche **NOSSA SENHORA DA PENHA**, die hoch oben auf einer grauen, glattpolierten Bergkuppe thront. Am besten erreicht man die Wallfahrtskirche von der **RUA IBIAPI-**

NA aus und fährt weiter auf der **AVE-NIDA DA PENHA**. Am Ende dieser Straße gilt es, 365 Stufen bis hinauf zur Kirche zu erklimmen. Da viele Wallfahrer im Oktober hierher pilgern, sind im Inneren entsprechende Votivgaben zu begutachten: Krücken, Bilder von geheilten Armen und Beinen, alles ziemlich makaber. Wenn man am späten Nachmittag hinaufkraxelt, hat man erstens den Vorteil, der Gluthitze zu entgehen und kann zweitens möglicherweise einen prächtigen Sonnenuntergang erleben. Ganz in der Nähe sieht man auch den **INTERNATIONALEN FLUGHAFEN GALEÃO** auf der **ILHA DO GOVERNADOR**. Die andere Insel, **ILHA DO FUNDÕ**, ist fast gänzlich von der modernen *Universitätsstadt* belegt.

Kommt man vom Flughafen, fällt einem sofort die Ansammlung rußiger Industriegebäude, qualmender Schornsteine, leerer Fabrikhallen mit eingeschlagenen Scheiben und die zahlreichen Elendsviertel, die *Favelas*, auf. Trotzdem mache ich ganz gerne einen Spaziergang durch einige Viertel der Nordzone, wie **MADUREIRA, MÉIER, VILA ISABEL, RAMOS, SÃO CRI-STOVÃ**, wo ein großer Teil des Mittelstands von Rio in schmucken Einfamilienhäuschen lebt, sich farbenprächtige Kolonialstilhäuser erhalten haben und wo das Leben echter, einfacher und auch mühsamer ist als in der prachtvollen Südzone.

Die großen Märkte und Einkaufszentren der Nordzone strahlen eine ganz andere Atmosphäre aus als die der Südzone, und das Leben in den schmalen Gassen mit den vielen kleinen Läden links und rechts der großen Aveniden scheint um einiges vertrauter und familiärer zu sein als die Hektik der Südzone. Restaurants und Bars in **TIJUCA** und **VILA ISABEL** haben ihren ganz eigenen Charme, vor allem in den Nächten am Wochenende, wenn sich die Leute des Viertels in ihren Stammlokalen treffen und das Bier bis weit auf die Straße hinaus ausgeschenkt wird, weil auch der letzte Platz auf dem Bürgersteig besetzt ist.

In Favelas sollte man hingegen grundsätzlich nicht gehen − Armut ist keine Touristenattraktion. Überhaupt möchte ich niemanden ermuntern in die Nordzone zu gehen − oder nur die wirklich Interessierten, Diskreten.

RESTAURANTS UND BARS

■ **BAR E RESTAURANTE SIRI,** Rua dos Artistas 2, Vila Isabel, Tel. 208-6165, täglich 11−1 Uhr.
Die Spezialität des Hauses sind Siri, Krebse − wie der Name schon sagt. Besonders beliebt sind die *Casquinhas*, gefüllte Krebsschalen oder auch schlicht und einfach frisch abgekochte Krebse. Dazu trinkt man ein eisgekühltes *Chope*. Die Atmosphäre ist typisch Botequim-Stil, Nachbarschafts-Kneipe. Am Sonntag nachmittag *reservieren Großfamilien* ihren Tisch, um ausgiebig zu tafeln. Stimmungsvoll auch, wenn es regnet. Dann werden die durchsichtigen Plastikplanen runtergezogen und an den Seiten festgezurrt, und der Regen trommelt sein gemütliches Stakkato aufs Dach.

■ **BOTECOTECO,** Avenida 28 de Setembro 205, Vila Isabel, Tel. 204-2727, täglich 11–4 Uhr.
Immer Shows, *immer Jubel, Trubel und Tanz.* Draußen auf der Terrasse kann man auch in aller Ruhe ein Bier trinken.

■ **CASABLANCA,** Rua General Canabarro/Ecke Rua S.F. Xavier 224, Tijuca, Tel. 228-1500, täglich 12 Uhr bis zum letzten Gast.
Spezialitäten aus dem Amazonas-Gebiet, *peixes tucunare, camorim, surubim etc.*

■ **CHURRASCARIA 502,** Rua Condé de Bonfim 502, Tijuca, Tel. 208-0249, täglich 11 Uhr bis zum letzten Gast.
Steakhaus mit Live-Musik. Nach dem Essen kann *auch getanzt* werden.

■ **GAROTA DA TIJUCA,** Praça Varnhagem 5, Tijuca, Tel. 284-0197, täglich 8–1.30 Uhr.
Garotas gibt es in jedem Stadtteil, immer sind es einfache Bars und Restaurants, in denen sich die Nachbarschaft beim Essen, Trinken und Zusammensitzen findet.

■ **PETISCO DA VILA,** Avenida 28 de Setembro 238, Vila Isabel, Tel. 258-5652, täglich 11–4 Uhr.
Kaum jemand, der vorüberläuft, ohne schnell ein Chope zu kippen. Denn das Petisco ist *der Treffpunkt* in Vila Isabel. Die Tira-Gostas – mehr als 60 Sorten werden angeboten – Krebse und andere Meeresfrüchte, *Bolinho de bacalhau,* Schellfischkügelchen, sind einfach unwiderstehlich. An Wochenenden wird das Petisco zur *Rua do Samba,* wie es im Volksmund genannt wird, denn dann trifft sich hier alles aus der Gegend: Familien, Künstler, Bohemiens. Die Tische stehen bis weit hinaus auf die Straße. Dennoch ist es schwer, auch nur einen Stehplatz zu erwischen. Lärm machen ist zwar offiziell verboten, Singen und Klatschen auch. Trotzdem ist der Lärmpegel gigantisch – und die Stimmung sehr brasilianisch. *Einer meiner Lieblingsorte.*

Parks

Rio besitzt tolle Parks, kleine wie große. Die größten sind zweifellos **FLORESTA DA TIJUCA** und **QUINTA DA BOA VISTA**, die schönsten Waldstücke des **PARQUE NACIONAL DA TIJUCA**, des Nationalparks, der sich hinter dem **CORCOVADO** erstreckt. Der Wald ist kein dichter Dschungel, eher ein Bergurwald, also ziemlich licht, so daß man ganz bequem spazieren gehen kann. Schön kühl ist es hier, Wasserfälle sprudeln herab, die **CASCATINHA DE TAUNAY** zum Beispiel, wenn man von der Hauptstraße von **BOA VISTA** her in den Wald hineinkommt. Höhlen und Grotten sind zu entdecken, eine Kapelle ist zu besichtigen, und auch Restaurants gibt es. Fahren kann man bis zum **PICO DA TIJUCA**, von dem man einen *großartigen Rundblick* hat. Zurück fährt man am besten über die **ESTRADA DA VISTA CHINESA**, die zu den Aussichtspunkten **MESA DO IMPERADOR** und **VISTA CHINESA** führt. Busse fahren nach **ALTO DA BOA VISTA**, wo sich auch der Parkeingang befindet. Fußgänger halten sich am besten an die großen Wege, man kann sich durchaus verlaufen.

Toll ist auch der **JARDIM BOTANI-CO**, der Botanische Garten hinter dem Jockey-Club im Stadtteil **LAGOA**. Palmen wachsen en masse, sogar eine *Orchideensammlung* kann besichtigt werden, zudem fleischfressende Pflanzen, Seerosen, *Vitoria Regia*, mit ihren riesengroßen Blättern. Oder genießen sie einfach die kühle, frische Luft. Zum Garten gehört auch ein interessantes Museum des Botanikers Kuhlmann, der hier seine Studien trieb.

Rund um das Stadtmuseum, das **MUSEU DA CIDADE** in **GAVEA**, befindet sich der **PARQUE DA CIDADE**, der Stadtpark, einer der schönsten und ruhigsten Parks in der Stadt. Der *Orchideengarten* ist sehenswert.

Durch Landaufschüttungen entstanden in **FLAMENGO** und **CATETE** schöne und große Parks, die, so finde ich, aber eigentlich eher gigantische Grün- und Freizeitanlagen sind. Parks sind nur tagsüber geöffnet und vor allem die in der Stadt sind stark von Fußballspielern, Kindern, Spaziergängern etc. besucht.

Auch solche, die nachts nicht geschlossen werden, sollte man nie − aber wirklich nie − im Dunkeln aufsuchen.

■ **FLORESTA DA TIJUCA,** Alto da Boa Vista, täglich 7−19 Uhr.
■ **JARDIM BOTANICO,** Rua Jardim Botânico 920 und Rua Pacheco 915, Lagoa, täglich 8−18 Uhr.
■ **PARQUE DA CIDADE,** Estrada Sta. Marinha 505, Gávea, Mo bis Fr 10−17, Sa und So 12−16 Uhr.

Museen und Galerien

Es lohnt sicher nicht, in Rio Tage im Museum zu verbringen. Der Lebensstil der Cariocas ist nicht, gaffend vor einer Vitrine zu stehen, in der sich tote Materie verbirgt, und Kunstmuseen sind meist eh mit Leihgaben der großen europäischen Häuser bestückt. Galerien und kleine Kunstmuseen sind eher nach dem Geschmack der Cariocas. In den großen neuen Einkaufszentren findet man eine Vielzahl solcher Galerien. Der Kunsthandel blüht auch auf Märkten, vor allem die bei den Ausländern so beliebte naive brasilianische Malerei. Trotzdem hier einige lohnende Museen:

■ **ART POSTER GALLERY,** Shopping da Gávea, Loja 214, Tel. 259-8147.
Kleine Galerien, die sich auf Stiche, Illustrationen und Posters spezialisiert haben.
■ **GALERIE DE ARTE JEAN JAQUES,** Rua Ramon Franco 49, Urca, Tel. 542-1443, Di bis Sa 11−20 Uhr.
Der Aussteller hat sich der sehr populären *brasilianischen naiven Malerei* verschrieben.
■ **CENTRO CULTURAL CANDIDO MENDES,** Rua Joana Angelica 63, Ipanema, Tel. 267-3839.
Neben Theater und Kursen auch immer wieder Ausstellungen junger brasilianischer Nachwuchskünstler.
■ **FUNARTE,** Araujo Porte Alegre 80, Centro, Tel. 297-9885.
Zusammenschluß einiger junger Galerien, die neben jungen brasilianischen

Künstlern Fotografien und alternative Kunst ausstellen.

■ **MUSEU CASA DE RUI BARBO-SA,** Rua São Clemente 134, Botafogo, Tel. 286-1297, Führungen Di bis Fr um 10, 14 und 16 Uhr.
Rui Barbosa war einer der Väter der Verfassung, Jurist und Staatsmann.

■ **MUSEU CHACARA DO CÉU,** Rua Murtinho Nobre 93, Santa Teresa, Tel. 232-1386, Di bis Sa 14–17, So 13–17 Uhr.
Gilt als *bestes kleines Kunstmuseum* von Brasilien.

■ **MUSEU DA CIDADE,** Est. Santa Maria, Parque da Cidade, Gávea, Tel. 322-1328 täglich 12–16 Uhr.
Rios Geschichte, an Hand von zahlreichen Exponaten liebevoll nachempfunden.

■ **MUSEU HISTORICO NACIONAL,** Praça Marechal Ancora, Centro, Tel. 240-7978, Di bis Fr 9–18 Uhr, Sa und So 14–18 Uhr.
Das *wichtigste historische* Museum in ganz Brasilien. Es beinhaltet alles von der Entdeckung Brasiliens um 1500 bis zur Ausrufung der Republik 1889.

■ **MUSEU NACIONAL,** Quinta da Boa Vista, São Cristóvão, Tel. 264-8262, Di bis So 10–17 Uhr.
Naturwissenschaftliches Museum, immer sehr voll von wißbegierigen lauten Kindern am Wochenende.

■ **MUSEU NACIONAL DE BELAS ARTES,** Avenida Rio Branco 199, Centro, Tel. 210-0160, Mi und Fr 12–18 Uhr, Di und Do 10–18 Uhr, Sa und So 15–18 Uhr.
Mehr als 10 000 Bilder von brasilianischen Künstlern aus der Zeit der Kolonisation, des 19. und 20. Jh. und solche von ausländischen Künstlern.

■ **MUSEU DA REPUBLICA,** Rua do Catete 179, Flamengo, Tel. 225-4302.
Alles, was sich in Brasilien zwischen 1889 und 1960 getan hat, ist hier zu sehen, wenn es wieder geöffnet wird. Die Renovierungsarbeiten dauern schon Jahre.

Land ohne Amazonen

Von Carl D. Goerdeler

Akademikerinnen aus Lateinamerika und Europa waren in Rio de Janeiro zu einem Kongreß über die Diskriminierung der Frau zusammengekommen. Referate wurden gehalten und Grundsatzpapiere verfaßt. Die ausländischen Teilnehmer waren beeindruckt von der schonungslosen Kritik der brasilianischen Vertreterinnen an den Zuständen im eigenen Lande. Lange zogen sich die Diskussionen hin. Auf Einladung der Beauftragten für Frauenfragen der Regierung setzte man das Gespräch in ihrem Hause fort. Es entwickelte sich eine lebhafte Debatte über die Ausbeutung der Frau im Arbeitsleben, und es war schon sehr spät geworden, so daß die Hausherrin beschloß, Getränke und Kaffee anzubieten. Alle wollten mithelfen, Kaffee zu machen. „Nein, nein", wehrte die Hausherrin ab, „ich werde meine *empregada* wecken, die macht das schon".

Die Solidarität der Frauen gegen die Unterdrückung durch eine männliche Gesellschaft hört bei den Klassengrenzen auf. Die Pseudo-Emanzipation der Damen der sogenannten guten Gesellschaft mag dafür ein Beispiel sein. In den Salons und herrschaftlichen Haushalten diskutiert man mit Verve und Elan über Frauenfragen, so wie man auch jede europäische Mode begeistert aufgreift und kopiert. Doch nur wenige elegante Frauen brechen aus dem goldenen Käfig ihres Drohnenlebens aus, das wie ein Stück aus dem 19. Jahrhundert immer noch den höheren Töchtern vorgespielt wird. Mit Klavierunterricht und Poesiealbum fängt es an; später kommen Tennis und Reiten hinzu — und dann die Schönheitswettbewerbe und Debütantinnenbälle, die Einführung in die „Gesellschaft", die Sozialklatschspalten in der Presse, die Suche nach einer guten „Partie". Ein Literaturstudium kann da nichts schaden. Für Küche und Kinder hat man Personal. Die Brasilianerin der Oberklasse ist stolz darauf, nicht kochen zu können — sie ist ja emanzipiert. Die Diskriminierung von praktischer Tätigkeit, von Handarbeit und Technik, eine Erbschaft aus feudaler Zeit, hat sich in den Mädchenzimmern der Oberklasse besonders gut gehalten. Die Tochter spielt mit Puppen — und so wird sie selbst auch ausstaffiert. Es gibt wohl kein anderes Land der Erde, in dem die „bessere Gesellschaft" so leidenschaftlich den Exhibitionismus weiblicher Auktionen — Bälle, Schönheitswettbewerbe, Geburtstagsfeiern — pflegt.

„Eine Weiße für die Hochzeit, eine Mulattin fürs Bett, eine Schwarze für die Arbeit" — ein altes brasilianisches Sprichwort aus der Sklavenzeit. Die Zuckerbarone in Pernambuco und die Kaffeefürsten aus São Paulo handelten danach. Unter den schwarzen Sklavinnen suchten sie sich die schönsten Mädchen für leichtere Arbeit im Haus aus, die allerhübscheste fürs Schlafzimmer. Die *mucamba*, die braune Mätresse, gehörte zum weiblichen Gesinde so selbstverständlich wie die schwarze Köchin, die Amme und das Kindermädchen. Die *dona da casa*, die blasse Edelfrau, blieb für den Kirchgang und das Kindbett. Sie rächte sich an ihrer sexuellen Zurücksetzung durch ein grausames Regiment gegenüber den Haussklaven oder vergrub ihren Kummer in klösterlicher Abgeschiedenheit und Migräne. Nach zahlreichen Geburten und wenigen Jahren schied sie dahin. Der Gutsherr schaute nach einer Neuen aus. Dieses absolutistische Sexual- und Sozialmodell (im europäischen Mittelalter wie im Morgenland zu Hause) hielt sich in Brasilien noch bis zur Mitte des 19. Jahrhunderts und spukt immer noch in den Macho-Phantasien brasilianischer Männer weiter. Das Sexualobjekt *mulata* wird heute auch international vermarktet. Fast immer sind es dunkelhäutige Frauen, die Opfer sexueller Aggressionen werden. Ihre Hautfarbe signalisiert soziale Deklassierung.

Sich am „Dienstpersonal" zu vergreifen gilt als Kavaliersdelikt. Wurde es früher nicht augenzwinkernd gefördert, daß sich der heranwachsende Herr erst mal „die Hörner" bei der schwarzen Perle „abstoßen" konnte? Meldungen, daß sich junge Männer aus wohlhabenden Familien einen Spaß daraus machen, schwarze Mädchen am Wochenende zu entführen und am Strand zu vergewaltigen, sind in den Provinzblättern Brasiliens keine Seltenheit. Da Rechtsanwälte und Richter denselben wohlhabenden Familien entstammen, kann man sich ausmalen, wie eventuelle Klagen der Betroffenen behandelt werden.

Das Haremsmodell der Landaristokratie prägte aber auch das Sklavenverhalten der schwarzen Frau. Gelang es nicht den hübschen Mätressen dann und wann, auf dem Weg durch das Schlafzimmer zu Reichtum und Freiheit zu kommen? „Xica da Silva" schwarze Odaliske, Rächerin der Sklaven, Heilige und Häretikerin, Herrscherin in Diamantina, Minas Gerais, 18. Jahrhundert – ein Beispiel. Schönheit als Kapital einzusetzen, um aus dem Teufelskreis von Armut und Hunger herauszukommen – diese Illusion gehört mit zum fatalen Erbe der Feudalzeit, fatal für die Mädchen in den Bars und Bordellen, an denen selbst arme Provinzstädte reich sind, fatal aber auch für die Verbreitung einer Bildungs- und Berufsethik der Frauen. Die Frau gehört entweder ins Haus oder auf die Straße, Engel oder Nutte – für eine andere Rolle war da nie Platz.

Auf dem Lande und in den *favelas* am Rande der Städte beginnt die Verknechtung der Frau von Kindesbeinen an. Die Mädchen müssen in der Hütte bleiben und der Mutter im Haushalt helfen, während die Jungen draußen spielen dürfen. Viele helfen auch im Kramladen von Nachbarinnen aus. Sie bekommen dafür als „Geschenk" Bananen oder Bohnen. Bereits mit acht oder zehn Jahren tragen die Mädchen mit kleinen Dienstleistungen und Handreichungen spürbar zum Unterhalt der ganzen Familie bei. Die Jungen weigern sich zu helfen: Sie würden sonst zum Gespött ihrer Freunde. Mädchen unterliegen frühzeitig einem harten Arbeitsethos (deswegen schätzen Unternehmer die Zuverlässigkeit der Frauen bei der Arbeit viel höher ein als die Arbeitskraft der Männer), während die Jungen

▶

Die Favela von Santa Maria am Fusse des Corcovado: Mit den Reichen teilen die mehr als zwei Millionen Favela-Bewohner nur die schöne Aussicht.

sich in Clans und Banden zusammenschließen und auf die (kriminelle) freie Wildbahn gehen. Der Schule bleiben die *favela*-Kinder sporadisch oder dauernd fern – die Mädchen mehr noch als die Jungen, weil sie zu Hause gebraucht werden. In den zwanzig ersten jungen Lebensjahren summieren sich die Diskriminierungen gegen die heranwachsende Frau zu einem unüberwindlichen Berg kultureller, sozialer und ökonomischer Hindernisse. Das Schicksal der meisten brasilianischen Frauen ist vorbestimmt – Arbeitspferd, Dienstesel oder Zuchtstute des Mannes zu sein.

Mit der Migration in die Städte brechen selbst diese Sozialbindungen auseinander. Wenn nicht mehr zusammen auf dem Feld gearbeitet wird, sondern der Mann auf der Jagd nach irgendeiner Beschäftigung das Haus verläßt und wegdriftet, bleibt die Frau mit den Kindern sitzen. Sie muß nun sehen, wie sie allein zurechtkommt. Für die Töchter gibt es nach der rudimentären Schulausbildung und dem wenigen, das sie in der Baracke gelernt haben – kochen und putzen –, meist nur eine Wahl: in die *zona* (Bordellviertel) abzuwandern oder als *empregada* in einem bürgerlichen Haushalt anzufangen. Ein

Drittel aller in Brasilien berufstätigen Frauen sind Dienstmädchen.

Francisca Souza da Silva („Tagebuch eines brasilianischen Dienstmädchens") hat die Qual einer solchen Arbeit geschildert. Die *empregada* kennt keinen Achtstundentag, sie hat nicht einmal die üblichen Rechte brasilianischer Arbeitnehmer wie zum Beispiel Kündigungsschutz oder Fünftagewoche. Als „Hausangestellte" steht sie Tag und Nacht dem Arbeitgeber zur Verfügung. Kost und Logis und ein Trinkgeld sind ihr ganzer Lohn. Sie hat Anspruch auf Krankenversicherung und Urlaub nach einem Jahr Dienst – oft wird sie schon deshalb vor Ablauf von zwölf Monaten rausgeschmissen.

Die „gute Perle" gehört zum Haushalt der brasilianischen Oberklasse wie der Farbfernseher oder die Sitzecke. Etagenwohnungen und Eigenheime besitzen alle ein Dienstmädchenzimmer: der Verschlag neben der Küche. Sicherer als jede Soziologenanalyse verraten die Blaupausen der Bauunternehmen, wie die *empregada* eingeschätzt wird. Ihre Kammer reicht gerade für ein Bett und einen Stuhl, auf den sie den Fernseher stellen kann. Um vom Dienstpersonal ungestört zu sein, haben die Häuser einen gesonderten Lieferantenaufgang bzw. -fahrstuhl. Grundriß und Zuschnitt der von den Immobilienfirmen angebotenen Appartements zeigen Parallelen mit den großbürgerlichen Wohnungen im kaiserlichen Berlin. So wie damals die „Landpomeranze", das Mädchen vom Lande, zum gutbürgerlichen Haushalt gehörte, ist die *empregada* für reiche Brasilianer unverzichtbar im alltäglichen Leben daheim.

Auf den Gütern auf dem Lande begleitete sie früher ein Leben lang das Schicksal der Familie und wurde häufig zur wahren Seele des Familienlebens. Manche Witwe war froh, daß ihr im Alter wenigstens die Dienstmagd blieb. In den modernen bürgerlichen Kleinhaushalten der Städte ist das anders. Statt Ersatzmutter und Kindermädchen ist die *empregada* nur noch Zugehfrau und Putze. Die Kinder gehen in die Schule, die Frau zum Kaffeekränzchen, für die *empregada* bleiben die unaufgeräumte Wohnung und das pünktliche Mittagessen, die Wäsche, der Einkauf, das Abendessen, der Abwasch und die *telenovela* nach getaner Arbeit. Am Sonntag hat sie frei. Wenn der Weg nicht zu weit ist, besucht sie ihre Familie oder trifft sich mit Kolleginnen vom Nachbarsblock, und man geht zum *forro*, zum Tanz. Klar, daß sie nicht lange allein bleibt. Aber wo kann sie sich ungestört mit dem Geliebten treffen? Ihn mit in die Wohnung zu nehmen ist ausgeschlossen. Kündigung wegen Schwangerschaft ist der Alptraum jeder *empregada*. Ein Kind zu bekommen, ohne einen Mann und ohne eigenen Haushalt, ist das endgültige Urteil für die Rückkehr in die *favela*. Jedes Jahr werden vier Millionen Abtreibungen in Brasilien, diesem katholischen Land, vorgenommen. Tausende brasilianische Frauenvereine sprechen von 400 000 Todesfällen jährlich als Folge von (natürlich: illegalen) Schwangerschaftsunterbrechungen. Um die Stellung nicht zu verlieren, geht das junge Ding zum Engelmacher. Was für die Bessergestellten in gutausgerüsteten Privatkliniken gegen saftige Honorare und mit ärztlicher Kunst ausgeführt wird, macht der obskure Kurpfuscher in der *favela* für eine Flasche Schnaps.

60 000 *empregadas* besorgen den Haushalt der rund 400 000 wohlhabenden Einwohner der brasilianischen Hauptstadt. Eine davon ist Ana Maria Dagoberto, 30, aus Santo Amaro da Purificação. Ana Maria ist die Vorsitzende des örtlichen Verbands der Hausangestellten.

„Seit 1979 weiß ich, was es heißt, alleinstehende Mutter, Schwarze und *empregada* zu sein. Wie bei jedem Beruf gibt es auch bei der Hausangestellten Rechte und Pflichten. Aber mit unseren Rechten ist es nicht weit her. Da leben wir noch in der Kolonialzeit. Ich war beim Arbeitsminister und habe unsere Forderungen nach einem dreizehnten Monatsgehalt, nach Kündigungsschutz und Aufnahme in die Arbeitlosenversicherung vorgetragen. Der Minister meinte, wir sollten uns an den Präsidenten wenden ...“

Ana Maria hat drei Kinder, die sie nicht allein lassen kann, wenn sie zur Arbeit geht. So entstand der Gedanke, eine Kinderkrippe für Hausangestellte und Dienstmädchen einzurichten. Ana Maria stiftete alles, was sie besaß, den Kühlschrank, den Fernseher und die Nähmaschine für die Kinderkrippe, die sie zusammen mit einigen Kolleginnen organisierte. Jede trug etwas bei und verpflichtete sich, regelmäßig Beitrag zu zahlen. So haben die Frauen es ohne fremde Hilfe geschafft, in einer Baracke in Guará einen Kinderhort einzurichten, wo tagsüber drei arbeitslose *empregadas* damit beschäftigt sind, auf die

drei Dutzend Kinder im Alter von wenigen Monaten bis zu zehn Jahren aufzupassen. Ana Maria ist voll Optimismus über den Erfolg, der auf ihre Initiative zurückzuführen ist. „Mein Sternzeichen ist die Waage, das Symbol der Gerechtigkeit. Das Leben hat mich gelehrt zu kämpfen. Nur wenn man kämpft und fordert, wird einem etwas gegeben.“

Es sind die brasilianischen Frauen, die in den *favelas*, den Landgemeinden, in kirchlichen Bibelkreisen und Basisgemeinden, in den Bürgerkomitees und überall dort, wo gegenseitige Hilfe das Los der Leute verbessert, mit dem Besen und mit wachsendem Selbstbewußtsein die alte Lethargie, die „Man-kann-ja-doch-nichts-tun“-Mentalität auskehren. Die katholische Kirche Brasiliens mit ihrer Hinwendung zu den Armen wäre ohne die aktiven Frauen in der Gemeindearbeit längst tot. Die Männer führen das große Wort, die Frauen waschen die Wäsche. Die Männer sitzen in der Kneipe und politisieren, die Frauen sammeln den Müll und putzen das Haus. Politik ist Männersache, aber der Widerstand gegen Politik nach Macho-Art kommt von unten, von den Frauen. Brasilianische Männer, gleich welcher sozialen Klasse, berauschen sich am schönen Wort, an der großen Geste, an der Rhetorik populistischer Politik-Magie wie am Zuckerrohrschnaps. Das Aufräumen hinterher bleibt den schweigsamen Frauen.

Hundert Jahre nach der Sklavenbefreiung zog die erste schwarze Abgeordnete ins Parlament: Benedita da Silva, 45, Wäscherin, Dienstmädchen,

Krankenschwester, Mutter von sechs Kindern, Großmutter von neun Enkeln, aus der *favela* Chapeu Mangueira, Rio de Janeiro; für die Arbeiterpartei PT mit 27 000 Stimmen gewählt. Die konservative (männliche) Mehrheit im Kongreß umarmt sie als lebendes Denkmal angeblicher Liberalität und Offenheit der bestehenden brasilianischen Gesellschaft. Die internationale Frauen- und Arbeiterbewegung begrüßt sie als Heroldin einer besseren Zukunft. Von diesen verführerischen Rollenangeboten macht Benedita glücklicherweise keinen Gebrauch.

Zu ihrem Abgeordnetenbüro im Annex III des Kongresses vorzudringen ist nicht leicht. Die Exotik in Person zieht Scharen von Reportern an sich. Schwarz, Frau und arm und dennoch Abgeordnete zu sein — das ist fast unmöglich. Tritt Benedita in die Fußstapfen des legendären Indianerabgeordneten Juruna, um den es inzwischen wieder ganz still geworden ist? Wird sie wie der Indianer in die Hofnarrenrolle gedrängt und so lange von den Medien und den Mächtigen umarmt, bis sie keine Luft mehr bekommt?

„Ja, es ist schon verdammt schwer, damit klarzukommen", gibt sie zu. „Die Erwartungen und die Hoffnungen, die ich automatisch mit meinem Status bei den Nachbarn und den politischen Freunden erwecke, lasten auf mir — mal ganz abgesehen von diesen Gossenjournalisten, die sich auf jedes Schlafzimmerdetail stürzen und mir das Leben schwermachen. Neulich kommt meine Nachbarin, die mir seit zehn Jahren die Kleider näht, und verlangt das Doppelte. Wenn der Wasserhahn tropf-

te, machte das der Klempner um die Ecke aus Gefälligkeit oder für ein paar Cruzados, heute bringt er erst mal einen Kostenvoranschlag. Ich verdenk's den Leuten ja nicht, für die bin ich jetzt im Himmel. Aber bis ich wirklich dahin komme, soll's noch eine Zeit dauern", lacht sie.

Benedita da Silva ist in der *favela* aufgewachsen, war nur ein paar Jahre in der Schule und fing dann an, sich mit Gelegenheitsarbeiten über Wasser zu halten. Sie kennt den Leidensweg der schwarzen *favela*-Mutter. „Ich weiß, wie das ist, wenn man keinen Cruzado in der Hand hat, aber ein Kind im Bauch. Ich habe abgetrieben, weil es keinen anderen Ausweg gab, damals, als ich einundzwanzig war, Hunger hatte und keine Arbeit. Ich fühlte mich erniedrigt, aber so war es, es gab keinen Ausweg." Sie gab nicht auf. Sie fand Halt bei einer protestantischen Sekte, und sie engagierte sich in Selbsthilfegruppen der *favelados*. Sie traf gleichgesinnte Frauen und politische Mitstreiter in der Arbeiterpartei. Sie wurde Stadtverordnete von Rio de Janeiro. Und nun im Parlament, unter den wenigen Abgeordneten der PT, unter der Minderheit der wenigen Frauen, die 5 Prozent der Sitze einnehmen — was kann sie da machen?

„Jedenfalls werde ich nicht das Feigenblatt spielen für eine Politik gegen die Armen und gegen die Frauen. Wir haben in Brasilien zwei Gruppen von Marginalisierten: die Armen in der *favela* und die Armen im Geiste. Die Armen im Geiste und der Moral sind diejenigen, die uns als *Marginalisierte* bezeichnen, sind diejenigen wenigen, die für die Misere verantwortlich sind, während sie sich selbst die Taschen vollstopfen."

„Ich stand auf. Ich holte Wasser. Ich machte Kaffee. Ich sagte den Kindern, daß kein Brot da sei...", wo beginnt das „Tagebuch der Armut", das Carolina Maria de Jesús stellvertretend für alle Mütter vom Leben in einer brasilianischen *favela* geschrieben hat und das sie in aller Welt für kurze Zeit berühmt gemacht hat. Carolina Maria de Jesús wurde zwischen Abfallhaufen und Geiern geboren. In einem Heft notierte sie die Tagesereignisse ihres Lebens. Ihr „Tagebuch" wurde in vierzig Ländern gelesen und in dreizehn Sprachen übersetzt. Dann vergingen die Jahre. Sie verschenkte alles, was sie hatte. Anfang 1977, an einem Sonntagmorgen, starb Carolina Maria de Jesús zwischen Abfallhaufen und Geiern. Keiner erinnerte sich mehr an die Frau die geschrieben hatte: „Der Hunger ist das Dynamit des menschlichen Körpers."

Es gibt Millionen von Carolinas in den ländlichen und städtischen Elendszonen, Millionen von Frauen, die sich, allein gelassen, sitzengelassen, mit einer Schar Kinder durchschlagen müssen – als Lumpensammlerinnen, Prostituierte, Wäscherinnen und Hausangestellte. Brasilien bildet keine Ausnahme unter den südamerikanischen Ländern, in denen der Macho-Kult als perverses Relikt einer „ritterlichen" Gesellschaft überlebt hat. Männlicher Sexismus, weißer Rassismus und frühkapitalistisches Ausbeutertum sorgen für eine klare Hackordnung in der Gesellschaft, deren Opfer Kinder und Frauen sind. So wie

früher die schwarzen Sklaven eine eigene Subkultur des Widerstandes gegen die Sklavenhaltergesellschaft entwickelt hatten, gibt es Anzeichen dafür, daß – ohne Akademikerkongresse und Ratschläge aus den Fibeln des sozialen Protestes – die brasilianischen Frauen immer selbstbewußter ihr Schicksal von der Männer-Macho-Gesellschaft abkoppeln werden. Die Zunahme von Frauenarbeit, das steigende Bildungsniveau, späteres Heiratsalter und massenweise Anwendung geburtenregelnder Mittel sind Anzeichen eines soziokulturellen Wandels, der durch Urbanisierung und Industrialisierung gefördert wird. Die brasilianischen Frauen entdecken ohne das Kriegsgeschrei von Amazonen, daß es ein Reich der Freiheit und Selbstbestimmung jenseits von Kindern, Küche und Kirche gibt und daß sie gemeinsam praktisch mehr erreichen können als in der sklavischen Abhängigkeit vom Mann.

(Carl D. Goerdeler, geboren 1944, war von 1983 bis 1988 Diplomat in Brasilien. Nach dem Studium der Publizistik in Berlin und München produzierte er TV-Features aus der Türkei, den USA und Japan, wo er vier Jahre in Tokio lebte.

„Land ohne Amazonen" haben wir aus dem sehr lesenswerten Buch „Alltag in Brasilien", Econ Verlag, Düsseldorf, entnommen.)

ALPISTE
3,80
4,90
8,80
8,80
6,00
ALPISTE
7,50
Garoto

a melhor opção
em imóveis

Essen und Trinken

Rio bietet Kulinarisches aus den Kochtöpfen aller Länder der Erde: Nichts, was es nicht gibt - dafür sorgten schon vor 100 Jahren die vielfältigen Einwanderungsgruppen, die Brasilien zu einem wahren Schmelztiegel der Rassen werden ließen. Hamburger, Schweinehaxen oder Spaghetti - kein Problem. Trotzdem sind es im Grunde nur drei nationale Küchen, die brasilianische Tafelfreuden ausmachen: Getreide, Gemüse und an den langen Küsten auch allerlei Meeresgetier landeten schon bei den *Indianern* im Kochtopf, die *Portugiesen* als Kolonialherren brachten ihre Eintöpfe mit ins Land und die *afrikanischen* Sklaven sorgten mit ihren unbekannten Gewürzen für den exotischen Wohlgeschmack. Alles, was später ins Land kam, hing und hängt an der landeseigenen Küche, die mehr oder weniger unverfälscht bis heute in den entsprechenden Restaurants angeboten wird, allerdings kaum je den Standard des Ursprungslandes erreicht. Zwei Ausnahmen bestätigen die Regel. Erstens: *McDonalds* Hamburger schmecken in Copacabana genauso gräßlich und pappig wie in Manhattan und sind ebenso teuer. Zweitens: Japans Küche wird in Rio genauso delikat angeboten wie in Tokio, zu Preisen, die einen Bruchteil jener in Japan selbst ausmachen.

Tatsächlich kann sich Rio rühmen, die besten und schönsten Gemüse und Früchte aus den Tropen sowie auch der gemäßigten Zone frisch auf die Märkte zu bringen. Brasilien ist einer der größten Viehproduzenten der Welt; Fleisch und Geflügel sind daher − zu für uns günstigen Preisen − von einer Qualität, die wir in Europa schon lange nicht mehr kennen. Und auch an Fischen und anderem Meeresgetier ist in den Gewässern des Südatlantiks (noch) kein Mangel.

Eine geschmäcklerisch raffinierte Küche sollte man in Rio dennoch nicht erwarten. *Deftig* und *gehaltvoll* sind die passenderen Adjektive, was bei Rios tropisch schwülem Klima umso überraschender ist. Keine Hitze der Welt kann den Carioca denn auch aufhalten, am Samstagnachmittag, nach Sport und Spiel am Strand, am liebsten nur mit der Badehose bekleidet, in sein Botequim an die Ecke zu gehen, um sich hier im möglichst großen Kreis von Familie und Freunden an *Feijoada* und *Caipirinha* zu laben.

NATIONALGERICHT: FEIJOADA

Wer in Deutschland Eisbein mit Sauerkraut, in der Schweiz eine Ratsherrenplatte und in Österreich Tafelspitz als die höchsten aller kulinarischen Genüsse erachtet, wird an einer brasilianischen *Feijoada* seine helle Freude haben. Nicht, daß sie ebenso schmecken würde wie ihre europäischen Pendants, bewahre, aber an Deftigkeit und Kalorienträchtigkeit steht sie ihnen weiß Gott nicht nach.

Das Feijoada-Mahl am Samstagnachmittag wird übrigens zelebriert und nicht einfach gegessen. Daß es sich

◀

Ohne Bohnen keine Feijoda, der traditionellsten Speise von Rio; gewürzt wird mit Pfeffer.

dabei um eine Delikatesse handelt, zeigt der fleißige Briefwechsel zwischen dem Schweizer Schriftsteller und Lateinamerika-Kenner *Hugo Loetscher* und der Gastronomie-Kritikerin *Alice Vollenweider,* den sie 1975 zum Thema *Kulinaritäten* betrieben. („Kulinaritäten. Ein Briefwechsel zwischen Alice Vollenweider und Hugo Loetscher", Benteli Verlag, Bern.) Unter dem Stichwort *Steckbrief der Feijoada* ist folgendes nachzulesen:

Liebe Alice,
ich tue also Natriumbikarbonat hinein, damit die Bohnen weich werden. Was tue ich nicht alles, um zu meiner Feijoada zu kommen.

Nun möchtest Du auch noch wissen, was das ist. Schön: Es ist etwas Gutes, und zwar etwas sehr Gutes. Es ist das brasilianische Nationalgericht, was allerdings auch schon wieder nicht stimmt. Es ist ein typisches Gericht für Rio und hat sich von dort ausgebreitet. Es ist eine Mahlzeit, die man gewöhnlich samstags aufträgt. Es ist ein gemütliches Essen, eines, das sich für einen grösseren Kreis eignet und wofür die Gäste nicht abgezählt werden müssen; man kann immer noch einen mehr mitbringen – Du siehst, es ist ein ausgesprochen unschweizerisches Essen.

Um deutlich zu werden: es ist ein Eintopf. Die Basis oder, was viel schöner klingt, das Geheimnis sind eben die besagten schwarzen Bohnen – *feijão,* wie sie heissen, und nach diesen Feijão-Bohnen heisst auch die Mahlzeit *Feijoada,* also Bohnengericht, und gewöhnlich heisst sie auch noch *komplette Feijoada,* wegen all dem, was hinein-

kommt, und das ist nicht wenig.

Es kommt nämlich Fleisch hinein, vom Schwein und nur vom Schwein. Aber in zwei Varianten: gesalzen und geräuchert, in erster Linie aber gesalzen: Schnörrli, Schwänzli, Öhrli, Füssli und was so ein Schwein sonst noch in der Richtung hat. Nun wirst Du aber bei unseren Metzgern nicht ohne weiteres solche gesalzenen Stücke vom Schwein bekommen. Also musst Du dem Metzger ausrichten, er solle die Stücke ins Salz legen, ein paar Tage vorher natürlich. Ein bisschen planen muss man schon. Allerdings brauchst Du dann das Fleisch nicht zu wässern, da es aus dem Salzfass kommt. In Brasilien wäre das anders. Da wird das gesalzene Fleisch wieder getrocknet, und es wäre viel zu salzig, wenn Du es nicht wässern würdest.

Und dann tust Du auch noch Speck hinein, grünen und geräucherten. Und wenn Du ganz fein sein willst, Rippli. Auch Würste gehören hinein. Die *Luganighe* kommen den brasilianischen am nächsten.

Soweit kein Problem. Aber nun kommen die Schwierigkeiten. Für eine stilechte Feijoada braucht es *carne seca,* und das findest Du hier beim besten Willen nicht. Trockenfleisch heisst das schlicht und einfach, es ist luftgetrocknetes Fleisch. Eine Konservierungsmethode, die für den brasilianischen Nordosten typisch ist. In der Tropenluft getrocknetes Fleisch – nun, es ist am Ende auch nur getrocknet. Und gesalzen. Und man tut nur so viel hinein, um den Geschmack zu heben, es ist am Ende ganz zerkocht. Aber da Du dies eh nie auftreiben wirst ...

Es kommt nämlich noch etwas dazu, was man nicht findet bei uns. Am Ende streut man über das Ganze – aber ich sehe, ich fange wieder einmal hinten an, beim Essen. Wie ich Deine fraulice Logik kenne, willst Du natürlich vorn anfangen, beim Zubereiten.

Also gut: Dann setzest Du halt Deine schwarzen Bohnen auf und lässt sie zwei Stunden kochen. Dann nimmst Du etwas vom Bohnensaft. Vorher hast Du noch sehr viel Zwiebeln ziemlich grob gehackt und ebenso reichlich Knoblauch (nicht so grob gehackt); nun tust Du Zwiebeln und Knoblauch in eine Pfanne zusammen mit dem Bohnensaft und dazu einige Schöpfkellen Bohnen. Diese Bohnen zerdrückst Du ganz fein, bis ein Brei entsteht. Ein richtiges Mus muss entstehen. Und ein Lorbeerblatt kommt auch noch hinein. Das Bohnenmus gibt dann jene Sauce, die man in Euren Kreisen, glaube ich, sämig nennt.

Das Bohnenmus kommt zurück zu den Bohnen, die nun zusammen mit dem Fleisch gekocht werden – wie lange, das ist gar nicht wichtig. Von nun an kann es auf dem Feuer bleiben. Bevor Du servierst, kannst Du nach Belieben würzen – mit Tabasco und auch Pfeffer.

Man reicht dazu Trockenreis, das ist kein Problem. Man serviert dazu auch ein Gemüse, nämlich *couve mineiro*, einen Blattkohl aus dem Staate Minas Gerais.

Ich habe eine Freundin, die lange in Brasilien lebte und die nun wieder in der Schweiz ist, und die hatte einen genialen Einfall: sie hat etwas gefunden, das dem brasilianischen Blattkohl ziem-

lich nahekommt. Man nimmt nämlich Krautstiele – aber eben: man nimmt die langen und schönen Blätter. Man schneidet die weissen Rippen heraus. Also: Was man sonst auf den Tisch bringt, das gibst Du in den Schweinetrog, und was Du sonst den Schweinen gibst, das kochst Du – superb. Du schneidest die Blätter in lange, feine Riemen; diese werden mit heissem Wasser übergossen (gebrüht nennt man das, glaube ich). Dann werden sie in Fett und Öl und mit ganz wenig Bouillon gedämpft. Nicht allzu lange, sie müssen grün bleiben und dürfen nicht die Farbe verlieren und schwarz werden. Das ist übrigens ein Gemüse, das man auch ohne Feijoada auf den Tisch stellen kann.

Bitte: Das Bohnengericht, der Trokkenreis, das Krautstielgemüse, und nun hätte ich fast vergessen, es gehören Orangen dazu. Pro Person kannst Du eine rechnen. Die Orangen geschält und geschnitten. Und dann käme noch *Mandioka* auf den Tisch, *Farinha.*

Dieses Farinha ist ein *Mandiokamehl,* ein sehr grobes Mehl, eigentlich eher ein Griess. Es wird aus der Mandiokawurzel gemacht. Die Brasilianer streuen praktisch über alles, was in einen Teller kommen kann, Mandiokamehl. Ohne Farinha geht es nicht in einem brasilianischen Haushalt. Es spielt in der Volksnahrung eine wichtige Rolle. Auch eine traurige. Denn es stopft die Bäuche, ohne dass es grossen Nährwert hätte.

Solches Mandiokamehl habe ich allerdings, von meiner letzten Reise her. Falls Du eine Feijoada kochen willst, würde ich Farinha mitbringen – sofern

Du mich dazu einlädst. Auf einen mehr oder weniger kommt es ja nicht an, wie ich Dir eingangs erklärte.

Mit Grüssen Hugo.

Nun, *Alice Vollenweider* kochte keine Feijoada, und sie befand: „Was mich an Deinem brasilianischen Rezept verblüfft, ist die Mischung von schwarzen Bohnen, Reis und Mandiokamehl. Das ist nichts für kalorienbewusste Zeitgenossen, die den Kohlenhydraten aus dem Wege gehen und ihr Steak am liebsten mit Salat verzehren. Das ist die Kochkunst der armen Leute, die vor allem Hunger stillen muss und doch auf Phantasie nicht verzichtet und die billigen und nahrhaften Grundnahrungsmittel miteinander kombiniert."

Wie wahr, denn ursprünglich war die Feijoada ein Gericht der ärmsten Schichten, in das man hineinpackte, was die Woche hindurch übrigblieb. Heute ist die *Feijoada completa* zum Festgericht avanciert, wird sogar in den feinsten Hotels gereicht, in zahlreichen Restaurants, aber auch immer noch in jeder Eckkneipe, die auf sich hält.

FEIJOADA-RESTAURANTS

Natürlich gibt es hier nicht nur Feijoada, aber am Samstag, manchmal auch am Freitag, immer. Serviert wird sie ab Mittag solange der Vorrat reicht. Der ist meist gegen den frühen Abend erschöpft, denn die Cariocas essen ihre Feijoada am frühen Nachmittag, um das schwere Gericht entsprechend lange verdauen zu können. Überhaupt ist der Beinahe- rund-um-die-Uhr-Service eine angenehme Sache. Man ißt, wenn man

Appetit hat und nicht, wenn es die Zeit diktiert.

Die Portionen sind riesig, man kann ungeniert eine für zwei bestellen. Oder den Rest an die umstehenden hungrigen Kinder verteilen, was in Veranda-Restaurants oft geschieht. Es wird zwar nicht gern gesehen, ist aber immer noch der direkteste Weg von „Entwicklungshilfe". Trotz aller Annehmlichkeiten, die die Stadt für uns Devisen-Besitzer bereithält: Brasilien ist ein Dritte Welt-Land, und in Rio hungern viele.

Die Preise liegen auf niedrigem Niveau – für uns jedenfalls: Für einen bis zwei Dollar kann man satt werden, für fünf hat man gut gegessen, für zehn geschlemmt. *Zehn Prozent Trinkgeld sind im Preis inbegriffen, maßvolles Aufrunden empfiehlt sich.* Natürlich bringt man es fertig, wesentlich mehr auszugeben. Das Essen wird deswegen nicht in jedem Fall besser, doch das Ambiente kostet auch hier – weiße Damasttischtücher, Kristallgläser, silbernes Besteck, Kronleuchter, konzertante Musik ...

Und noch ein Wort zu den Hotel-Restaurants. Wenn andernorts gilt, daß diese tunlichst zu meiden sind, weil sie stets die ewig gleiche, langweilige internationale Küche auftischen, so trifft das in Rio nicht unbedingt zu. Zahlreiche Hotels haben sich durch eine ausgezeichnete Gastronomie einen Namen gemacht, vor allem jene in Copacabana, Ipanema, São Conrado und Vidigal. Nur – die Atmosphäre in diesen Lokalen ist meistens nicht sehr brasilianisch.

■ **ADEGA DO VALENTIM,** Rua da Passagem 178, Botafogo, Tel. 295-2748, täglich 12 – 2 Uhr.

Von Montag bis Freitag wird hier portugiesisch gekocht, am Samstag findet sich die Kundschaft aus der Gegend zur *Feijoada* ein, am Sonntag zum traditionellen *Cocido*, dem portugiesischen Eintopfgericht.

■ **ALVARO'S,** Avenida Ataulfo de Paiva 500, Leblon, Tel. 294-2148, täglich 12 – 2 Uhr.
Serviert ebenfalls eine der besten und reichhaltigsten Feijoadas der Stadt.

■ **AQUI E AGORA,** Rua Voluntária da Pátria 404, Botafogo, Tel. 266-4028, täglich 11 – 2 Uhr.
Typisches NACHBARSCHAFTS-BOTEQUIM, wo man für die komplette Feijoada nicht mehr als *drei Dollar* bezahlt.

■ **BAMBINO D'ORO,** Rua Real Grandeza 238, Botafogo, Tel. 266-2431, täglich 11 – 2 Uhr.
Hier gibt es täglich die berühmten schwarzen Bohnen, am Wochenende sogar musikalisch unterstützt von LIVE-ORCHESTERN.

■ **BAR DO BETO,** Rua Farme de Amoedo 51, Ipanema, Tel. 267-4443, täglich 11 – 1 Uhr.
Einfaches Restaurant, in dem sich die Nachbarschaft auf der VERANDA trifft. Am Samstag essen die hier wohnenden Familien die hausgemachte Feijoada.

■ **CANECO 70,** Avenida Delfim Moreira 1026, Leblon, Tel. 294-1180, täglich 10 – 3 Uhr.
Feijoada mit mit Blick aufs Meer.

■ **DEGRAU,** Avenida Ataulfo de Paiva 517, Leblon, Tel. 259-3648, täglich 11 – 2 Uhr.
Solide Hausmannskost in üppigen Portionen und sehr beliebt bei hier ansässigen Familien, besonders zur Feijoada

am Samstag und zum Cocido am Sonntag.

■ **LA GRITTA,** Rua do Russell 632, 3. Etage im Hotel Glória, Glória, Tel. 205-7272, täglich 16 – 24 Uhr.
Klar, daß das altehrwürdige Hotel Glória, wo schon gekrönte und andere Staatsoberhäupter abgestiegen sind, sich auf brasilianische Küche und somit auch am Samstag auf Feijoada spezialisiert hat. *Nicht ganz billig.*

■ **ILHA DOS PESCADORES,** Estrada da Barra da Tijuca 793, Barra da Tijuca, Tel. 399-0005, täglich 11 – 2 Uhr.
Eigentlich ein Fischrestaurant, doch am Samstag besinnt man sich aufs nationale Erbe.

■ **IMPERATOR,** Avenida Atlântica 4206, Copacabana, Tel. 287-3854, täglich 10 – 3 Uhr.
Eines der Strandcafés, die am Samstag zur Tradition zurückfinden. *Günstige Preise.*

■ **MONTE CARLO,** Rua Duvivier 21, Copacabana, Tel. 541-4147, täglich 11 – 2 Uhr.
Nicht sehr billig, aber mit klassischer Feijoada.

■ **NABONA,** Rua da Carioca 53, Centro, Tel. 262-7704, täglich 11 – 24 Uhr.
Eines der wenigen Restaurants im Zentrum, die Feijoada servieren, da am Wochenende die meisten Restaurants im Zentrum geschlossen sind.

■ **NEGA FULO,** Rua Conde de Irajá 132, Botafogo, Tel. 266-6294, Sa 14 – 19 Uhr, sonst 19 – 3 Uhr. Sehr brasilianische Küche, am Samstag ganz besonders; am Wochenende locken SHOWS.

■ **NINO,** Rua Domingos Ferreira 242, Copacabana, Tel. 255-9696, täglich 12 – 2 Uhr.

Eigentlich ein Gemisch aus brasilianischer und internationaler Küche, am Samstag jedoch authentisch.

■ **LA POMME D'OR,** Rua Sá Ferreira 22, Copacabana, Tel. 521-2548, täglich 11 – 3 Uhr.
Restaurant der gehobenen Klasse mit entsprechender Feijoada.

■ **TIBERIUS** und **DOMUS AUREA,** Avenida Vieira Souto 460, im Caesar Park Hotel, Ipanema, Tel. 287-3122, täglich 6 – 24 Uhr. resp. nur Sa 12 – 17 Uhr (Domus).
Feijoada der SPITZENKLASSE, nirgends ist sie besser, üppiger, perfekter zubereitet als in den zwei Restaurants des Hotels Caesar Park. Kostenpunkt: immerhin runde 10 Dollar.

NATIONALGETRÄNK: CACHAÇA

Keine *Feijoada* ohne *Cachaça*, denn ohne diesen potenten Zuckerrohrschnaps läge das deftige Gericht gar schwer im Magen. Prophylaktisch wird darum schon *vor* jeder Feijoada eine *Batida* serviert, deren Basis Cachaça ist. Mit Zucker und Fruchtsäften aufgefüllt nur unwesentlich verlängert, ergibt das einen ziemlich starken Apéritif. Während des Essens wechselt man zur *Caipirinha* über, jenem süffigen Limonengetränk, dem ebenfalls viel Zuckerrohrschnaps zugrunde liegt; dazu viel Eis, Zucker und eben Limonen und deren Saft.

Mein Tip: Bleiben Sie ehrlich: Eins, zwei, im Höchstfall drei Gläser geht in Ordnung, mehr sind von Übel, wie Ihr rotierender Kopf am nächsten Morgen unschwer feststellen wird.

Und: Es gibt Cachaça und Cachaça. Einige Sorten schmecken wie Sprit, andere weich und ausgewogen. Im Zweifelsfall kann man auf eine *Caipiroschka* ausweichen, das selbe mit Wodka, aber eigentlich ist es eben nicht das selbe. *Gute, empfehlenswerte* Cachaça-Marken sind: **VELHO BARREIRO, PINJU, FULO DO BRASIL**.

Am Strand kann man an den zahlreichen Ständen die eine oder andere Sorte *Aguardente de cana*, wie der Cachaça auch noch heißt, ausprobieren, oft auch Batida – obwohl sich das wegen der Hitze eigentlich nicht empfiehlt.

Cachaça und Batida:

■ **ACADEMIA DA CACHAÇA,** Rua Conde Bernadotte 26, Leblon, Tel. 239-1542, täglich ab 17 Uhr, bis der letzte Gast geht.
Mehr als 200 SORTEN CACHAÇA warten hier auf die Schnapslustigen zur Degustation. Dazu werden leichte brasilianische Snacks gereicht.

■ **BAR DO OSWALDO,** Estrada do Joá 3896, Barra da Tijuca, Tel. 399-1840, täglich 12 – 1 Uhr.
In Oswaldos kleiner Eckkneipe kann man acht bis zehn verschiedene Batida-Sorten probieren und zwar so EXOTISCHE wie Pfirsich-Batida, Erdnuß-Batida, Kokosnuß-Batida und dergleichen. Jene mit natürlichen Fruchtsäften, *Maracujá* zum Beispiel, schmecken am besten, solche mit künstlichen Aromen sind weniger gelungen. *Coco* und *maracujá* sind denn auch am beliebtesten. Und nach einem schönen Sommertag am Strand, hängen ganze Scharen in Oswaldos Bar, bis hinaus auf die Straße.

AFRO-/INDOBRASILIANISCH

Fische und Krustentiere in vielen Zubereitungsvariationen sind die Spezialitäten der afrobrasilianischen Küche Bahias. Sie werden die wohlbeleibten, weißgekleideten Frauen etwa auf *Märkten* antreffen, wo sie in riesigen Töpfen rühren und Ihnen kleine *Snacks* aus der *bahianischen Küche* verkaufen. Kleine Maiskuchen mit Krabbensauce zum Beispiel oder auch gedünsteten und gesüßten Mais. Eine Anzahl Restaurants bieten ebenfalls Gerichte aus dem Nordosten an mit so klingenden Namen wie *moqueca de peixe*, ein Fischgericht, oder *camaroes a baiana*, aus Krabben gemacht oder auch *lulas*, Tintenfische. Die Besonderheit der bahianischen Spezialitäten besteht immer in der Verwendung von *dendé*, einem rötlichen Palmöl, sämiger Kokosmilch und frischem Koriander. *Molho de pimenta*, eine wirklich gepfefferte Pfeffersauce und höllisch scharf, wird dazu serviert. Und wer nach Luft schnappt, kann seine Geschmacksnerven mit *pirão*, einem flüssigen Brei aus Maniokmehl und Sud, der wie Tapetenkleister aussieht und schmeckt, wieder beruhigen.

Xin-xim de galinha ist ein mit Palmöl und Krabben veredeltes Hühnchen, *pato ão tucupi*, Ente in Maniok-Sauce, und *carne seca* oder carne de sol, das schon erwähnte Trockenfleisch, eine Spezialität aus dem Nordosten. Die Süßspeisen, die wahrlich ihren Namen verdienen, sind meist mit viel *Cocos* und frischen tropischen Früchten veredelt. Bei Gerichten aus dem Amazonas-Gebiet handelt es sich in der Regel um Fisch, *Piranhas* zum Beispiel, die ganz ausgezeichnet schmecken.

■ **ARATACA,** Rua Dias Ferreira 135, Leblon, Tel. 274-1444 und Rua Figueiredo Magalhaes 28, Copacabana, Tel. 255-7448, täglich 11–2 Uhr.

Echte brasilianische Küche aus dem Norden und Nordosten. Wie wäre es mit Fischen aus Para *(pirarúcu, surubim und tucunare)* oder Hühnchen *(galinha cabidela)*, *caranguejo*, das sind Krebse oder *carne de sol*. Lohnt sich sehr, wenn man kulinarisch Mut besitzt.

■ **ARCO DA VELHA,** Praça Cardeal Camara 132, Centro, Tel. 252-0844, Mo bis Sa ab 12 Uhr, bis zum letzten Gast.

Gerichte aus dem Amazonas-Gebiet wie *moqueqa de pescada amarela do Amazonas*, ein Fischeintopf, oder das klassische bahianische Krabbengericht *bobo de camaroes*.

■ **BAR DO ARNAUDO,** Rua Almirante Alexandrino 316, Santa Teresa, Tel. 252-7246, Di bis So 11.30–23 Uhr.

Sehr authentisch, was die Barbesitzer, das Ehepaar Georgina und Arnaudo, hier an Gerichten aus dem Nordosten auftischen. Das Trockenfleisch holen sie von Zeit zu Zeit persönlich im Staat Pernambuco ab.

■ **BELEM DO PARA,** Avenida Franklin Roosevelt 84, 3. Stock, Centro, Tel. 220-7092, Mo bis Fr 11–22.30 Uhr.

Spezialitäten wie *pato tucupi, pirarúcu* und *tucunare* aus dem Staate Para werden in Form eines gewaltigen *Buffets* serviert. Am Mittag oft mit Piano-Musik.

CHURRASCO

Fleischliebhaber werden in Brasilien auf ihre Kosten kommen. Die Portionen sind gigantisch, die Qualität hervorragend, die Zubereitung frisch vom Grill. Kein Wunder also, daß sich in Rio eine Unzahl Restaurants, *Churrascarias*, niedergelassen haben, die Fleisch pur servieren, durch jede Menge „Grünfutter" angereichert. Mit *bife*, dem Rindersteak, kann man nicht fehlgehen, *file mignon* ist das Filet, wie wir es kennen. Sehr rot gelangt es auf den Tisch, wenn man es *mal passado* bestellt, medium heißt *ão ponto* und *bem passado* ist gut durchgebraten. *Frango*, Huhn, und *Peru*, Truthahn, werden ebenfalls vom Grill angeboten.

Das *Rodizio* ist die beliebteste Form der Fleischschlemmerei und der Gaucho-Tradition in Argentinien und dem Süden Brasiliens abgeguckt. Spieße mit riesigen Fleischbrocken werden von Tisch zu Tisch getragen, jeder läßt sich abschneiden, was ihm behagt. Und damit alles schön heiß und knusprig bleibt, werden die Fleischberge zwischendurch stets frisch nachgegrillt. Meist beginnt das Mahl mit gegrillten Würsten und gebackenen Bananen. Denen folgen Hühnerleber und Schenkel vom Hähnchen. Erst dann beginnt das große Fressen: Braten, Rücken-, Hals- und Lendensteaks, mal Schwein, mal Rind, mal Lamm. Ein Tip zur richtigen Dosierung des Appetits: Das Beste wird zum Schluß gebracht: das Entrecote, das Filet. Es ist überhaupt keine Schande, sich nur von diesem reichen zu lassen, so man will, und aufgehört wird erst, wenn Sie ermattet die Gabel sinken lassen.

Churrascarias sind beliebte Treffpunkte für größere Freundeskreise. Manchmal können nach dem Essen die Kalorien gleich wieder abgetanzt werden. Allein den Cariocas beim Tanzen zuzusehen ist eine Freude: Der Enthusiasmus, die Lebensfreude! Abgesehen von den ganz jungen Disco-Fans, die auf dem Ego-Trip solo vor sich hinhüpfen, ist Tanz in Rio ein Fall für zwei. Immer sehr eng, mit elaborierten Tanzschritten, mit viel Rhythmus und noch mehr Gefühl. In Rios altmodischen Tanzsälen, *Gafieiras* genannt, wird dieser Stil gehegt und gepflegt, auf dem sonntäglichen Markt der Nordzone ebenfalls. Und wenn Sie in den Nordosten Brasiliens kommen, werden Sie dieser Tanzart in allen Restaurants und auf allen Plätzen begegnen. Einige wenige Restaurants dieser Art findet man auch noch in Rio. Leider werden immer mehr Churrascarias in moderne, tiefgekühlte Säle verwandelt, denen der typische Gaucho-Atmosphäre weitgehend verloren gegangen ist. Das Fleisch wurde dadurch nicht besser, nur teurer.

Darum mein Tip: Die traditionellen Häuser sind die besten!

■ **CHURRASCARIA CRUZEIRO DO SUL,** Avenida Afrânio de Mello Franco 131, Leblon, Tel. 239-4491 und Avenida Nestor Moreira 42, Botafogo, Tel. 295-2347, täglich 11–24 Uhr. Churrascaria-Kette. Serviert wird nach dem Rodizio-Prinzip. Groß und unpersönlich, aber REELLE PREISE.

■ **CHURRASCARIA ESTRELA DO SUL,** Avenida Maracaná 649, Maracaná, Tel. 254-0630, Avenida Nestor Moreira, Botafogo, Tel. 295-0970 und Avenida das Américas 2100, Barra da Tijuca, Tel. 325-3748, täglich 11–24 Uhr.

Größte Kette der Rodizio-Restaurants und wie immer, wenn es um Fleisch geht: beachtenswert GÜNSTIGE Preise.

■ **CHURRASCARIA PALACE,** Rua Rodolfo Dantas 16, Copacabana, Tel. 541-6748, täglich 11–2 Uhr.

EDEL-GRILL, in dem auch der unterhaltende Teil nicht zu kurz kommt. Bei Touristen sehr beliebt.

■ **CHURRASCARIA SERTÃO GAUCHO,** Rua da Quitanda 49, Centro, Tel. 242-1755, Mo bis Fr 11–16 Uhr.

Bis in den Nachmittag hinein NON-STOP Barbecue zu mäßigen Preisen.

■ **CHURRASCARIA TAPERA,** Rua da Quitanda 61, Centro, Tel. 242-5265, Mo bis Fr 11–15.30 Uhr.

Langer, schmaler Saal; WEISSGE-DECKTE TISCHE, zwischen denen die gestreßten Kellner mit ihren langen Spießen hin und her eilen. Gut für den Mittag.

■ **GAUCHA,** Rua das Laranjeiras 114, Laranjeiras, Tel. 245-2665, täglich 11–1 Uhr.

Altes, traditionreiches Haus, das seit fast 50 Jahren existiert. Gutes *Rodizio*, es darf GETANZT werden.

■ **JARDIM,** Rua República do Peru 225, Copacabana, Tel. 235-3263, täglich 11–1.30 Uhr.

Eine der ältesten Churrascarias mit reicher Auswahl und schönem SALAT-BUFFET; am Abend mit Musik.

■ **MARIU'S,** Avenida Atlântica 290, Leme, Tel. 542-2393, täglich 11–2 Uhr.

Nicht das billigste, dafür aber das BELIEBTESTE und bekannteste Restaurant dieser Art in ganz Rio. Das Fleisch

und die gereichten Beilagen sind ausgezeichnet. Das Alleinsein müssen sie auch nicht fürchten – 333 andere Gäste werden Ihnen Gesellschaft leisten. Schöne Aussicht auf den Strand von Copacabana.

■ **PORÇÃO,** Rua Barão da Torre 218, Ipanema, Tel. 521-0999 und Avenida Armando Lombardi 591, Barra da Tijuca, Tel. 399-3157, täglich 11–2 Uhr.

Sehr beliebte Kette des Rodizio-Systems. Die Preise liegen im Rahmen. Ein Besuch lohnt allein schon deshalb, weil die ganze Angelegenheit in höchstem Maße ZELEBRIERT wird.

■ **RINÇÃO GAUCHO,** Rua Maeques de Valenca 83, Tijuca, Tel. 284-5889, täglich 11–2 Uhr.

Mehr als 1500 Gäste finden in diesem riesengroßen Restaurant mit vier Sälen Platz. Zwar ist es teuer und überklimatisiert, aber amüsant, denn zum abendlichen Dinner werden Show und Tanz geboten.

■ **STEAK HOUSE,** Rua Buenos Aires 20, Centro, Tel. 263-5565, Mo bis Fr 12–4 Uhr.

All die gehetzten Jungmanager treffen sich hier zum „Grillierten", aber die Atmosphäre ist nett und das Essen gut.

■ **STEAK PLACE,** Rua do Rosário 110, Centro, Tel. 263-1423, Mo bis Fr 11.30–16 Uhr.

Ebenfalls typischer Treffpunkt während der MITTAGSZEIT für alle, die sich bei Steak und Salat gesund ernähren wollen.

INTERNATIONAL-BRASILIANISCH

Die sogenannte internationale Küche ist auch in Rio die am meisten verbreitetste. Trotzdem – und das ist gut so – kann sie eine gewisse brasilianische Färbung nicht verleugnen. Dafür sorgen allein schon die landesüblichen Beilagen: Reis, Bohnen, Kartoffeln, und das nie zu knapp. Das Teilen von Portionen ist darum durchaus Landessitte. In den meisten Restaurants wird Ihnen das *Couvert optional* angeboten. Neben Brot gehören Oliven, Wachteleier, vielleicht auch Sardellen, Fischbällchen, Pastetchen oder ein paar Salamischeiben dazu. Das ist kein Muß, überbrückt jedoch auf angenehme Weise die Wartezeit.

Normalerweise findet man auf der Menükarte *(cardapio)*: Fleisch *(carnes)*, Fisch *(peixe)*, Geflügel *(aves)*, Suppen *(sopas)*, Salat *(salada)*, Beilagen *(guarnicoes)* und Desserts *(sobremesas)*.

Vor allem in den einfacheren Restaurants und erst recht in den zahlreichen *Botequims* werden Sie ein reichhaltiges Angebot an *petiscos* oder *tira-gostas* finden, sogenannte Kleinigkeiten oder Appetithäppchen, die aber durchaus magenfüllend sind. Für mich sind Petiscos der interessanteste Teil der brasilianischen Speisekarte, denn da gibt es ganz erstaunliche Sachen.

Casquinha de Siri zum Beispiel, Krebspanzer, die mit einer Mischung aus Krebsfleisch, Mehl, Knoblauch und Zwiebeln gefüllt sind. *Manjubinha* sind winzige frittierte Fischchen, die mit Kopf und Schwanz verzehrt werden. *Lulas*, Tintenfisch, gibt es *ão vinagrette*, in Essig, oder frittiert. *Patola de carangue-*

jo sind frittierte Krebs-Scheren, *coração de galinha* Hühnerherzchen am Spieß und *frango a passarinho* Hühnerstückchen mit viel Öl und Knoblauch. *Molho tartaro*, Tartarsauce, wird auf Wunsch dazu serviert. Die paßt besonders gut zu *bolinho de bacalhau*, gebackenen Kabeljaubällchen, die gern zum Bier vernascht werden. Ein Vermögen kann man dabei nicht ausgeben. Für fünf Dollar lernt man schon eine Menge Petiscos kennen, das nötige Bier ist dabei inbegriffen.

Das beste an *Botequims*, den Pendants zu den Pariser Bistros, ist die gelöste Atmosphäre. Wer am Leben der Cariocas Anteil haben möchte, ist hier am richtigen Platz. Da es stets recht lautstark und ungezwungen zu- und hergeht, machen Einheimische sich mit einem feinen Zischen durch die Zähne beim Kellner bemerkbar, das sich anhört wie „Psiu". Das findet man hier dezenter und effektvoller als jedes Hallo, Fingerschnippen oder sonstiges Herumfuchteln. Andere Länder, andere Sitten.

BOTEQUIMS, PETISCOS, TIRA-GOSTAS

■ **ALBERICO'S,** Avenida Vieira Souto 236, Ipanema, Tel. 267-3793, täglich 11 – 3 Uhr. Tolle Lage direkt am Strand von Ipanema, Touristen schätzen den **SONNENUNTERGANG** hier ebenso wie die Jugend von Ipanema, die auf ihren Töffs angerauscht kommt. Am Sonntagnachmittag stets brechend voll. Petiscos wie *lulas a doré* und *T-Bone-Steaks* sind empfehlenswert. In der Touristensaison eher teuer.

Beliebt ist das Botequims Alberico's am Strand von Ipanema (oben). In der Nordzone (Vila Isabel) sollten sie unbedingt im Petisco da Vila essen (unten).

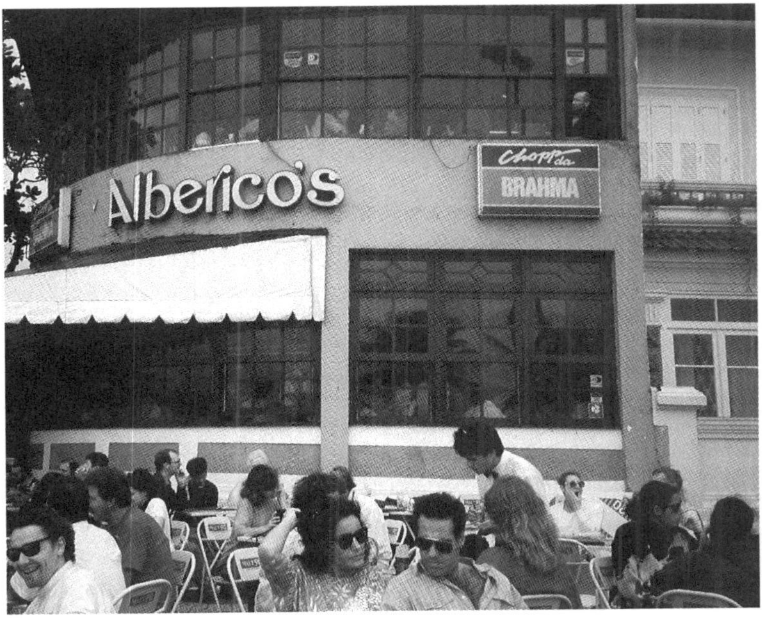
Alberico's
Chopp da
BRAHMA

PETISCO DA VIL
Chopp da
PETISCO
da Vila
PEPSI
BRAHMA

■ **BAR LUIZ,** Rua da Carioca 39, Centro, Tel. 262-1979, Mo bis Sa 10 – 24 Uhr.

Die älteste Bar in Rio wurde vom Deutschen Adolf Rumjanek vor mehr als hundert Jahren gegründet. **DEUTSCHE** Eßkultur hat sich bis heute – wenn auch leicht abgewandelt – gehalten. Gut für ein Bier mit Würstchen und Kartoffelsalat.

■ **BAR E RESTAURANTE SIRI,** Rua dos Artistas 2, Vila Isabel, Tel. 208-6165, täglich 11 – 1 Uhr.

Viele Petiscos aus Meeresfrüchten; die feinen gefüllten *Siris* sind stadtbekannt. Bei schönem Wetter sitzt man an der Straße. Immer viel **TRUBEL.**

■ **BARRIL 1800,** Avenida Vieira Souto 110, Ipanema, Tel. 287-0085, täglich 10 – 3 Uhr.

Touristen sind immer wieder erstaunt, wie groß die *picanha*, ein Rumpsteak, hier ist und fotografieren noch und noch ihre vollen Teller. Gut sind auch *tira-gostos* und schön ist der Blick von der Veranda auf den Strand von Arpoador.

■ **BOTEQUIM 184,** Rua Visconde de Caravelas 184, Botafogo, Tel. 266-0437, täglich 11 – 2 Uhr.

TRADITIONELLES Boutequim. Serviert wird drinnen und draußen im ziemlich dunklen Garten. Viel Publikum aus der Gegend.

■ **CACULA DE IPANEMA,** Avenida Henrique Dumont 85, Ipanema, täglich 6 – 22 Uhr.

Die frühere *Bar 20* zieht immer noch jede Menge Leute an, die schnell auf ein Bier mit Zwiebelfleisch, Fischsuppe oder Bohnen mit Reis unter Freunden aus der Nachbarschaft zusammen sein

wollen. *Sehr günstige Preise.*

■ **CANECO 70,** Avenida Delfim Moreira 1026, Leblon, Tel. 294-1180, täglich 10 – 4 Uhr.

Hier genießt die Jugend von Leblon abends den Meeresblick. Im Parterre werden Petiscos, Bier und Caipirinha serviert, auf der Veranda im ersten Stock ist für solche, die ein komplettes Menü bestellen wollen, reserviert.

■ **GAROTA DE IPANEMA,** Rua Vinicius de Morais 49A, Ipanema, Tel. 267-8787, täglich 11 – 3 Uhr.

Das Essen ist hier nicht das wichtigste, eher die **STIMMUNG,** die immer noch so animierend ist wie damals, als Vinicius Morais das *Mädchen von Ipanema* besang.

■ **JANGADEIRO,** Rua Teixeira de Melo 53, Ipanema, Tel. 227-7065, täglich ab 11 Uhr bis zum letzten Gast.

Ein Botequim, das schon viele brasilianische **PROMINENTE** gesehen hat: Getúlio Vargas, Leila Diniz, Carlos Lacerda. Viel Bier fließt, dazu gibt es Salami- und Käsehäppchen, aber auch Pizza.

■ **LUNA BAR,** Avenida Ataulfo de Paiva 994, Leblon, Tel. 294-2113, täglich 11 – 6 Uhr.

Hier kommt man nach durchtanzter Nacht auch noch im **MORGENGRAUEN** zu einem Bier und einer Kleinigkeit für den Magen. Gut sind *lulas* und *steak tartar.*

■ **NOGUEIRA,** Rua Ministro Viveiros de Castro 15, Copacabana, Tel. 275-9848, täglich 11 – 4 Uhr.

Ebenfalls geeignet für **NACHTSCHWÄRMER,** die in aller Herrgottsfrühe noch etwas zu sich nehmen wollen.

▶
Im Albamar werden nur Fischspezialitäten serviert (oben).
Die älteste Bar von Rio: Bar Luiz. Brasilianische Atmosphäre inbegriffen (unten).

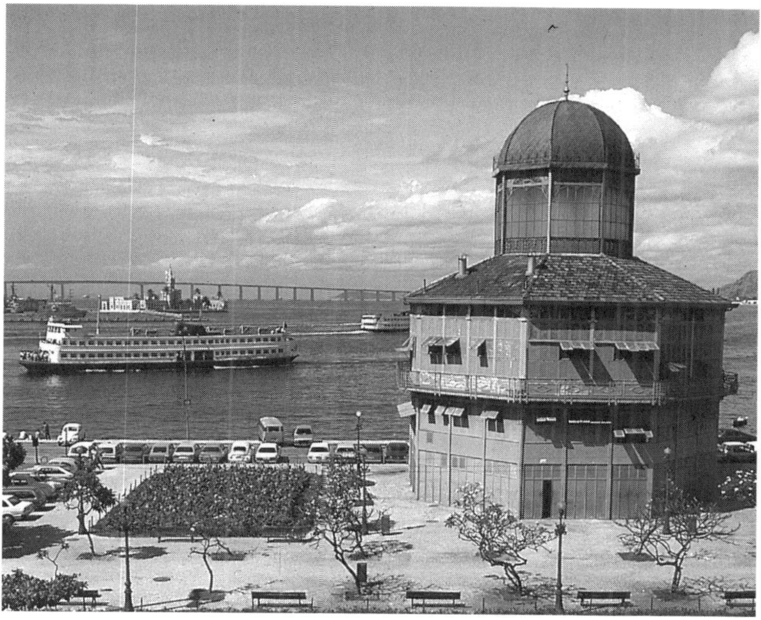

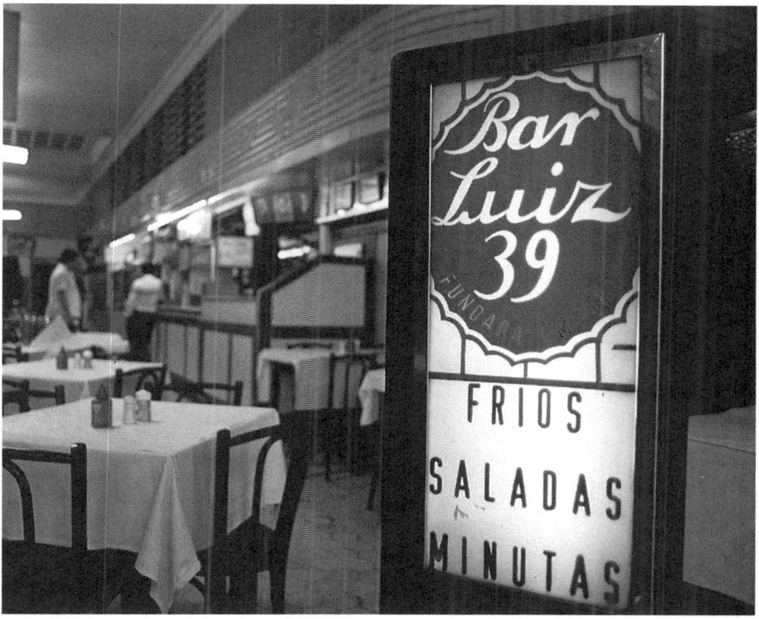
Bar Luiz 39
FRIOS
SALADAS
MINUTAS

◼ **PETISCO DA VILA,** Avenida 28 de Setembro 238, Vila Isabel, Tel. 258-5652, täglich 10−3 Uhr, Fr und Sa bis 4 Uhr.

Sehr traditionsreiches und STIMMUNGSVOLLES Botequim in der Nordzone. Zu Vor-Karnevalszeiten treffen sich hier die Mitglieder der *Sambaschule Vila Isabel* nach ihren Übungen. Um 2 Uhr nachts herrscht immer noch unglaubliches Leben. Und obwohl gut sichtbar geschrieben steht: *Proibido cantar e batucar!* (Singen und jede Art von Rhythmus schlagen ist verboten!) − da sich das Lokal in einer Wohnzone befindet − schert sich eigentlich niemand drum. Große Auswahl an Petiscos.

TEURE UND SCHICKE

◼ **LE BEC FIN,** Avenida N.S. de Copacabana 178, Copacabana, Tel. 542-4097, täglich 20−2 Uhr.

Luxuriös, traditionell und mit klassischem französischem Menü. Eines der *nobelsten* Restaurants der Stadt. Die schlichte Fassade des Hauses könnte zu falschen Schlüssen verleiten.

◼ **CLAUDE TROISGROIS,** Rua Custodio Serrão 62, Jardim Botânico, Tel. 226-4542, Mo bis Sa 19.30−0.30 Uhr.

Einer der ganz großen französischen Küchenchefs, der in Rio sein eigenes Restaurant eröffnet hat und seine Heimatküche mit brasilianischem Marktangebot aufs Feinste verbindet.

◼ **CLUBE GOURMET,** Rua General Polidoro 186, Botafogo, Tel. 295-3494, Mo bis Fr 12−15 und 20−1.30 Uhr, Sa 20−1.30, So 12−15 Uhr.

Besitzer José Hugo Celidonio wagt das Originelle und präsentiert eine Küche, die das beste von Frankreich und Brasilien miteinander verbindet. Entspannte bis lässige Atmospäre zeichnet das Restaurant aus, das Servicepersonal nimmt das bisweilen zum Nennwert.

◼ **LAURENT,** Rua Dona Mariana 209, Botafogo, Tel. 266-3131, Mo bis Sa 12−15 und 20−1 Uhr.

Für die meisten Gourmands ist es schlichtweg das *beste* in Rio. Nicht zuletzt wegen Küchenchef *Laurent Suaudeau*, Franzose selbstverständlich, der schon andernorts mit viel Erfolg den Kochlöffel schwang. Rios *Gourmettempel* kann mit den weltbesten durchaus mithalten. Was es gibt? Keine Frage, *nouvelle cuisine* natürlich! Dem ohnehin schon schönen Haus wurde ein prachtvoller Patio angehängt.

◼ **LE SAINT-HONORÉ,** Hotel Meridien, Avenida Atlântica 1020, Copacabana, Tel. 275-9922, Mo bis Sa 12−15 und 20−24 Uhr.

Paul Bocuse kocht zwar nicht höchstpersönlich, aber das Restaurant steht unter seiner Leitung. Dementsprechend wird *französische nouvelle cuisine* der ganz feinen Art bereitet. Zudem ist die Aussicht vom 37. Stock allein einen Besuch wert. Wer einmal fein tafeln möchte, ohne allzu tief in die Tasche langen zu müssen: *Über Mittag gibt es ein feines Busineß-Menü zu durchaus akzeptablem Preis.*

◼ **LE STREGHE,** Rua Prudente de Morais 129, Ipanema, Tel. 287-1369, täglich 19.30−2 Uhr.

Obwohl es so etwas wie *nuova cucina italiana* nicht gibt, wäre dies die richtige Bezeichnung für die leichten und feinen italienischen Gerichte, die aufgetischt werden. Zweifellos das beste italienische Restaurant der Stadt. In diesem Lokal ist es so licht und frisch, wie man es sich für tropische Sommerabende wünscht.

FRANZÖSISCH

■ **LES CHAMPS ELYSÉES,** Avenida Antonio Carlos 58, Centro, 220-4129, Mo bis Fr 12 – 17 Uhr.

Der Name spricht für sich: Dies ist eines der schönsten Restaurants im Centro, vor allem wegen der Aussicht über Rios Dächer bis zum Zuckerhut. Gut geeignet für ein eher luxuriöses Mittagessen, allerdings *ziemlich teuer.*

■ **LE PETIT PARIS,** Avenida Sernambetiba 6250, Barra da Tijuca, Tel. 385-5776, Di bis Sa 20 – 1 Uhr, So 12 – 15 Uhr.

Klein und unauffällig, aber in toller Lage, direkt am Strand von Barra; sehr gute Pariser Bistro-Küche.

■ **SABOREAR-TE,** Avenida Bartolomeu Mitre 297, Leblon, Tel. 511-1345, täglich 20 – 1.30 Uhr, So auch 12 – 15 Uhr.

Zweistöckiges, kleines Restaurant im Bistro-Stil, das von Bewohnern der Gegend sehr gern besucht wird.

ITALIENISCH

■ **ALFREDO DI ROMA,** Hotel Intercontinental, São Conrado, Tel. 322-2200, täglich 12 – 15 Uhr und 19.30 – 23.30 Uhr.

Die *Pasta* steht der im Original-Alfredo in Rom nicht viel nach. Die Atmosphäre ist, naja, eben Interconti – mit Swimmingpool vorn und schönen Bergen hinten.

■ **BARONI FASOLI,** Rua Jangadeiros 14, Ipanema, Tel. 287-9592, täglich 12 – 2 Uhr.

Von Frutti di mare bis Spaghetti ist alles zu haben, echt italienische Küche bei mittlerer Preislage.

■ **ENOTRIA,** Rua Constante Ramos 115, Copacabana, Tel. 237-6705, Mo bis Sa 20 – 2 Uhr.

Gute norditalienische Küche, ziemlich teuer; sehr kleines Restaurant mit nur 40 Plätzen. *Bier* gibt es nicht zum Essen.

■ **GROTTAMARE,** Rua Gomes Carneiro 132, Ipanema, Tel. 287-1596, täglich 12 – 2 Uhr.

Laute Ecke, aber empfehlenswert für Fischgerichte vom Grill.

■ **LA MOLE,** Avenida N.S. de Copacabana, 552, Copacabana, Tel. 235-3366,

Rua Dias Ferreira 147, Leblon, Tel. 294-0699,

Praia de Botafogo 228, Botafogo, Tel. 551-9499,

Rua Armando Lombardi 175, Barra da Tijuca, Tel. 399-0625, täglich 11 – 2 Uhr.

Stadtbekannte Kette für *preiswerte* italienische Mahlzeiten. La Mole-Restaurants gehören zu den beliebtesten in Rio.

■ **SATIRICON,** Rua Barão da Torre 192, Ipanema, Tel. 521-0627, Mo bis Sa 20 – 2 Uhr, So 12 – 15 Uhr.

Das italienische Angebot wird durch Meeresfrüchte ergänzt. *Vernünftige Preise,* wenn man die hervorragende Qualität in Betracht zieht. *Lohnt sich.*

■ **VIA FARME,** Rua Farme de Amoedo 47, Ipanema, Tel. 227-0743, täglich 12 – 2 Uhr.

Eines meiner Lieblingsrestaurants, obwohl der Service mit zunehmendem Bekanntheitsgrad leicht gehetzt wirkt. Doch der Salat mit hausgemachtem Essig und Öl ist wirklich super, ebenso das Filetsteak. Gute Pasta, wenn auch zu üppig.

Pizzerien:
Pizzerien erfreuen sich in Rio sehr großer Beliebtheit. Ihr Angebot − Pizza nämlich − ist von erstaunlicher Vielfalt. Viele Restaurant-Ketten haben sich auf die runde Eßkultur spezialisiert. Oft kann man das Gewünschte auch mitnehmen. Zu eigen ist allen, daß *die Preise sehr günstig sind,* und das Gebotene ist zumindest magenfüllend.

■ **BAR LAGOA,** Avenida Epitácio Pessoa 1674, Lagoa, täglich 19 − 2 Uhr.
Beliebte Bar bei den jungen Cariocas, die schnell auf ein eiskaltes Bier und eine Pizza „hineinschneien".

■ **BELLA BLU,** täglich 11 − 3 resp. 4 Uhr. Rua Siqueira Campos 107, Copacabana.
Rua General Urquiza 102, Leblon.
Rua da Passagem, Botafogo.
Rua Pinto de Figueiredo 83, Tijuca.
Schnell gut und billig. Den höchsten Standard hat die Filiale in Botafogo.

■ **BELLA ROMA,** täglich 11 − 2 oder 4 Uhr. Avenida Atlântica 928, Leme.
Rua General Gois Monteiro 18, Botafogo.
Rua Uruguai 219, Tijuca.

■ **CANTINA CALABRESA,** Rua Real Grandeza 264, Botafogo, täglich ab 11 Uhr bis zum letzten Gast.
Italienische Teigwaren und Pizze, die weit herum beliebt sind.

■ **LAZANHA VERDE,** Rua Dias Ferreira 559, Leblon, täglich 11 − 21 Uhr.
Traditionelle italienische Pizzeria (seit über 30 Jahren); Teigwaren, Pizzas und ein paar andere einfache Gerichte. Die Pizza kann man auch *Mitnehmen.*

■ **PIZZA PALACE,** Rua Barão da Torre 340, Ipanema, 11 − 6 Uhr.
Bestens geeignet für Nachtschwärmer.

PORTUGIESISCH

■ **ADEGA DE VALENTIM,** Rua da Passagem 178, Botafogo, Tel. 295-2748, täglich 11 − 1 Uhr.
Portugiesische Hausmannskost, die großen Applaus verdient. Die *vernünftigen Preise* können sich gleichfalls sehen lassen.

■ **ADEGÃO PORTUGUES,** Campo de São Cristóvão 212, São Cristóvão, Tel. 580-8689, täglich 11 − 23 Uhr.
Obwohl von Spaniern geführt, könnte es authentischer nicht sein. Der *bacalhau ão Zio do Pipo,* Schellfisch, ist unter Einheimischen, die die portugiesische Fischküche schätzen, mindestens eine kleine Reise wert. Das Restaurant selbst verströmt die Atmosphäre einer gutbürgerlichen, portugiesischen Küche: weißgedeckte Tische, blaugekachelte Wände. Irgendwo plärrt ein Fernseher, vor dem sich die müden Kinder die Augen wischen, während die Alten laut schwadronieren und tafeln.

■ **ANTIQUARIUS,** Rua Aristides 19, Leblon, Tel. 294-1049, täglich 12 − 2 Uhr.
Eines der berühmtesten Restaurants in ganz Rio, besonders für *bacalhau,* das bestbekannte portugiesische Fischgericht, das in vielen Variantionen serviert wird. Immer furchtbar überfüllt.

■ **A LISBOETA,** Rua Frei Caneca 7, Centro, Tel. 232-2611, Mo bis Sa 10 − 21, So 10 − 18 Uhr.
Ob frittierte Kabeljau-Bällchen, ein Glas Wein und Oliven oder das vollständige Mahl mit Forellen, Reis und Kartoffeln: immer vorzüglich, sehr authentisch und *sehr preiswert*.

■ **PENAFIEL,** Rua Senhor dos Passos 121, Centro, Tel. 224-6870, Mo bis Fr 11 − 16 Uhr.
Ein Schmuckstück im Herzen von Rio mit sehr guter portugiesischer Küche. Ideal für ein Lunch in der Stadt, denn abends ist das Restaurant geschlossen.

SPANISCH

■ **EL CORDOBES,** Avenida Borges de Medeiros 3207, Lagoa, Ende Botafogo, Tel. 246-7431, Mo bis Sa 12 − 2 Uhr.
Selbstverständlich gibt es Paella, aber auch andere spanische und internationale Spezialitäten. *Ziemlich hohe Preise.*

■ **EL FARO,** Avenida Atlântica 3806, Copacabana, Tel. 267-1128, täglich 11 − 4 Uhr.
Der Service ist nicht besonders charmant und gefällig. Hingegen ist die Paella anständig und die Preise sind *günstig*.

■ **FAROL DO LEME,** Avenida Atlântica 974, Leme, Tel. 275-0246, täglich 12 − 2 Uhr.
Schinken mit Melone, gegrillte Seezunge und andere *katalanische* Spezialitäten, mit Charme serviert. Mittlere Preise.

■ **FIM DE TARDE,** Rua Miguel Couto 105, Centro, Tel. 263-9986, Mo bis Fr 11 − 21 Uhr.
Pescado de cazuela, Fische im eigenen Saft, sind ganz klar der Renner des Hauses. Die Gäste fühlen sich wie in Madrid.

■ **EL PESCADOR,** Praça São Conrado 20, São Conrado, Tel. 322-0151, täglich 12 − 1 Uhr.
Spanisches Restaurant der gehobenen Klasse mit entsprechenden Preisen.

■ **SHIRLEY,** Rua Gustavo Sampaio 610, Leme, Tel. 275-9013, täglich 12 − 1 Uhr.
Kleines, unprätentiöses spanisches Restaurant, das ganz ausgezeichnete Meeresfrüchte serviert. Reservieren kann man nicht, aber die Warteschlange ist endenwollend. *Es lohnt, sich einzureihen.*

JAPANISCH

Wer noch nie japanisch gegessen hat, sollte es hier probieren, denn die Preise machen es möglich; es sei denn, man reist weiter nach São Paulo, wo die Auswahl an japanischen Restaurants − wegen der dort ansässigen Kolonie − ungleich größer ist. Wer die japanische Küche kennt, ist sicher vernarrt in die delikate, frische und leichte Kost und wird sich über Rios Angebot freuen.

■ **MARIKO,** Caesar Park Hotel, Avenida Vieira Souto 460, Ipanema, Tel. 287-3122, Mo bis Sa 11.30 − 15 und 18 − 1 Uhr.
Voilà, das ist sie − *die beste Sushi-Bar* in ganz Rio. Natürlich werden neben Sushis auch andere japanische Gerichte serviert. Nicht billig, aber auch noch nicht so teuer wie bei uns.

■ **MIAKO,** Rua do Ouvidor 45, Centro, Tel. 222-2397, Mo bis Sa 11.30−15 und 18−22 Uhr.

Kalligraphien, schneebedeckte Vulkane, vollblühende Kirschbäume: Kein japanisches Klischee wurde in der Dekoration des Restaurants ausgelassen. Nichtsdestotrotz − gute japanische Küche, vor allem am Mittag viele Gäste, und sehr empfehlenswerte Sushi-Bar. *(Sushis* sind übrigens die kleinen mundgerecht zubereiteten Häppchen aus gesäuertem Reis mit rohem Fisch und Seetang). Mittlere Preise.

■ **SHO-GUN,** Rua do Rosário 102, Centro, Tel. 252-1438, Mo bis Fr 11−15 Uhr.

Roher Fisch, *Sashimis* und *Sushis*, in ausgezeichneter Qualität, allerdings nur über Mittag; dafür zu *unschlagbaren Preisen.*

■ **SUKIYAKI,** Rua Capitão Resende 350, Méier, Tel. 281-9992, Mo bis Fr 12−15, 18−23 Uhr, Sa und So 12−23 Uhr.

Tempura, Sukiyaki und weitere japanische Köstlichkeiten. Recht günstige Preise, da in der Nordzone gelegen.

■ **SUSHI-DO,** Rua General Góis Monteiro 128, Botafogo, Tel. 275-1646, täglich 19−2 Uhr.

Neues Paradies für Sushi-Liebhaber, jenen klebrigen Essigreishappen, mit Meeresfrüchten oder Fisch belegt. 30 SORTEN bietet Sushi-Mann Eije Yoshida an, der im zarten Alter von elf Jahren nach Brasilien kam. In den Bundesstaat Paraná zuerst, später machte er ein Restaurant in São Paulo auf. Seit kurzem ist er nun in Rio. Die berühmten japanischen Suppen *soba, lamen, udon* gibt es im Sushi-do natürlich auch. Ebenfalls die japanischen Klassiker *Tempura,* frittierten Fisch oder Gemüse sowie *Sashimi,* rohen Fisch.

■ **TATSUMII SUSHI-BAR,** Rua Dias Ferreira 256, Leblon, Tel. 274-1342, So bis Fr 15−2 Uhr.

Alles, was japanfreundliche Gaumen und Mägen begehren könnten. Mittlere Preise.

DEUTSCH, ÖSTERREICHISCH, SCHWEIZERISCH

Mich hat es nie nach Würstchen, Eisbein, Geschnetzeltem, Rösti oder gar Fondue gelüstet. Trotzdem seien der kulinarischen Heimwehgemeinde ein paar Zeilen gewidmet.

■ **ALT-MÜNCHEN,** Rua Dias Ferreira 410, Leblon, Tel. 294-4197, Di bis So 11−15 und 18−3 Uhr.

Eine Mischung aus deutscher und Schweizer Kost inklusive Käse-Fondue. Leute „germanischer Abstammung", die in Rio leben, schwärmen vom Alt-München.

■ **CASA DA SUIZA,** Rua Candido Mendes 157, Gloria, Tel. 252-5182, Mo bis Fr 12−15 und 19−24 Uhr, Sa und So nur 19−24 Uhr.

Sehr steif, sehr gut − also alles wie zu Hause.

■ **GASTHAUS,** Rua Sete de Setembro 63, Centro, Tel. 242-1633, Mo bis Fr 11−21 Uhr.

Gepökeltes, Geräuchertes, Gebratenes; alles aus deutschen Landen.

■ **FRANKFURTER HAUS,** Rua Teófilo Otoni 102, Centro, Tel. 253-6025, Mo bis Fr 11−16 Uhr.

Hier gibt es *arenques marinados,*

Bücklinge, marinierte Heringe, die an die Zeiten der Buddenbrooks erinnern.

■ **LE MAZOT,** Rua Paula Freitas 31, Copacabana, Tel. 255-0834, täglich 12–2 Uhr.

Für ganz kühle, regnerische Wintertage, die es in Rio im Juli auch gibt, ein geeigneter Ort, denn hier ist es warm und gemütlich. Das *Fondue* ist gleichfalls wärmend. Ansonsten gibt es gehobene schweizerische und französische Küche zu eben solchen Preisen.

■ **SUPPENTOPF,** Avenida Princesa Isabel 350, Copacabana, Tel. 275-1896, täglich 12–3 Uhr.

Da das Restaurant mitten im Rotlichtbezirk von Copacabana liegt, hat sich der Suppentopf auch den Namen *Nuttentopf* eingehandelt. Viele Nordeuropäer schauen auf ein Bier oder ein Paar Würstchen herein.

EXOTEN

■ **DELICAT'S,** Avenida Henrique Dumont 68, Ipanema, Tel. 274-0242, Mo bis Sa 10–18 Uhr.

Täglich wechselnde ISRAELISCHE Spezialitäten, natürlich alles *kosher*. *Sehr preiswert.*

■ **HELSINGOR,** Avenida General San Martin 983, Leblon, Tel. 294-0347, Di bis Sa 18–1 Uhr, So 12–1 Uhr.

Leichte Häppchen und Fisch auf DÄNISCHE Art. Am Sonntag mittag findet ein stadtbekanntes *Smorgasbord* mit über 50 Zutaten statt.

■ **LAGOA CHARLIE'S,** Rua Maria Quiteria 136, Lagoa, Tel. 287-0335, täglich 19–2 Uhr.

In-Spot für die gutbetuchte Carioca-Jugend, die zur Abwechslung mal MEXIKANISCH essen möchte. Ziemlich arroganter Service. Aber eine *Sangria* auf der schönen Terrasse lohnt sich allemal.

■ **THE LORD JIM PUB,** Rua Paul Redfern 63, Ipanema, Tel. 259-3047, Di bis Sa 16–1 Uhr, So 11–1 Uhr.

Die typisch BRITISCHE Telefonzelle draußen verrät schon alles. Sehr britisch ist auch das Dartspielen im Parterre beim Bier, und sehr englisch gibt sich gleichfalls das Restaurant in der ersten Etage mit *kidney pie, fish and ships* und dem Afternoon-Tea jeden Nachmittag.

■ **MR. ZEE,** Rua General San Martin 1229, Leblon, Tel. 294-0591, Di bis Sa 20–2 Uhr, So 12–2 Uhr.

CHINESISCHE Restaurants sind in Rio in aller Regel nicht besonders und schon gar nicht vom Standard der japanischen. Mr. Zee ist die Ausnahme. Dafür sind die Preise auch *exorbitant hoch.*

■ **NEAL'S,** Rua Sorocaba 695, Botafogo, Tel. Di bis Fr 12–3 Uhr, Sa bis 4 Uhr.

So AMERIKANISCH wie mitten in Manhattan. Sehr junge und originelle Atmosphäre, nicht zuletzt dank Video. Ungewöhnliche und ellenlange Speisekarte mit allerlei amerikanischem Schnickschnack. *Nicht billig.*

■ **DU NIL,** Rua da Alfândega 375, Centro, Tel. 224-7325, Di bis Sa 11–15 Uhr.

Das beste der ARABISCHEN Restaurants, gut für ein exotisches Mittagessen zu *günstigem Preis.*

■ **RAAJMAHAL,** Rua General Polidoro 29, Botafogo, Tel. 541-6999, täglich 12–15 Uhr und 19–1 Uhr.

INDISCHE CURRIES jeder Schärfe. Von mild, wie es die Cariocas lieben, bis scharf, wie es in Indien üblich ist.

VEGETARISCH

Die Begriffe *vegetarisch, Biokost,* und *makrobiotisch* werden in Rio nicht ganz so eng ausgelegt wie bei uns. Meist gibt es dennoch etwas vom Huhn, Fisch und Pasteten. Die Salat- und Gemüsebuffets sind trotzdem so reichhaltig, daß jeder Körnlipicker auf seine Rechnung kommt.

■ **ASSOCIAÇÃO MACROBIOTICA,** Rua Embaixador Regis Oliveira 7, Cinelândia, Tel. 220-7585, Mo bis Fr 11−16 Uhr, Sa 11−12.30 Uhr.

Der Name sagt alles: Dies ist ein Eldorado für Körnerfreaks.

■ **CELEIRO,** Rua Dias Ferreira 199, Leblon, Tel. 274-7843, Mo bis Sa 10−24 Uhr.

Nicht ganz vegetarisch, weil auch tolle Pasteten erhältlich sind. Das Buffet mit Salaten, Suppen und Gemüsen ist enorm.

■ **HEALTH'S,** Rua Beneditinos 18, Centro, Tel. 253-0433, Mo bis Fr 11−15 Uhr. Ideal für einen leichten Mittagssnack. *Sehr billig und völlig fleischfrei.*

■ **NATURAL,** Rua Barão da Torre 171, Ipanema, Tel. 267-7799, Mo bis So 11.30−23 Uhr, Rua Dezenove de Fevereiro 118, Botafogo, Tel. 226-9898, täglich 11−18 Uhr.

Das Angebot ist Rios Klima durchaus angemessen: Früchte, Salate, Gemüse, Fisch und Geflügel; einfach alles, was gesund ist, auf einem riesigen Buffet angerichtet und zu *sehr günstigen Preisen.*

■ **NATUREZA,** Avenida Almirante Barroso 54, Centro, Tel. 262-5778, Mo bis Fr 11−15 Uhr.

Rein vegetarisch; täglich *budgetschonende* Menüs.

Getränke

BIERE

Brasiliens Bier, *cerveja,* ist der Durstlöscher Nummer eins. Es ist hervorragend, weder so bitter noch so schwer wie in deutschen Landen, trotzdem geschmackvoll − und wird immer eiskalt serviert. Meist wird es direkt vom Faß gezapft, dann ist es ein *Chope,* oder aber in großen Flaschen gebracht. Die gängigsten Sorten heißen *Brahma* und *Antarctica.*

WEINE UND SCHAUMWEINE

Brasiliens Weine, *vinhos,* aus dem südlichen, kühleren Teil des Landes sind zum Essen sehr beliebt und gut, wenn auch bei uns weitgehend unbekannt. Mit den bekannten argentinischen oder chilenischen Weinen können sie nicht konkurrieren. Es gibt weißen, *branco,* *tinto* (Rotwein), und *rosé* ist eben Rosé. *Seco* zeichnet den Wein als trocken aus, *suave* ist weicher, also leicht süßer Wein. *Almaden* und *Forestier* heißen die bekanntesten brasilianischen Weinhersteller.

Weitere klingende Namen für guten brasilianischen Weißen sind: Baron de Lantier, Chateau Chandon, Chateau Duvalier, Clos de Nobles, Cotes de

Blans, Dijon, Katzweine, Liebfrau-milch, Kiedrich Riesling, Wunderwein. Gute Rotweine tragen folgende Bezeichnungen: Baron de Lantier, Cru de la Terre, Dijon, Jolimont, Marjolet, Dom Eudes.

Auch einheimischer *Champagner* ist erhältlich; die beste Marke ist *M. Chandon*, Lizenzmarke aus dem Hause Moët et Chandon sowie *Forestier*. Greville, Dijon, Georges Aubert haben einen guten Ruf.

Gut sortierte Weinhandlungen:
LIDADOR, Rua da Assembléia, Centro.
CASA DI VINHO, Rua Sacadura Cabral 228, Centro.

FRUCHT- UND GEMÜSESÄFTE

Sucos, Fruchtsäfte, in reiner Form nur mit Eis und manchmal etwas Zucker vermischt und *vitaminas*, solche mit Milch gemixt, werden an jeder Ecke in unvorstellbarer Auswahl angeboten. Sie kosten keinen halben Dollar. Exotische Säfte wie *guaraná, goiaba, guave, maracujá, condé, cajú* gibt es, deren Namen gar nicht übersetzbar sind, die man aber alle einmal probieren sollte, denn ihr Aroma ist traumhaft. Uns bekannte Früchte- und Gemüsesorten sind ebenfalls zu haben:

Laranja (Orangen),
melancia (Wassermelonen),
abacaxi (Ananas),
vegetal (Gemüsesaft),
morango (Erdbeeren),
cenoura (Möhren),
beterraba (rote Beete),
mamão (Papaya),

melão (Melone),
limão (Zitrone),
maça (Apfel),
abacate (Avocado),
pâssego (Pfirsich),
manga (Mango).

Mein Tip: Banana com aveia ist ein Milchmixgetränk mit Bananen und Haferflocken und ersetzt mindestens ein Frühstück.

ERFRISCHENDES

Mate, grüner Tee, ist ein beliebtes Gaucho-Getränk aus dem Süden, das wie Tee mit Tabak, also leicht rauchig schmeckt und vor allem am Strand getrunken wird. Die zahlreichen fliegenden Händler kommen mit ihren riesigen Blechtrommeln regelmäßig vorbei und schenken den Tee aus. Man kann auch *halb und halb* bestellen, Tee und Zitronensaft gemischt. Das Getränk ist dann weniger bitter und sehr erfrischend.

Caldo de cana ist Zuckerrohrsaft, der frisch gepreßt und gefiltert angeboten wird. Er ist gar nicht so süß, wie eigentlich zu vermuten wäre. Angeboten wird das Getränk vornehmlich auf Märkten, wo gigantische Zuckerrohrstangen durch die Presse geschoben werden.

Agua de coco, das frische Wasser der Kokosnuß, ist eine weitere Trinkspezialität der Tropen, auf die man nicht verzichten sollte. Die frischen Kokosnüsse werden gekühlt gehalten, bevor die geschickten Verkäuferinnen oder Verkäufer ihnen mit der riesigen Machete einen kleinen Deckel abschlagen, so daß man mit dem Strohhalm den Saft heraussaugen kann. Auf Wunsch öffnet man Ihnen auch die leere Nuß, wenn Sie das glibberige, aber sehr wohlschmekkende Fruchtfleisch herauslöffeln möchten. Kokosnußwasser gibt es in erster Linie an den Stränden. Man sieht die großen Büschel an den Ständen hängen.

Beliebt ist auch ganz normales Mineralwasser, das *agua mineral*, das mit Kohlensäure *(com gaz)* oder ohne *(sem gaz)* gehandelt wird.

Cafezinho, sozusagen der brasilianische Espresso, schließt so gut wie jede Mahlzeit ab. Ungefragt und unberechnet stellt ihn jedes bessere Restaurant auf den Tisch. Cafezinho ist immer sehr stark und sehr süß. Zwischendurch kann man ihn auch in jedem *botequim* im Stehen trinken. *Cafe com leite*, Milchkaffee, wird hingegen praktisch nur zum Frühstück getrunken.

In Rios Zentrum sowie in fast allen anderen Stadtteilen gibt es zudem zahlreiche *Schnellimbisse*, die frisch frittierte *pasteis* anbieten, eine gelungene Mischung aus portugiesischen Pasteten und chinesischen Frühlingsrollen. Pasteis werden mit Käse, Fleisch, Krabben und Palmenherzen gefüllt. Sie sind eine Delikatesse, wenn in frischem Öl frittiert und absolut abscheulich, wenn abgestandenes Öl benutzt wurde. Dazu trinkt man *caldo de cana*. Das Pasteis-Busineß ist übrigens fest in der Hand von Brasilianern chinesischer Abstammung.

Der Friede in der Unterwelt ist hin

Von Romeo Rey

Der Friede in der Unterwelt von Rio de Janeiro ist hin. Schüsse fallen, Razzien finden statt, es wird um Reviere gekämpft und mit Repressalien gedroht. Das *Gentlemen's Agreement* zwischen der Polizei und den Gangstern der *illegalen Lotterie* ist gebrochen, der Umsatz schwindet, und wenn Einsicht, Ehrbarkeit und Mäßigung nicht bald die Oberhand gewinnen, werden selbst Fußball und Karneval noch Schaden nehmen.

Es begann mit einer Schießerei in der Rua Alcântara Machado, keine 100 Meter von der Avenida Rio Branco entfernt, im Zentrum von Rio. Acht Kugeln streckten den 41jährigen Expolizeiagenten und Todesschwadron-Angehörigen Mariel Maryscotte de Mattos nieder, bevor er, im eigenen Wagen gefangen, auch nur zum Revolver greifen konnte. Als Täter vermutet man eine Gruppe von acht Polizisten, die im Sold von Jorge Elefante, einem der mächtigsten „Bankiers" des illegalen Spiels, gehandelt haben sollen.

„Noch bin ich ein kleiner Bandit, aber in zwei Jahren werde ich ein reicher Mann sein", hatte Maryscotte wenige Wochen vor seinem gewaltsamen Tod in einem Interview geprahlt. Wegen Mordes und Betrugs zu 26 Jahren Gefängnis verurteilt, bewegt er sich auf freiem Fuß und konnte aufgrund seiner reichen Sachkenntnisse gar Assistent des in Mafiakreisen wohlbekannten Kriminalrichters Francisco Horta werden. Aber sein Hunger auf irdische Güter trieb ihn in fremdes Revier, und das wurde ihm zum Verhängnis.

Jogo do Bicho nennt man diese Lotterie in Brasilien, Spiel des Tieres, weil hier nicht auf Nummern, sondern auf das Krokodil, den Affen und anderes Getier Cruzado-Summen gesetzt werden. Eingeweihte behaupten, daß damit an einem einzigen Tag mehr Geld verspielt wird als beim wöchentlichen Fußballtoto. Und dabei wird, für alle Welt ein offenes Geheimnis, die Toleranz der Ordnungshüter mit saftigen Beträgen erkauft.

So können die rund 30 000 Angestellten des offiziell zwar verbotenen, aber seit Jahrzehnten dank krasser Korruption geduldeten Glücksspiels ungestört an 3000 „Punkten" (vor Spelunken, an Straßenecken, in Galerien und Gassen) die Wetten einziehen und Gewinne auszahlen. Kontrolliert wird das Geschäft von den „Bankiers" und diese wiederum von den „Großbankier", auf allen Ebenen in friedlicher Koexistenz mit der Polizei. Der ruchlose Mord an Maryscotte hat nun auf beiden Seiten Emotionen aufgewühlt und Machtcliquen gegeneinander aufgebracht.

Groß war dann die Erregung beim Begräbnis des ehrgeizigen Expolizisten. Drei Kinder und acht Witwen weinten bitterlich, Richter Horta erließ einen bewegten Nachruf auf „den Freund, den Helden, den Hohenpriester, den das Leiden in einen Märtyrer verwandelte". 200 Mann, Gangster und Uniformierte

wie einst in Chicago auf dem Friedhof vereint, schossen Pistolen und Revolver ab. Ehemalige Kampfgenossen entfalten ein Spruchband, das von Totenköpfen geziert war und die Gründung einer „Scuderie Mariel Maryscotte", Nachfolgeorgan der Todesschwadron, bekanntgab.

Das war nun dem Kommandanten der Militärpolizei von Rio, Oberst Nilton Cerqueira, doch zuviel des Guten. Zum Entsetzen der breiten Öffentlichkeit sagte er dem illegalen Treiben den Kampf an, hetzte seine Truppe auf Hunderte von „Punkten" und ließ an die tausend kleine *Bicheiros* hinter Gitter setzen. Selten hat sich ein wackerer Beamter derart schwer verrechnet wie Oberst Cerqueira ...

Die schwarze Lotterie unterdrücken? Wo sollten die 30 000 „Direktbeschäftigten", mehrheitlich ehemalige Häftlinge, die keine andere Arbeit fanden, auch hin? Das Heer der gewöhnlichen Banditen und Gauner vergrößern? Finanzierten die *Bicho*-Bankiers nicht großzügig Kinderhorte, Erziehungsanstalten, Fußballklubs und Sambaschulen? Wie viele Deputierte, von der Regierungspartei ebenso wie von der Opposition, verdanken ihnen die Wahl? Und hatten sie schließlich nicht saubere Hände, indem sie ganz im Gegensatz zur Polizei, für eine klare Trennung gegenüber den Rauschgifthändlern sorgten?

Solcher Undank konnten die *Bicheiros* nicht fassen und drohten mit einem sonntäglichen „Generalstreik". Cerqueira fand das „eine Erpressung", aber damit kam er nicht einmal bei seinem direkten Vorgesetzten an, dem Sekretär für öffentliche Sicherheit, General Waldir Muniz. „So unpatriotisch können die *Bicheiros* doch nicht sein", rief der General ungläubig aus. „Nein, soweit wird es nicht kommen. Und übrigens wäre der Streik doch illegal!"

Ein weises Wort, zahllosen *Cariocas* aus dem Herzen gesprochen. Würde die gutgespielte Empörung des Sicherheitschefs über den Unterbruch illegaler Umtriebe, die er eigentlich bekämpfen sollte, auch auf jedem anderen Flecken Erde nur Kopfschütteln erregen – in Rio de Janeiro scheint sie nicht absurd zu sein. Hier wäre es absurd, die Henne zu schlachten, die goldene Eier legt. (1981)

(Aus „Reportagen aus Brasilien", Helbing & Lichtenhahn, Basel und Frankfurt am Main.)

Karneval

Rios Karneval ist riesig, lebendig, laut und ursprünglich keine Touristenattraktion, sondern ein nationales Fest aller sozialen Schichten; das größte notabene, und wichtiger als Weihnachten, Sylvester und Ostern zusammen. Soziales Elend, Rassendiskriminierung, Widerwärtigkeiten des Lebens – der Karneval löst all dieses für ein paar Tage und Nächte in Lachen, Rhythmus und Musik auf. Anarchie herrscht während des Karnevals dennoch nicht. Die „Hakkordnung" bleibt gewahrt: durch feste Übungszeiten, Drill und einen harten Konkurrenz- und Wettkampf der Sambaschulen, durch Auszeichnungen, Niederlage und Gewinn. Selbst Karnevalstage kennen ihre politische Demagogie, denn finanziert wird das Spektakel der Sambaschulen letztlich und hauptsächlich von den Hintermännern des *jogo do bicho*, einer illegalen Lotterie, die dennoch Rios Straßen ständig in Atem hält. Initiert wurde dieses *Spiel der Tiere* von Baron Drummond um 1870. Damals ging es darum, Geld zur Verbesserung des Zoos aufzutreiben. Jeder Besucher bekam am Eingang ein Ticket mit einem Tieraufdruck. Am Ende des Tages wurde ein Tier als Gewinner gezogen und das Ergebnis – weit herum gut sichtbar – auf einer Flagge hoch über den Toren des Zoos gezeigt. Diejenigen mit dem passenden Tierticket bekamen einen Geldpreis. Das Spiel war so erfolgreich, daß der

Zoo seinen Ausbau problemlos finanzieren konnte. Die klandestine Lotterie blieb, auch wenn der damalige Zweck längst erfüllt ist.

Karnevalstage haben ihre Rituale und leben von ihren Beziehungsnetzen, wenn auch oft mit anderen Vorzeichen. Kinder werden zu Erwachsenen, Erwachsene zu Kindern, Männer zu Frauen und umgekehrt, arm zu reich und Beherrschte zu Herrschern – letzteres nie umgekehrt.

Tausende Besucher werden alljährlich vom Karneval in Rio angezogen und die Cariocas, die Einheimischen, lassen sie gern teilhaben, wenn sie die Spielregeln beachten. Was es braucht: *Ausdauer, Geld und viel, viel Frohsinn.* Drei Hauptereignisse stehen im Mittelpunkt des Karnevals: die Parade, die Bälle und der Straßenkarneval.

BÄLLE

Offiziell beginnt das bunte Treiben am Samstag vor Aschermittwoch und endet an eben diesem Mittag. Der erste Ball der Karnevalsaison findet jedoch schon am *vorhergehenden Freitag* im **YACHTCLUB** von Rio statt. Die Bälle sind allesamt kunstvolle Kostüm-Parties, die von elf Uhr abends bis zum Morgengrauen dauern, angetrieben von dem nie endenden Samba-Beat. Ständig wechselnde Gruppen sorgen dafür, daß die Musik wirklich nie stoppt. Rios *beautiful people* geben sich hier ihr Stelldichein. Allein der fantasievollen Kostüme wegen lohnt es, ein, zwei Bälle zu besuchen – wenn man auch manchmal, leicht geniert, die Augen niederschlagen wird, weil die Frivolität

Jogo do Bicho, das verbotene Spiel der Tiere, das ganz Rio in Trab hält. ◀

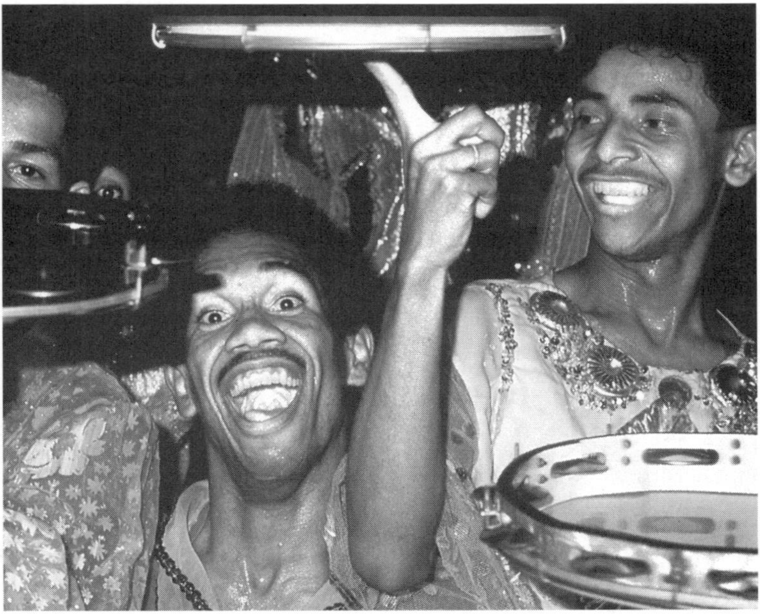

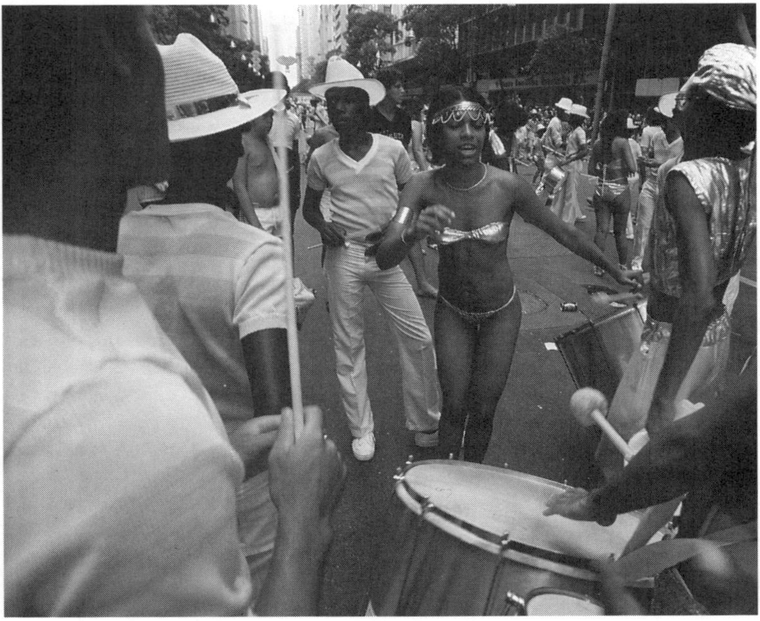

Purzelbäume schlägt. Rauschende Bälle sind in der ganzen Stadt angesagt, die folgenden sind die beliebtesten.

■ **IATE CLUBE DO RIO,** Avenida Pasteur, Botafogo. Hier erhalten Sie Tikkets für den Hawaii-Ball.

Der Startschuß fällt, wie schon gesagt, im Yachtclub. Hier findet am Swimmingpool unter Palmen der traditionelle *Hawaii-Ball* statt, eines der schönsten und anständigsten Feste.

■ Tickets, Tel. 541-3737 und Tel. 295-2397.

Auf dem **ZUCKERHUT** spielt sich für 75 Dollar Eintritt einer der teuersten Bälle der Stadt ab. Die unglaubliche Szenerie, das beleuchtete Rio zu Füßen, lohnt den Aufwand.

■ Zahlreiche Bälle finden im Nachtclub **SCALA** statt. Eröffnung ist immer mit dem *Champagnerball*, dann steigt Flamengos *Schwarz-Rot-Ball* − (Flamengo ist Rios bekanntester Fußballklub und schwarz-rot sind die Klubfarben) − der im Ruf steht, der ausgeflippteste und auch obszönste zu sein. Meist sind eine oder zwei Miss World präsent und ein paar Rock- und Filmstars. Dem Ball folgt derjenige der Stadt, *Baille da Cidade*, und das Finale in der Scala bildet schließlich der *Gala-Ball*.

Tickets: Scala, Avenida Afranio de Melo Franco 292, Leblon, Tel. 274-9148.

■ **CLUBE MONTE LIBANO,** Avenida Borges de Medeiros 701, Lagoa, Tel. 239-0032.

Der Clube Monte Libano, ein Privatklub der zahlreichen Libanesen in Rio, führt weitere wichtige Bälle durch, *Eine Nacht in Bagdad* zum Beispiel, der so berühmt ist, daß sich hier sogar arabische Scheichs blicken lassen.

■ Fast jedes Fünfstern-Hotel feiert den einen oder anderen Ball, auf denen alles ein bißchen zivilisierter zugeht. Die besseren gehen in den Hotels **GLORIA, COPACABANA PALACE, MERIDIEN, RIO PALACE** übers Parkett. Die Preise bewegen sich auch hier zwischen 15 und 90 Dollar. Der größte und attraktivste Ball für *Homosexuelle* findet übrigens in der **DISCO HELP**, Copacabana, statt.

STRASSENKARNEVAL

Der Straßenkarneval hat seinen ganz besonderen Zauber. Er ist am spontansten und mit den verschiedenen *bandas*, den Rhythmusgruppen, am traditionellsten. Zudem ist er am demokratischsten, denn alle Klassen und Gesellschaftsschichten fühlen sich von ihm angezogen, egal welchen Alters, welcher Hautfarbe, welchen Geschlechts.

Die *bandas* starten meist schon um zwei Uhr nachmittags und spielen, solange sie ihr Publikum haben. Zu treffen sind sie an allen Straßenecken. Sie ziehen mit großem Spektakel ihres Weges, halten, wo sie wollen; man tanzt, wenn man Lust hat und trinkt sein Bier, wenn man Durst hat. Dem Festtaumel sind kaum Grenzen gesetzt. Die *Banda de Ipanema* ist die größte und berühmteste, zumindest in der Südzone. Ihre Route beginnt immer am **PRAÇA GENERAL OSORIO,** Ipanema.

Rund um die **RUA CANDIDO MENDEZ**, Glória, spielt die *Banda da Glória*, und die *Banda do Arroxo* und *Banda da Sá Ferreira* patrouillieren in diversen Straßen von **COPACABANA.**

◀

Karneval ist das wichtigste Fest der Cariocas, wichtiger als Ostern und Weihnachten zusammen.

Der beste und lebendigste Straßenkarneval hingegen findet in Rios **NORDZONE** statt, in den riesigen Arbeitervierteln von **MÉIER, MADUREIRA, BANGU, REALENGO** und auch im mittelständischen **VILA ISABEL** ist immer sehr viel los. Man kann am *Karnevals-Dienstag* auf gut Glück in die Nordzone fahren. Der Lärm und der Festtaumel werden unüberseh- und hörbar sein.

Der traditionellste Teil des Straßenkarnevals findet noch immer rund um die **AVENIDA RIO BRANCO** statt, denn zahlreiche *blocos*, Umzüge, ziehen durchs Zentrum und hier paradieren auch diejenigen Sambaschulen, die nicht zu den 14 besten gehören.

PARADEN

Der bestbekannte Teil des Karnevals sind zweifellos die nächtlichen Paraden der erstklassigen Sambaschulen am *Sonntag* und *Montag*, dem **PASSARELO DO SAMBA** entlang. Ohne Übertreibung ist dies die *größte Show der Welt*. Die Tribüne des **SAMBODROMO** mit 50 000 Sitzplätzen wurde 1984 von Stararchitekt *Oscar Niemeyer* gebaut, um Ordnung in die Zuschauerreihen zu bringen.

Wichtig: Für ausländische Besucher sind die Blocks sieben und neun reserviert. Die besten Plätze kosten rund 150 Dollar. Dafür ist es dort auch sehr bequem, fürs leibliche Wohl wird gesorgt, und TV-Schirme bringen Details auf der „Piste" noch näher ans Auge. Die beste Aussicht hat man von den Sitzen am Seitenring, *cadeira de pista* genannt. Wer seine Eintrittskarten noch nicht

übers Reisebüro bezogen hat, **RIOTUR,** Rua da Assembléia 10, Centro, Tel. 297-7117, hat meist Reserven.

Eigentlich ist es sehr schade, daß Touristen in ihre Getto-Blocks abgeschoben werden. Laut Veranstalter Riotur geschieht dies zur Sicherheit der Fremden. Tatsächlich geht es in den Blocks der Einheimischen turbulenter, auch wesentlich spannender und mitreißender zu. Letztes Jahr hatte ich Gelegenheit, die Show direkt auf der Piste zu verfolgen und das Treiben ringsum hautnah zu erleben. Es geht einem tatsächlich unter die Haut, wenn die Fans mit viel Enthusiasmus *ihrer* Sambaschule zujubeln.

Wer einen Presseausweis als Journalist(in) oder Fotograf(in) hat, sollte sich für den Karneval bei Riotur offiziell akkreditieren lassen. Dies schlägt zwar auch mit rund 150 Dollar zu Buche, lohnt sich aber.

Billiger bis gratis, mit unerhört viel Lokalkolorit und Gedränge, kann man dem Treiben in den Straßen **AVENIDA MARQUES DE SAPUCAI, AVENIDA PRESIDENTE VARGAS** und **RUA FREI CANECA** zuschauen. Leider ist aber alles so weit entfernt, daß man nicht mehr als eine bunte wogende Masse sieht.

Mein Tip: Spannend ist es, in diesen Nächten *U-Bahn zu fahren,* denn die bunten Paradiesvögel der Parade fahren fast alle mit der Metrô, und man kann sehr direkt ihre schönen Kostüme bewundern und ihre Begeisterung spüren.

Die meisten ausländischen Besucher bestaunen die Parade einfach als eine wunderschöne Show, den Cariocas bedeutet sie hingegen viel mehr: harter

◄

Hitze und Exhibitionismus machen's möglich:
viel nackte Haut und wenig Kleider.

Wettbewerb rund um ein historisches oder zeitgenössisches Ereignis, eine Situation aus Brasiliens Alltag, getanzt und gesungen von mehr als 50 000 fantasievoll verkleideten Teilnehmern. Meist sind es Amateure, die unglaublich viel Zeit und Geld in die Ausstattung *ihrer* Sambaschule gesteckt haben.

Schon Monate vorher, im August etwa, treffen sie sich zu den Vorbereitungen, um das *Motto* des nächsten Jahres zu beschließen. Steht das Thema fest, wird das Lied dazu geschrieben, der *samba enredo*. Erst dann, ab November, wenn der Song einstudiert ist, sind wieder Gäste in den Sambaschulen zugelassen, denn vor Spionage hat man auch hier große Angst. Rechtzeitig zum Weihnachtsgeschäft liegen die Sambaplatten in den Geschäften auf, sind die *sambas* längst Ohrwürmer, jeder hat seinen Samba auf den Lippen, und Rio ist längst wieder samba- und karnevalverrückt.

Die Parade selbst, die so farbenprächtig, gigantisch und scheinbar planlos vorbeizieht, hat durchaus ihre innere Ordnung. An der Spitze drehen sich stets die *baianas*, eine Hommage an die schwarze Bevölkerung und zu Ehren der ersten Karnevalsparade in Salvador im Jahre 1877. Die *baianas* sind meist ältere Frauen aus Bahia und stets in fließendes Weiß gehüllt. Ihnen folgt die Eröffnungs-Szene, die *abre alas*, eine Formation fantasievoll kostümierter *sambistas* und der erste Wagen der Schule, quasi der Auftakt zum gewählten Thema. Diesem schließen sich der Vorstand der Schule, die *comissão de frente*, die Fahnenträgerin mit dem Schulemblem, *porta bandeira*, und

der Tanzmeister, *mestre sala*, an. Beide sind in prachtvolle Kostüme aus dem 18. Jahrhundert gekleidet und haben prestigeträchtige Jobs inne, müssen sie doch die anderthalb Kilometer in rasantem Tempo und ganz bestimmter Tanzschrittfolge zurücklegen. Schließlich folgt das Hauptmotiv der Schule in verschiedenen *alas*, Flügeln, mit verschwenderisch herausgeputzten *sambistas*. Dazwischen agieren Prominente als *destaques*, die herausragenden Figuren auf den großen Wagen, die entsprechend bejubelt und gefeiert werden. Eine Konzession ans Fernsehen übrigens. Denn seit die Paraden vollumfänglich in alle Stuben flimmern, liegen die Fernsehgewaltigen den Veranstaltern in den Ohren: Für TV-Wirksamkeit brauche es aus der wogenden Masse herausragende Figuren! So kamen die Prominenten zu ihren Jobs in luftiger Höhe und der Karneval wurde um einen − wenn auch nur kommerziellen − Aspekt reicher. Zahlreiche *passistas*, besonders gute Tänzerinnen und Tänzer, meist sehr, sehr spärlich bekleidet, bieten links und rechts des Zuges ihre atemberaubenden Tanzeinlagen, während die Leute aus dem Vorstand immer wieder dafür sorgen, daß der Zug in schöner, geschlossener Formation und der vorgegebenen Zeit über die Piste rollt.

Herzstück eines jeden Karnevalzuges ist die *bateria*, die in der Mitte läuft, aus Hunderten von *ritmistas* besteht und für den konstanten Rhythmus sorgt, der die Schule im Takt hält. Wenn sie näherkommen, stockt dem Publikum erst einmal der Atem, um später in unbändigen Jubel auszubrechen, denn die

▶

Am Schluß des Umzuges präsentiert jede Sambaschule ihren Wagen, der das gewählte Thema symbolisiert (oben).
Wichtig sind die Fahnenträgerin und der Tanzmeister (unten).

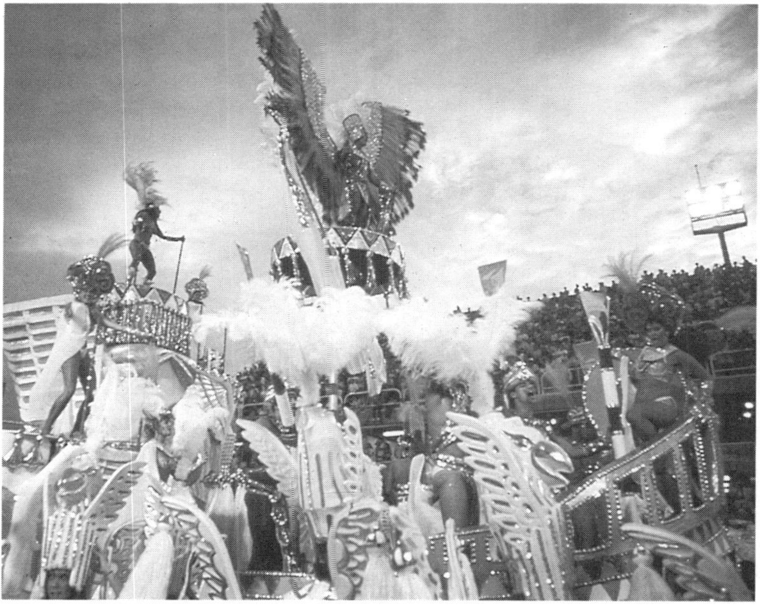

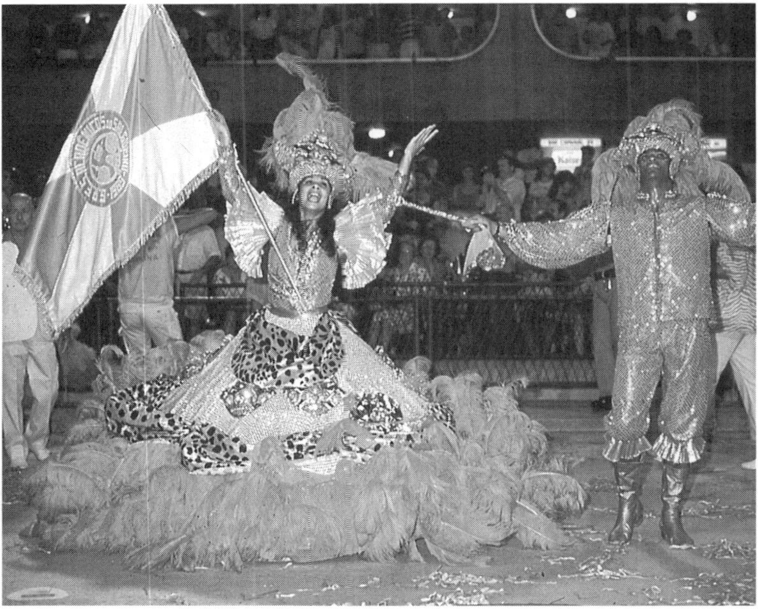

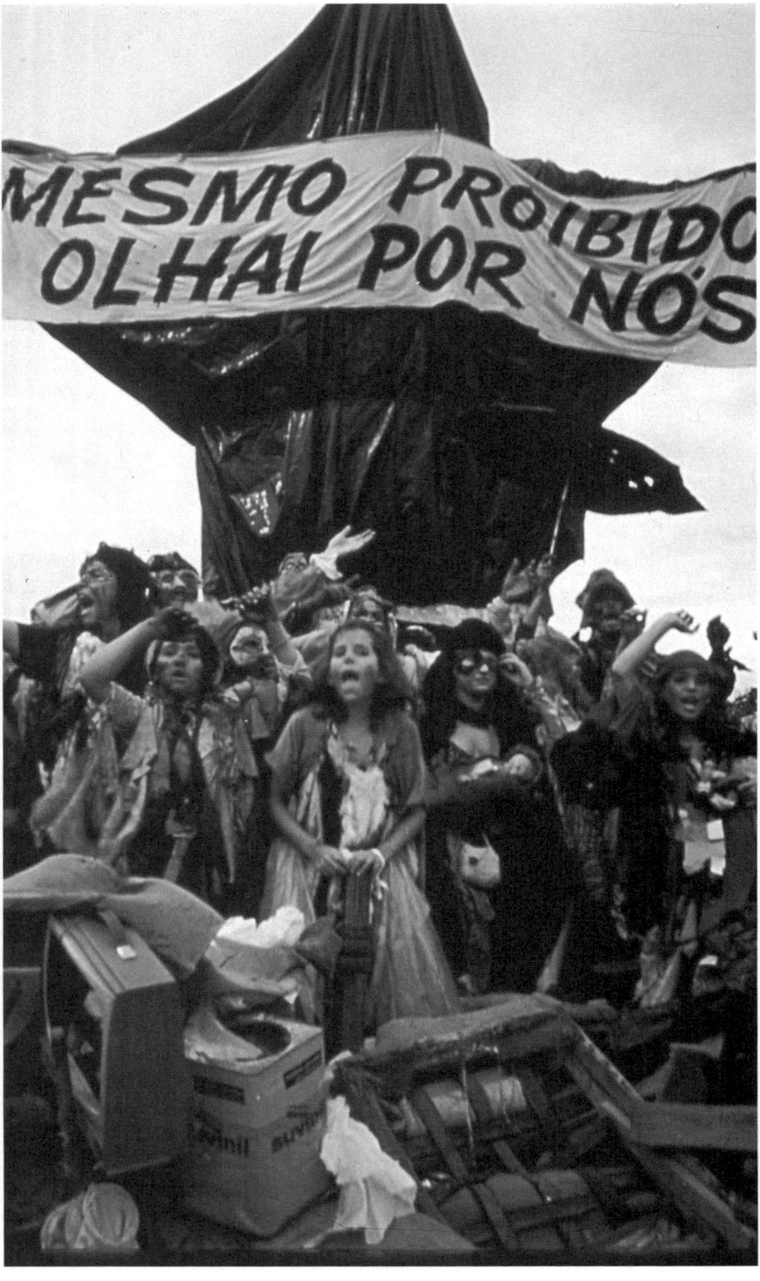
MESMO PROIBIDO
OLHAI POR NÓS

baterias verstehen es besser als alle anderen, die so besondere, erregende und pulsierende Spannung entstehen zu lassen und aufrecht zu halten. In der Mitte des Zuges zieht ein Lautsprecherwagen, die Sambamaschine mit dem *puxador de samba*, vorbei, der den *samba enredo* wieder und wieder ins Mikrofon singt, so die Abläufe bestimmt und Mitläufer und Publikum entsprechend anheizt und mitreißt. Erst gegen Ende des Zuges, wenn die Stimmung genügend aufgeheizt ist, präsentiert jede Schule ihre *alegoria*, den riesigen Karnevalswagen, auf dem sich die wichtigsten Figuren und Motive des gewählten Themas befinden. An Pracht sind diese Wagen kaum zu überbieten, man hat weder Kosten noch Mühe gescheut.

Die Kosten für diese Paraden gingen denn auch ins Uferlose, sagen Kritiker immer wieder. Tatsächlich geben die größeren Sambaschulen bis zu 300 000 Dollar pro Jahr für die Vorbereitungen aus. Ein eifriger Verfechter der glamourösen Paraden und Shows ist übrigens Joãozinho Trinta, künstlerischer Leiter von *Beija-Flor*, der größten und erfolgreichsten Sambaschule Rios. „Nur die Reichen genießen die Armut, die Armen wollen Luxus", verteidigt er die enormen Ausgaben. Mit seinem Thema *lixo e luxo*, Abfall und Luxus, legte er denn im Jahre 1988 auch eine solch prägnante Show hin, die selbst die Fundis, die zur karnevalistischen Tradition zurück möchten, besänftigte. Denn *lixo e luxo* brachte ihm und seiner Schule nicht nur den ersten Preis ein, sondern auch noch Engagements − und ergo Geld − an die besten Bühnen von Paris und London.

Die Karnevalsparade fängt an beiden Abenden um halb acht Uhr an. Sieben bis acht Schulen paradieren maximal 95 Minuten lang. Um Mitternacht ist die Show demzufolge noch lange nicht vorbei. Man mache sich auf eine lange Nacht gefaßt, vielleicht auf ein bißchen Regen und rechne damit, daß man erst am frühen Mittag ins Bett beziehungsweise an den Strand kommt.

Dort, am Strand, werden in den Tagen nach Karneval die Transistoren besonders laut gestellt und die Resultate der Experten besonders heftig diskutiert. Wenn die Wahl der besten Sambaschule feststeht, erschüttert ein Freudentaumel die Strände von Botafogo bis Barra da Tijuca, und sofort ist schon von Schiebung, Machenschaften und Bestechung zu hören und tags darauf in den Zeitungen zu lesen. Indes − die Aufregung dauert nicht lang. Karneval ist zwar Lebensinhalt der Cariocas, aber auch Spiel, und Spiele haben die schöne Eigenschaft, sich beliebig wiederholen zu lassen. Alle Jahre wieder.

EINE NACHT IN DER SAMBASCHULE

Karneval ist nur ein paar Tage im Jahr. Wer ihn verpaßt, muß auf Samba und Show nicht verzichten. Zwischen April und Oktober finden zwar meist eher touristische Shows statt. Doch von November bis kurz vor Karneval im Februar oder März kann man in den Sambaschulen miterleben, mit welchem Enthusiasmus sich die Cariocas auf den nächsten Karneval vorbereiten. Die Reise in die *Nordzone*, dort wo sich alle

Gewinner des Karnevals 1989: die Sambaschule Beija-Flor mit ihrem ungewöhnlichen Auftritt „lixo e luxo", Luxus und Abfall. ◄

Sambaschulen befinden, ist mehr als eine gute Stunde lang, und für echt Interessierte etwas vom Interessantesten und Schönsten, was man in Rio erleben kann.

Ohrenbetäubender Lärm und gleißendes Licht schlägt uns entgegen als wir in die *Rua Silvia Teles* im Stadtteil *Tijuca*, in der Nordzone Rios, einbiegen. Strahlend erleuchtet ist das Übungslokal der Sambaschule *Acadêmicos do Salgueiro*, das aussieht wie eine an den Seiten offene Turnhalle. Rotweiße Salgueiro-Fahnen hängen von der Decke. Rot-weiße Bänder zieren die beiden Bühnen, eine für die Sänger, die andere für die *bateria*, das Orchester. Bevor man dem Spektakel näherkommt, gilt es, die Eintrittskontrolle zu passieren: Bodycheck nach Waffen, Messern und anderen gefährlichen Gegenständen.

Es ist ein Samstag im November, kurz vor Mitternacht, und die Sambamusik dröhnt in gewaltiger Phonstärke über unsere Köpfe hinweg. Auf der riesigen Tanzfläche üben ein paar ältere Frauen, die *baianas*, ihre Schritte, andere tanzen sich in Stimmung, denn es ist noch früh nach brasilianischem Zeitbegriff. Der Tanzmeister dreht sich mit seiner Partnerin, der Fahnenträgerin, in immer kunstvolleren Figuren im Kreis, die Salgueiro-Fahne stolz erhoben. Wer nicht tanzt, bewegt sich mindestens am Ort, stampft und klatscht und singt. Ein ganz normaler Tanzanlaß also?

Nicht nur. Zwar erfüllen Sambaschulen, die alle in Rios ärmeren Vierteln liegen, durchaus ihre soziale Funktion als Tanz-Treffpunkte. Doch heute ist eine besondere Nacht. Der *samba enredo*,

der Titelsong für die kommende Karnevalsaison, ist fertig komponiert und soll nun einstudiert werden.

„Templo Negro em tempo de Conciência Negra" hat die Sambaschule Salgueiro zu ihrem Karnevalsmotto erkürt. Was soviel heißt wie: Tempel der Schwarzen, in Zeiten schwarzen Bewußtseins. Ein fast selbstverständliches und oft gewähltes Thema für eine brasilianische Sambaschule, auch wenn Salgueiro — was eine Ausnahme ist — einen hohen Anteil an weißen Mitgliedern hat.

Und jetzt wird gedrillt, lange und ausdauernd. Die *bateria* gibt den Ton an, die Vorsänger brüllen den *samba enredo* ins Mikrofon, und die Menge, inzwischen auf einige tausend angeschwollen, fällt jubelnd ein. Vorsingen, nachsingen, mitsingen; mitsingen, nachsingen, vorsingen. Wenn das keine Massenhysterie ist. Bierdosen kreisen und mit hocherhobenen Händen singt und tanzt die Menge, auch auf Tischen und Bänken, denn auf der Tanzfläche ist schon lange kein Platz mehr. Miniberockte Mädchen schwingen weltentrückt die Hüften, singen und tanzen und lachen. Wenn das kein Trancezustand ist.

Gegen drei Uhr wird es so eng, daß nur noch raus- und nicht mehr eingelassen wird. Es ist mittlerweile so heiß und so laut, daß ich nur noch einen Wunsch habe: raus!

Im Schein von Petroleumlampen bieten draußen fahrbare Garküchen gebackene Fische und gekochte Maiskolben an. Viel Bier fließt auch hier; wesentlich kühler ist es nicht und nicht viel leiser. Und drinnen wird bis in die

▶

Die Übungsnächte in der Sambaschule sind lang und heiß und die Trommler, „bateria", geben den Ton und Rhythmus an.

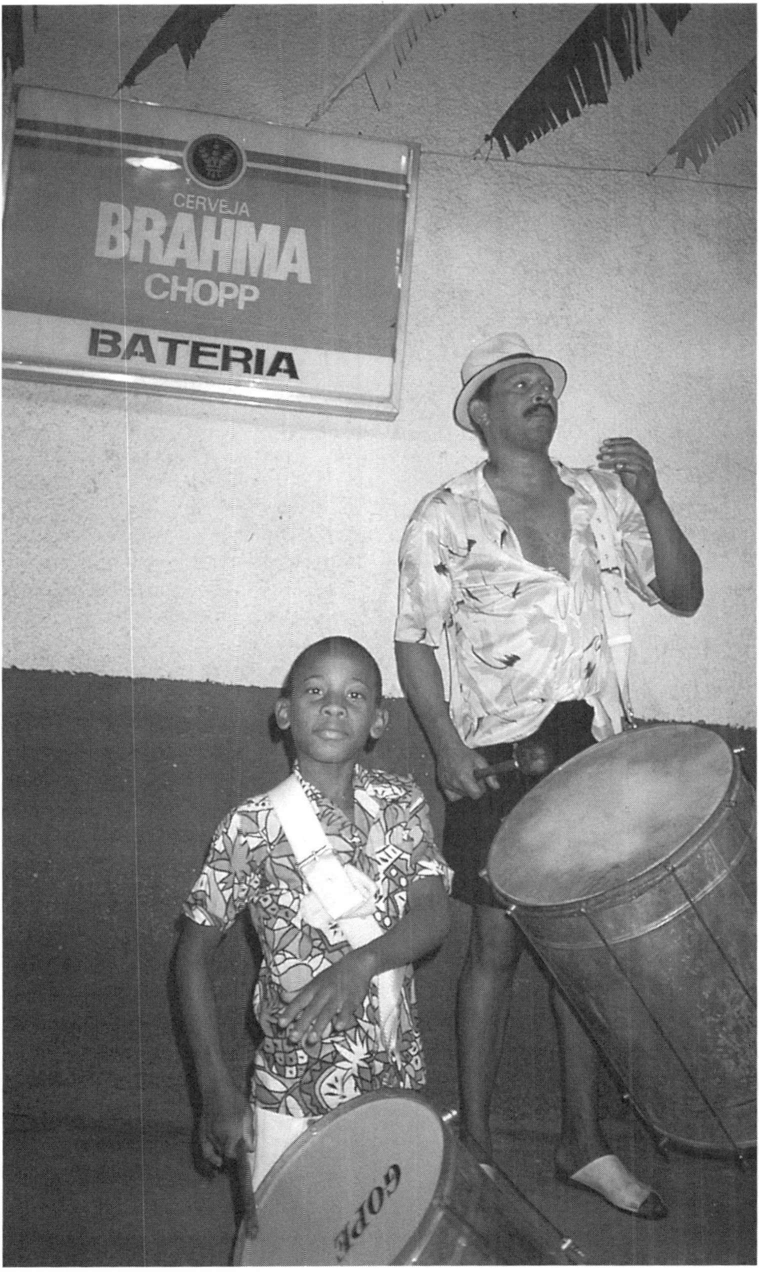
CERVEJA
BRAHMA
CHOPP
BATERIA

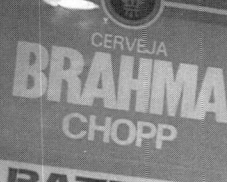

frühen Morgenstunden Brasiliens Vielfalt der Rassen, die in Zeiten des Karnevals alle gleich seien, besungen.

SAMBASCHULEN

Bevor man sich auf den weiten Weg in eine der Sambaschulen macht, telefonisch abchecken, was wo wann los ist. Jeder freundliche Mensch am Hotelempfang wird das für Sie erledigen und den Taxifahrer auch entsprechend instruieren.

■ **ACADMICOS DO SALGUEIRO,** Rua Silva Teles 104, Tijuca, Tel. 238-5564.

■ **BEIJA FLOR,** Rua Pracinha Wallace Paes Leme 1652, Nilópolis, Tel. 791-1353.

■ **CAPRICHOSOS DE PILARES,** Rua Faleiros, Pilares, Tel. 269-9797.

■ **ESTAÇÃO PRIMEIRA DE MANGUEIRA,** Rua Visconde de Niteroi 1072, Mangueira, Tel. 234-4129.

■ **ESTACIO DE SA,** Rua Miguel de Frias 35, Cidade Nova, Tel. 264-8945.

■ **IMPERATRIZ LEOPOLDINENSE,** Rua Professor Lace 235, Ramos, Tel. 280-9958.

■ **IMPÉRIO SERRANO,** Avenida Min. Edgar Romero 114, Madureira, Tel. 359-4944.

■ **MOCIDADE INDEPENDANTE DE PADRE MIGUEL,** Rua Cel. Tamarindo 38, Padre Miguel, Tel. 332-5823.

■ **PORTELA,** Rua Clara Nunes 81, Madureira, Tel. 371-0083.

■ **TRADIÇÃO,** Rua Intendente Magalhaes 160, Madureira, Tel. 359-2502.

■ **UNIÃO DA ILHA DO GOVERNADOR,** Estrada do Galeão 322, Ilha do Governador, Tel. 396-8169.

■ **UNIDOS DA PONTE,** Rua da Olaria 78, São João do Meriti, Tel. 756-2210.

■ **UNIDOS DA TIJUCA,** Rua San Miguel 430, Tijuca, Tel. 580-2785.

■ **UNIDOS DE VILA ISABEL,** Rua Barão de São Francisco 236, Vila Isabel, Tel. 268-7052.

■ **UNIDOS DO CABUÇU,** Rua Araújo Leitão 925, Lins de Vasconcelos, Tel. 274-7830.

SAMBA-SHOWS

■ **MORRO DA URCA,** Praia Vermelha, Avenida Pasteur, Urca, Tel. 541-3737, montags 22.30 Uhr. Eintritt ca. 20 Dollar.

Mehr Show als Sambaschule, was *Beijaflor* hier präsentiert. Wenn man Karneval und Sambaschule nicht erleben kann, sicher eine gute Alternative, vor allem in so schöner Umgebung. Gut zu verbinden mit einem Abendessen auf dem Zuckerhut (ab 20 Uhr) und folgender Dia-Show um 21 Uhr.

■ **OBA-OBA,** Rua Humaíta 110, Botafogo, Tel. 286-9848, täglich 22.30, ca. 10 Dollar, ein Drink inklusive.

Die *traditionsreichste* Show dieser Art mit einer Mischung aus Karneval, Samba und Mulatten.

■ **PLATAFORMA,** Rua Adalberto Ferreira 32, Leblon, Tel. 274-4022, 15 Dollar inkl. Drink, täglich 22 Uhr, in der Hochsaison auch 24 Uhr.

Eine bunte Mischung aus Karneval-Versatzstücken, historisch folkloristischer Tour d'Horizont und ziemlich peinlichem Jekami-Teil, der wohl allen − außer mir − immer wieder Riesenspaß macht.

■ **SCALA,** Avenida Afrânio de Melo Franco 292, Leblon 239-4448. Do bis Sa 22 Uhr, 5 Dollar Eintritt, ohne Getränk. Eine Show quer durch das ganze Rassengemisch, folkloristisch aufgemotzt, ähnlich wie Plataforma, mit anschließendem Tanz bis 4 Uhr morgens.

Macumba und Mystik

Geheimnisvoll, interessant und anziehend scheint Macumba für den Fremden zu sein. Aller Begeisterung und Romantik zum Trotz: In erster Linie bedeutet Macumba für einen großen Teil der brasilianischen Bevölkerung *Religion*. Der entsprechende Respekt sollte Macumba gezollt werden.

Jung und alt, arm und reich, gebildet oder ungeschult – Macumba zieht sie alle in ihren Bann und die katholische Kirche – immerhin bekennen sich 90 Prozent aller Brasilianer zum Katholizismus – toleriert Macumba. Andernfalls würde man wohl Gefahr laufen, einen guten Teil der Gläubigen zu verlieren. Macumba kommt ursprünglich aus Nigeria, wo es von dem Volk der *Yoruba* zelebriert wurde und hieß damals *Oríxia*. Aus zahlreichen anderen afrikanischen, indianischen und auch christlichen Ritualen hat es sich im Laufe der Zeit zu einer typisch brasilianischen Institution entwickelt.

Vereinfacht erklärt, handelt es sich dabei um den Glauben, daß unser Leben von guten und schlechten Geistern beeinflußt wird. Zehn Götter gibt es, denen alle unterschiedliche Kräfte und Prioritäten zugeordnet werden. Macumba-Rituale finden auf sogenanten *terreiros* statt, an mehr oder weniger geheimnisvollen Stätten, an Stränden, an Flüssen, im Wald. Überall in Rio gibt es solche *terreiros*, wo den Gottheiten gehuldigt, durch ein Medium mit ihnen Kontakt aufgenommen wird und ihnen Blumen, Früchte und ein Glas mit Wasser dargebracht werden. Die Zeremonien können Stunden dauern. Einige sind auch für Fremde offen – die sich tunlichst im Hintergrund halten sollten. Es gibt auch eine organisierte abendliche Macumba-Tour, die allerdings mit den echten religiösen Riten nichts mehr zu tun hat, sondern reine Tourismus-Folklore ist. Die echt Interessierten können in ihrem Hotel nach einem *terreiro* fragen. Fotos sind nicht gestattet, und auch die Arme und Beine sollte man nicht kreuzen, da nach Macumba-Glauben die Götter dann keinen Einlaß ins *terreiro* finden. Tragen Sie nach Möglichkeit weiße Kleidung.

Nicht nur das gemeine Volk, sondern auch Brasiliens Politiker glauben fest an die Macht der Magie. Als negative Kräfte die Residenz des amtierenden Präsidenten José Sarney bedrohten, reiste dieser in die Hauptstadt Brasília, um den Teufel auszutreiben. Denn Mystikern ist das zentralbrasilianische Hochland die Wiege einer neuen, spiritistischen Zivilisation. Und auch sonst sucht der Staatschef Hilfe im Übersinnlichen. Einmal im Monat besprengt der Kaplan des Palastes alle Räume mit Weihwasser. Sarneys Frau Marly ist schließlich *filha de Exu*, eine Anhängerin des einst von Sklaven eingeführten *Candomblé-Kults*, einer Mischung aus

christlichen und afrikanischen Glaubenselementen. Aberglaube scheint das Leben Sarneys auch im Detail zu lenken: Nie trägt er braune Anzüge, ausgestopfte Tiere kommen ihm nicht ins Haus, er verläßt einen Raum immer durch dieselbe Tür, durch die er ihn betreten hat, und auch ein Astrologe amtierte zeitweilig als Pressesprecher.

Brasilianer finden das weder lächerlich noch empörend, denn sie sind ein gläubiges Volk, das sich einmal im Jahr, zu Silvester, ganz öffentlich zu Göttern, Geistern und Spirituellem bekennen. Mehr als eine Million Cariocas strömen dann am Strand von Copacabana zusammen. Die meisten sind in Weiß gekleidet, und sie treffen sich hier, um der Gottheit *Iemanjá*, einer afrikanischen Göttin der See, ihre Referenz zu erweisen, denn sie ist eine zentrale Figur in afro-brasilianischen spiritualistischen Kulten. Der Strand ist voller kleiner Altare und von Kerzen erhellt. Trommeln dröhnen durch die Nacht bis Mitternacht, wenn ein großes Feuerwerk das neue Jahr begrüßt. Die Cariocas waten dann ins Meer, um Iemanjá Blumen und andere Gaben aus gebastelten Schiffen aufs Wasser zu setzen – bis die Zeremonie schließlich in eine sehr weltliche Silvester-Feier mit Tanz und Musik übergeht.

Um die Götter bei Laune zu halten, kann man sich auch eines der farbigen gewebten Armbänder kaufen, die an jeder Ecke feilgeboten werden: gegen den bösen Blick, für Geld und Gold, gegen Krankheit undsoweiter.

Brasiliens offizieller Glücksbringer ist hingegen die *figa*, eine geballte Faust mit dem Daumen zwischen Zeige- und Mittelfinger. Sie gibt es in vielerlei Materialien, aus Holz geschnitzt, aus Halbedelsteinen oder gar aus purem Gold. Selber kaufen nützt nichts – das bringt kein Glück, man muß sie sich schon schenken lassen. Und wenn Sie eine bekommen, so ist in der *figa* ihr zukünftiges Glück gespeichert. Hüten Sie sich, die *figa* zu verlieren – Ihr ganzes Glück würde mit einem Schlag zunichte gemacht.

Terreiros:
Lassen Sie sich mit einem Taxi hin- und zurückfahren. Die Gegenden sind nachts nicht sehr sicher.
PAI JERONIMO, Rua Barão do Uba 423, Praça da Bandeira, Zona Norte.
TENDA ESPIRITA MIRIM, Av. Marechal Rondon 597, São Francisco Xavier, Tel. 261-3150.
PALACIO DE IANSA, Estrada Santa Efigênia 152, Taquara. Jacarépagua, Tel. 372-2176.

Geheimnisvoll sind für den Fremden die Macumba-Rituale. All das passiert im Angesicht der katholischen Kirche.

Einkaufen

Rio ist ohne Frage ein tropisches Einkaufsparadies. Auf Märkten, in Boutiquen in Ipanema und Copacabana und riesigen Shopping-Zentren und nicht zuletzt bei den zahlreichen Straßenhändlern findet sich ein riesiges Angebot zu Preisen, die für den Besucher allemal lohnend sind. Sommerliche und sportliche Kleider für Sie und Ihn, Lederwaren (Taschen und Schuhe), Gold und Juwelen für die Gutbetuchten, Schallplatten für die Sambafans und Yucca-Palmenstämme für solche mit grünem Daumen sind Souvenirs, nach denen man in Rio Ausschau halten sollte.

Brasilien hat heute eines der strengsten Im- und Exportgesetze der ganzen Welt und nimmt – noch vor China – die absolute Spitzenposition in *Importbeschränkungen* ein. Wie zu Kolonialzeiten werden zwar immer noch große Exporte getätigt, aber fremde Waren kommen kaum ins Land hinein – ein Einweg-Supermarkt quasi. Brasiliens Wirtschaftsexperten hoffen, dem Modell Japan nacheifern zu können. Zauberwort: *Lizenz-Arrangements*. Das Know-how kommt von außen, produziert wird im eigenen Land, selbstverständlich zu günstigen Preisen. Es gibt einige, wenn auch wenige importierte Qualitäten, zu horrenden Preisen allerdings. Doch Timberlands und Fiorucci made in Brazil, Perrier und Moët et Chandon, in Brasilien abgefüllt, sind mindestens so attraktiv wie das Original, wenn man bedenkt, daß nur ein Bruchteil des europäischen Preises dafür zu entrichten ist. Und wer ein kopflastiges Argument für spontane Kaufräusche braucht, bitte: Mit dem Kauf brasilianischer Waren hilft man der angeschlagenen Wirtschaft auf die Beine und dem Land, seine Auslandsschulden abzutragen.

ÖFFNUNGSZEITEN

Generell öffnen die Geschäfte montags bis samstags um 9 Uhr und schließen um 18.30 Uhr. In sehr touristischen Gegenden wie Copacabana auch später. Am Samstag schließen die meisten Geschäfte gegen 16 Uhr. Shopping-Center sind täglich bis 22 Uhr geöffnet, am Sonntag beschränkt sich das Angebot auf Lebensmittel.

Karnevals-Zeit ist für Einkäufe nicht sehr günstig. Die Geschäfte öffnen und schließen wie sie lustig sind, manche öffnen ihre Türen tagelang nicht. Die drei Karnevalstage vor Aschermittwoch gelten als offizielle Feiertage. Geschlossen ist ebenfalls an weiteren Fest- und Feiertagen:

1. Januar: Neujahrstag

20. Januar: Tag der Stadtgründung

Karfreitag

21. April: Tag des brasilianischen Nationalhelden Tiradentes

1. Mai: Tag der Arbeit

7. September: Tag der Unabhängigkeitserklärung

2. November: Allerseelen

15. November: Tag der Ausrufung der Republik

25. Dezember: Weihnachten

Dazu können folgende traditionelle religiöse Festtage zu gesetzlichen Feiertagen erklärt werden. Regional wird das unterschiedlich gehandhabt:

6. Januar: Dreikönigstag

Fronleichnam

15. August: Maria Himmelfahrt

8. Dezember: Unbefleckte Empfängnis Marias

SHOPPING-CENTERS

■ **BARRA SHOPPING,** Avenida das Américas 4666, Barra da Tijuca. Busse nach *Alvorada, Jardineira-Bus* oder *Airportbus.*

WELCOME TO AMERICA möchte man ausrufen, wenn man diesen riesigen dreistöckigen Einkaufs-Komplex betritt, der eine gute halbe Stunde Fahrzeit außerhalb von Rio im neumodischen Strandviertel Barra da Tijuca liegt. Eine Unzahl Fast Food-Restaurants belegen viel Raum, Freizeitaktivitäten und Amüsements wie Kinos und einen *Eisplatz zum Schlittschuhlaufen* (bei 40 Grad Außentemperatur!) gibt es, Tummelplätze für Kinder sind „en masse" vorhanden. Große Warenhäuser haben hier ihre Filialen ebenso wie Boutiquen, die auch in Centro, Copacabana, Ipanema und anderen Shopping-Centern zu finden sind. Barra-Shopping ist – wie die Cariocas sagen – von allen das größte, modernste und schickste.

■ **CASSINO ATLANTICO,** Avenida Atlântica 4240, Copacabana.

Beileibe nicht so groß wie andere Zentren, eher eine Einkaufsgalerie. Interessant, da man hier viele KUNSTGALERIEN, Antiquariate und Souvenir-Läden findet.

■ **FASHON MALL,** Auto Estrada Lagoa-Barra, São Conrado.

Für den Touristen auch nicht unbedingt am Weg, es sei denn, man wohnt im Hotel Inter-Continental gleich gegenüber. Wer Interesse an JUNGER MODE hat, findet alles unter einem Dach.

■ **GAVEA SHOPPING,** Rua Margues de São Vicente, Gávea.

Eins der ältesten Einkaufszentren. Recht nobel und klassisch mit vielen Galerien, Antiquitätenläden und immerhin drei Kinos. *Zinnwaren* und *Versilbertes* sind übrigens in Rio günstig und qualitativ gut. *Jon Somers* ist eines der bekanntesten Geschäfte dieser Art und hier zu finden.

■ **RIO DESIGN CENTER,** Avenida Ataulfo de Paiva 270, Leblon.

Alles was mit INNENARCHITEKTUR zu tun hat und sehr exklusivem brasilianischem Design. Wer sich für solches interessiert, kann zumindest das Auge schwelgen lassen.

■ **RIO SUL,** Avenida Lauro Müller, Botafogo. *Gratis-Bus* von der U-Bahn-Station Botafogo.

Rios BELIEBTESTES, weil eben auch zentrales Shopping-Center. Alle Boutiquen, alle Kaufhausketten sind hier auf vier Stockwerken vertreten. Dazu jede Menge Cafés, Fast Food etc. Rio Sul ist fraglos eine kleine Konsumwelt für sich.

SHOPPING-GALERIEN

Shopping-Galerien sind viel weniger monströs als die Zentren. Trotzdem finden sich hier immer ein paar Dutzend spezialisierte Geschäfte unter einem Dach. Für mich ist das die angenehmste Form des Einkaufens.

Copacabana:

Seit der Eröffnung des riesigen Shopping-Centers *Rio Sul* hat Copacabana als Einkaufsparadies ganz zweifellos seine führende Stellung verloren. Ein Spaß ist es immer noch, die Straßen zu durchstreifen, alles ist sehr laut und bunt — und viel weniger gestylt als in Ipanema, dafür meist auch ein bißchen billiger.

■ **CENTRO COMERCIAL COPACABANA,** Ave. N.S. Copacabana 581.

Die *älteste* Galerie der ganzen Stadt. 200 Geschäfte wurden in dieses vierstöckige Haus hineingequetscht. Das Angebot reicht von Plastikohrringen über Karnevalskleider bis zu Bikinis. Sehr brasilianische Atmosphäre, sehr farbenfroh — mit einem Hang zum Kitsch — und die Qualitäten der Kleider sind auch nicht mit europäischen Maßstäben zu messen. Kleine Geschenke und Mitbringsel findet man hier in großer Auswahl, Platten, hochwertige Foto- und Filmausrüstung. Die Galerie hat keine Air-Condition. Im Sommer kann es hier dementsprechend schwül werden.

■ **CASSINO ATLANTICO,** Avenida Atlantica 4240.

Direkt unter dem Rio Palace Hotel gelegen. Bei Touristen dementsprechend beliebt: Restaurants, Antiquitäten etc. Ein paar gute Geschäfte für Strand-Bekleidung, T-Shirts (Fila und Lacoste), Tennisschuhe und natürlich die unvermeidlichen Juwelen.

■ **GALERIE MENESCAL,** Ave. N.S. Copacabana 664.

Kleine altmodische Galerie im europäischen Sinne. Gutes Schuhgeschäft und einige Geschäfte für Kinderkleider.

Ipanema:

Wer schickes Design, gestylte Mode, Markennamen und das alles in eleganten, klimatisierten Geschäften sucht, ist in Ipanema richtig. Es lohnt sich auch die kleinen Seitenstraße zu durchstreifen. Die Einkaufsgalerien liegen hingegen alle an der **VISCONDE DE PIRAJA.** Die wichtigsten, wenn Sie vom Leblon-Ende Ipanemas in Richtung Copacabana laufen:

■ **VITRINE DE IPANEMA:** Kleines Shopping-Center mit einer Unzahl Geschäften. Viel Bekleidung, Sportartikel und Geschenke.

■ **IPANEMA 2000:** Neuere Galerie mit viel junger Mode von bekannten Designern.

■ **GALERIA 444:** Kleine Galerie mit sehr exklusiven Mode- und Schmuckgeschäften.

■ **GALERIA 437:** Nichts als Bikinis, inklusive diejenigen von Bum-Bum.

■ **QUARTIER DE IPANEMA:** Im Herzen Ipanemas, an der Praça da Paz: Geschenke, Kleider, Bikinis, Sportsachen, Schuhe für Modebewußte.

■ **FORUM:** Die wohl eindrucksvollste Passage von ganz Ipanema und mindestens so chic wie vergleichbare im Süden Frankreichs. Sie beherbergt edle Geschäfte, die noch edlere Waren verkaufen: *La Bagageria;* Kleider, Taschen und Schuhe. *Yes;* flippige Mode, *Pé do Atleta;* Turnschuhe, um nur einige wenige zu nennen.

■ **FIAMMA:** Sehr klein, aber mit einigen sehr exklusiven Kleidergeschäften, inklusive Bikinis.

■ **GALERIA 330:** Auch eine der neueren Galerien, deren Geschäfte — je nach Geschäftsergebnis − ziemlich häufig wechseln.

■ **VIP CENTER:** Mode der feineren Art.

WARENHÄUSER

Konsumtempel in unserem Sinne sind sie wahrlich nicht, die Warenhäuser von Rio, sie wirken eher bieder, manchmal gar muffig. Immerhin bekommt man *anständige Ware zu sehr günstigen Preisen,* den letzten Chic erwarte man aber bitte nicht.

■ **CASA SLOPER,** Rua Uruguaiana, Centro.
Uraltes brasilianisches Warenhaus mit viel Charme und wenig Effizienz. *Billigst-Angebote* an Kleidern, Schuhen und Taschen.

■ **C&A,** Avenida Nossa Senhora de Copacabana, Copacabana.
Rio Sul, Botafogo.
Barra Shopping, Barra da Tijuca.
Auch in Rio das, was die internationale Kette in der ganzen Welt ist, nämlich ein *billiger Kleiderladen.*

■ **LOJAS AMERICANAS,** zahlreiche Filialen in der ganzen Stadt.
Eigentlich kein Warenhaus, sondern eine *Discount-Kette* à la Woolworth. Hier bekommt man alles für den täglichen Bedarf, inklusive Drogerie-Artikel und T-Shirts zu absoluten *Tiefstpreisen.* *Schallplatten* aus Brasiliens Samba-Hitliste inklusive die Doppelalben der laufenden *sambas enredos* sind hier so billig wie nirgends sonst zu kaufen.

■ **MESBLA,** Rua do Passeio, Centro.
Rio Sul, Botafogo, Barra Shopping, Barra da Tijuca.
Mesbla ist die größte Warenhauskette

Brasiliens und in Bezug auf Qualität, Stil und Preis eher am oberen Ende der Skala angesiedelt. In Centro, in der Gegend von Cinelândia, befindet sich die größte Filiale.

■ **SEARS,** Praia de Botafogo, Botafogo.
Barra Shopping, Barra da Tijuca. Lange nicht so elegant wie das amerikanische Original, aber ähnlich behäbig.

MÄRKTE

Rios Märkte sind ein ganz besonderer Einkaufsspaß. Ob man sich nur die farbenprächtigen Blumen, das frische Obst und Gemüse und die zappelnden Fische ansehen oder ins Antiquitätengeschäft einsteigen will − die Märkte sind immer ein paar Stunden Schauens wert. Und: Es hat für fast jeden Wunsch den geeigneten Markt.

Antiquitäten:
■ **AVENIDA ATAUFO DE PAIVA/EKKE BARTOLOMEU MITRE,** Leblon, So 10−18 Uhr.
Auf diesem kleinen Platz in Leblon drängt sich ein ähnliches Angebot wie am Samstag im Centro. Zum Teil bieten auch dieselben Aussteller an.

■ **CASA SHOPPING,** Avenida Alvorada 2150, Barra da Tijuca, So 10−19 Uhr.
Im Innenhof dieser Einkaufsgalerie bieten bis zu 68 Aussteller ihre Waren feil. Möbel, Teppiche, Silber, Gläser − nichts fehlt. Die Ausstellung steht unter dem Patronat der Brasilianischen Gesellschaft für Antiquitätenhändler, was wohl soviel heißen soll wie: Betrug ausgeschlossen.

BARRACA
DO ENCONTRO
B.E.
B.E.

LIMONADA SUISSA 300
Suco de maçã
Especial MistoQuente
Suco de Goiaba
Deliciosa Pizza brotinho
O MELHOR CHOPP GELADINHO DA PARÓQUIA!
SUCOS e VITAMINAS Feitos na Hora!
REFEIÇÕES LIGEIRAS da casa.
PRATO DE VERÃO c/ FRUTAS.

■ **PRAÇA MARECHAL ANCORA,** Centro, Sa 8 – 17 Uhr.

Rund um das altehrwürdige Restaurant *Albamar* spielt sich hier jeden Samstag der wichtigste Klein-Antiquitätenmarkt der Stadt ab: schöne Silbersachen, alte Fotos, Platten, Lampen, geschliffene Gläser, seltene Bücher. Man kann durchaus fündig werden, aber auch nur Stöbern lohnt. Ein anschließendes Essen im *Albamar* ist schon allein der *herrlichen Aussicht* wegen nicht zu verachten.

Flohmärkte und Kuntgewerbe:

■ **FEIRA DO NORDESTE,** Campo de São Cristóvão, Zona Norte, So 10 – 18 Uhr.

Überhaupt kein Markt für Touristen. *Unternehmungslustige Reisende sollten ihn sich jedoch nicht entgehen lassen,* auch wenn es von der Südzone aus eine Stunde Busfahrt erfordert. Jeder Bus mit dem Schild *São Cristóvão* bringt Sie hin. Rios Bevölkerung aus dem Nordosten des Landes gibt sich hier jeden Sonntag ein Stelldichein. *Hängematten* in unglaublicher Auswahl, auch *figas*, die bahianische Faust als Glückssymbol aus jedwelchen Materialien, *Heilsäfte, Heiligenbilder, Schweinsköpfe, Gewürze, Schrauben, Ersatzteile*, die Liste ließe sich endlos fortsetzen. Neben Kauf und Verkauf steht das *soziale Leben* im Mittelpunkt des Geschehens. Spätestens ab Mittag wird gegessen, getrunken und getanzt und oft auch randaliert. Und das alles zur Musik aus dem Nordosten Brasiliens.

■ **FEIRARTE,** Praça General Osório, Ipanema, So 10 – 18 Uhr.

Eigentlich ist dieser Markt als *Hippie-markt* bekannt, obwohl weit und breit kein solcher auszumachen ist, denn Hippies gab und gibt es in Brasilien nicht. Vielleicht rührt der Name von der gewissen *Flower Power-* und *Künstleratmosphäre* her, die er ausstrahlt. Einheimische Maler und andere Artisten stellen hier aus. Viel Kunsthandwerk, Lederarbeiten, gelungene und weniger geschmackvolle, Kleider, T-Shirts, zum Teil sehr originell, jede Menge Schmuck. Ein bunter Mix von *Kitsch und Kunst*. Weißgekleidete *baianas* kochen an Ort und Stelle *acarajé* und *vatapá*, kleine bahianische Snacks.

Mein Tip: Unbedingt Probieren. Nur – ich würde mich nicht wundern, wenn der Markt in ein paar Jahren Touristenmarkt hieße, ich wüßte jedenfalls warum.

■ **FEIRARTE II,** Praça XV de Novembro, Fr und Sa 10 – 18 Uhr.

Puppen, Schmuck, Stickereien, Musikinstrumente und Lederarbeiten. Vieles aus Kolonialzeiten. Dazwischen hocken ein paar Freiluftkünstler, bei denen Sie sogar Ihr Portrait bestellen können. Garküchen sorgen für Speis und Trank.

■ **FEIRA DE TROCOS,** Cais Pharoux, gegenüber Praça XV, Sa 10 – 18 Uhr.

Verkauft wird hier nichts, *nur getauscht*. Cariocas machen regen Gebrauch von dieser Institution. Interessant zu sehen, was es für einen Ramsch gibt auf dieser Welt.

■ **MADUREIRA,** Rua Maria Freitas, Madureira, Zona Norte, Fr und Sa 8 – 18. Busse nach *Madureira*.

Der Markt, auf dem sich die weniger gut betuchten Bewohner der Nordzone ihre T-Shirts, Hosen, Schuhe, Taschen,

◀

Geselligkeit ist auf dem Markt in der Nordzone mindestens so wichtig wie das käufliche Angebot (oben).
Frischgepreßte Fruchtsäfte an jeder Straßenecke (unten).

Haushaltswaren und dergleichen kaufen. Wer billig aufstocken möchte, ist hier gut bedient und lernt gleichzeitig ein ganz anderes, viel weniger glamouröses, dafür *lebensnaheres Rio kennen*.

■ **COPACABANA,** Praça do Lido, Sa und So 8 – 20 Uhr.

Großer Straßenmarkt vornehmlich für Touristenkitsch, wenig Kunst und viele, viele Souvenirs. Ein paar lokale Künstler verkaufen Ihnen sogar schaumkronengeschmückte, sich brechende Wellen und glutrote Sonnenuntergänge auf Leinwand, und das alles in Öl.

■ **FEIRADO CALCADÃO,** Avenida Atlantica, Copacabana.

Nicht zu verfehlender *Nachtmarkt* mit Hängematten, Muscheln, blauen Schmetterlingen, viel Schmuck, Kleidern und allem, was das Touristenherz begehrt.

Obst, Gemüse, Fisch, Geflügel, Blumen:
Für Cariocas gehört der Marktbummel im Quartier zum Alltag. Mit kennerischem Blick taxieren sie die Waren, wählen oder verwerfen den Kauf. Hinter sich her ziehen sie unförmige Drahtkarren, die zum Schluß fast überquellen. Junge Burschen machen sich als Dienstboten anheischig und manchmal versuchen sie auch, Touristen ein bißchen Kleingeld aus der Tasche zu ziehen. *Aufpassen!*

Ein Gang über einen Lebensmittelmarkt lohnt sich, schon allein um zu sehen, was es alles Tolles gibt. Die Besitzer der Stände räumen gegen Mittag zusammen.

Montag:
BOTAFOGO, Rua Vicente de Souza
LEME, Rua Gustavo Sampaio
IPANEMA, Avenida Henrique Dumont

Dienstag:
BOTAFOGO, Rua Barão de Macaubas
IPANEMA, Praça General Osório und Rua Jangadeiros

Mittwoch:
HUMAITA, Rua Maria Eugenia
BOTAFOGO, Praça Nicaragua
COPACABANA, Rua Domingos Ferreira

Donnerstag:
GLORIA, Rua Conde Lage e Taylor
COPACABANA, Rua Belford Roxo und Rua Ronald de Carvalho
LEBLON, Rua General Urquiza

Freitag:
BOTAFOGO, Rua Rodrigo de Brito
IPANEMA, Praça da Paz
GAVEA, Praça Santos Dumont

Samstag:
BOTAFOGO, Rua Paulo Barreto und Rua 19 de Fevereiro
LARANJEIRAS, Rua Prof. Ortiz Monteiro
LAGOA, Rua Frei Leandro

Sonntag:
COPACABANA, Rua Decio Vilares
BARRA, Avenida Arquiteto Afonso Reidy
GLORIA, Avenida Augusto Severo
URCA, Praça Tenente Gil Guilherme

ANTIQUITÄTEN

Zahlreiche Auktionen *(leiloes)* werden übers Jahr auf die ganze Stadt verteilt durchgeführt, ihre Daten und Orte sind in den Wochenendausgaben von *Jornal do Brasil* und *O Globo* publiziert. Die erwähnten **MÄRKTE** sind ebenfalls gute Adressen für Kleinantiquitäten. Zahlreiche Antiquitäten-Geschäfte befinden sich auch in *Copacabana* in der **RUA SIQUEIRA CAMPOS** sowie im *Shopping Center Copacabana*.

GOLD UND EDELSTEINE

Edelsteine und auch Halbedelsteine aus Brasilien – aber nur die aus dem Inland – können bis zu 50 Prozent billiger sein als bei uns. In Brasilien kauft man also keine *Rubine* und *Saphire*, denn die stammen aus dem Orient und aus Afrika. Brasilianische *Smaragde, Amethyste, Aquamarine, Turmaline, Topaze* und natürlich *Diamanten* können interessante Käufe sein.

Gold und *Silber* sind nicht unbedingt billiger als bei uns, da die Preise täglich an der Weltbörse in London festgesetzt werden. Wenn Gold- und Silberwaren günstiger erscheinen, dann wegen der niedrigen Handwerker-Löhne.

Edelsteine sollte man immer nur in *erstklassigen Geschäften* kaufen, nie auf der Straße oder auf Märkten. Sie werden dort auch selten angeboten. *Fachhändler können Sie auch beraten,* worauf es beim Kauf ankommt: auf die Farbe, Reinheit, Einschlüsse.

Mein Tip: Wer ein paar Tage in der Stadt bleibt, kann sich seinen Stein nach eigenen Wünschen fassen lassen. Rio ist auch ein idealer Ort, um alten Schmuck nach neuen Wünschen umarbeiten zu lassen. Die serienmäßig angefertigte Ware finde ich allerdings ziemlich altmodisch und konventionell und stark auf den amerikanischen Geschmack zugeschnitten.

■ **H. STERN,** Rua Visconde de Pirajá, Ipanema.

H. Stern ist zweifellos der *größte Juwelier,* wenn nicht der Welt, dann doch Brasiliens. 70 Filialen besitzt er allein im eigenen Land, 80 im Rest der Welt, vorzugsweise auf Flughäfen, aber auch in Städten wie New York, Paris etc. In Ipanema ist sein Hauptquartier, und einen Besuch sollte man nicht verpassen, auch wenn man nichts kaufen will. Allein die *Show* ist es wert. Mit Walkman und Kopfhörer ausgerüstet, die Kassette selbstverständlich auch in deutscher Sprache, denn H. Stern ist deutschen Ursprungs – wandelt man im wahrsten Sinne des Wortes von Raum zu Raum, um sich den Werdegang eines Diamanten vom schmutzigen Etwas bis zum geschliffenen Schmuckstück zeigen zu lassen, vorbei an verschiedenen Schaukästen und Werkstätten bis hin zu den Ausstellungsräumen, die wirklich prächtig sind. Neben Schmuck und Juwelen gibt es auch Silber, Souvenirs, Bücher, Video-Kassetten über Rio und dergleichen. Wer kaufen will, findet *ausgezeichnete Beratung,* wer nicht, wird nicht weiter belästigt.

Mein Tip: An jedem Hoteltresen liegen Gutscheine auf für eine freie Taxifahrt zu H. Sterns Juwelen-Imperium.

■ **AMSTERDAM SAUER,** Rua Visconde de Pirajá 484, Ipanema.

Sozusagen Tür an Tür mit H. Stern. Tatsächlich sind die beiden Geschäfte fast immer dicht beieinander zu finden, da sie sich ergänzen: H. Stern ist näher am Konsumenten, Amsterdam Sauer beschäftigt sich mehr mit dem *Großhandel.*

■ **CASA ALBERTO,** Rua Vinicius de Morais 101, Ipanema.

Mehr nach *europäischem Geschmack* ausgerichtet. Man sagt, er kopiere erfolgreich all die großen europäischen und amerikanischen Juweliere bis hinauf zu Tiffany. Zudem werden gute Silberqualitäten mit Edelsteinen zu hübschem Schmuck verarbeitet.

■ **PRATA MODERNA,** Barata Ribeiro 458, Copacabana und Visconde de Pirajá 487, Ipanema.

Silber, wohin man auch blickt, *modernes Design aus Silber* in Verbindung mit Edelsteinen, was es sonst selten gibt. *Kostet kein Vermögen.* Silberohrringe mit Edelsteinen nach Wunsch sind schon ab 40 Dollar zu haben.

■ **RODITI,** Rua Visconde de Pirajá, Ipanema und zwölf weitere Niederlassungen in Rio.

Moderner und exklusiver und nicht so auf Massenproduktion ausgerichtet wie die beiden Marktleader.

■ **SIDI,** Avenida Atlantica 1536, Copacabana.

Sehr beliebtes Geschäft bei Touristen, die Schmuck aus *Halbedelsteinen* kaufen und nicht gleich ein Vermögen liegen lassen wollen. Auch folkloristisch gefertigte Schmuckstücke und andere Souvenirartikel finden reißenden Absatz.

MODE

Trotz der riesigen Shopping-Zentren: Boutiquen gibt es in Rio wie den sprichwörtlichen Sand am Meer. Die geballteste Anhäufung befindet sich in Copacabana und Ipanema. In Centro in der **RUA URUGUAIANA, RUA DA ROSARIO, RUA BUENOS AIRES** oder **RUA DO OUVIDOR** haben die meisten auch noch eine Filiale. Einkaufsstraßen sind in Copacabana in erster Linie die **AVENIDA NOSSA SENHORA DE COPACABANA** mit der Querstraße **RUA SANTA CLARA** und in zweiter Linie die laute **RUA BARATA RIBEIRO.** Vornehmer und exklusiver sind die Geschäfte in Ipanema, an der **RUA VISCONDE DE PIRAJA** mit den Seitenstraßen **RUA FARME DE AMOEDO, RUA JOANA ANGÉLICA, RUA GARCIA D'AVILA, RUA ANIBAL MENDONCA.** Was Sie in diesem Viertel nicht finden, gibt es in ganz Rio nicht.

Die großen Namen sind selbstverständlich alles Lizenzen. Das Design kommt aus dem Ursprungsland, die Ausführung ist *made in Brazil.* Oft ist die Qualität nicht ganz so toll, wie wir es gewöhnt sind. Die Preise sind für brasilianische Begriffe eher hoch, für Europäer halb so teuer. *Ausverkäufe sind immer lohnend.*

Mein Tip: Alles anprobieren, denn die Größen sind eher klein bemessen.

Die großen Namen:

■ **LA BAGAGERIA,** Ipanema Forum, Rua Visconde de Pirajá 363, Ipanema.

Sehr *schöne Lederwaren* und elegant sportliche Kleidung.

■ **BENETTON,** Rua Santa Clara 95, Copacabana und Rua Visconde de Pirajá, Ipanema.

Die vereinigten Farben von Benetton haben auch vor Brasilien nicht haltgemacht. *Gute T-Shirts.*

■ **FIORUCCI,** Rua Joana Angélica, Ipanema und Rio Sul.

Lustige Sachen, jedoch ziemlich teuer; *Jeans sind im Ausverkauf spottbillig.*

■ **TIMBERLAND,** Rua Visconde de Pirajá 561, Ipanema.

Ein Gütesiegel an sich und den Kauf wert.

■ **YVES SAINT LAURENT,** Rua Visconde de Pirajá 559, Ipanema.

Zu Ausverkaufszeiten – und das ist meistens – eine Fundgrube an klassischen Hosen, Jacken, Hemden und Röcken.

Brasilianische Mode:

Zugegeben, es gibt viel Ramsch in Rio. Die allerbilligsten T-Shirts für ein paar Dollar in ordentlichen Baumwoll-Qualitäten kauft man am besten auf der Straße, denn die haben zudem noch lustige Motive, Farben und Formen aufzuweisen. Ab und zu verirrt sich auch mal ein richtiger Künstler auf die Gasse: mit schönen Drucken oder handgemalten Sujets. T-Shirts mit Pailletten, Papageien und anderen Motiven, gibt es en masse und sie sind – man höre und staune, denn „Kitsch as Kitsch can" – als Souvenirs ungeheuer beliebt. Einige brasilianische Markennamen sollten Sie sich merken, falls Sie auf fantasievolle und qualitativ anständige Mode Wert legen.

■ **AMERICAN SUPER,** Ave N.S. Copacabana 722, Copacabana.

Einer der besten Läden für junge, sportliche Mode zu vernünftigen Preisen. Eine gelungene Mischung aus L.A.- und Tokio-Look. *Flippige Sweatshirts.*

■ **FABRICATTO,** Avenida Nossa Senhora Copacabana 693, Copacabana.

Lustig bis gediegenes Modedesign und ebenfalls nicht billig.

■ **GEORGES HENRI,** Rua Visconde de Pirajá 525, Ipanema.

Leinen, Seide, Leder – klassische, strenge Linie, die man in Rio zwar nicht trägt, dafür zu Hause. Eher teuer.

■ **MAISON CHAGALL,** Rua Visconde de Pirajá 444, Ipanema.

Freizeit-Kleidung. Das meiste ist *für Männer.* Für Frauen ist nicht viel dabei. Die Sachen sind so farbenfroh und lustig, wie man es bei uns gar nicht finden kann.

■ **SULA DREY,** Rua Barata Ribeiro, Ecke Rua Raimundo Correa, Copacabana.

Besonders ausgefallene T-Shirts mit Drucken der Malereien von Chagall, Matisse, van Gogh, Picasso und Gauguin. Das Stück für 20 Dollar.

■ **MR. WONDERFUL,** Rua Visconde de Pirajá 503, Ipanema.

Schlichtweg der beste Laden für *klassische Herrenkleidung.* Nur wenig für Frauen.

■ **WORKOUT,** Rua Visconde de Pirajá 414, Ipanema.

Sportliche, lässige Sweat-Shirt-Kleidung. Hohe Preise.

■ **YES BRAZIL,** Avenida Nossa Senhora Copacabana 788, 1. Stock, und Rua Visconde de Pirajá 363, Ipanema Forum, Ipanema.

Die *flippigste* brasilianische Mode, die man sich vorstellen kann. Aber: Die Preise sind sogar für unsere Verhältnisse exorbitant hoch.

■ **PHILIPPE MARTIN, COMPANY, DIMPUS, RED-GREEN, EVELYN,**

PINK, MONAH, GERRY MOX, BOLT, BLU 4, ASPARAGUS, BEE, SMUGGLER, CANTÃO sind weitere gute und günstige Modeläden mit vielen Filialen in der ganzen Stadt und in allen Einkaufszentren. Auch **WRANGLER** und **LEVI'S** findet man überall. Ideal für billige *Markenjeans*.

SCHUHE UND TASCHEN

■ **PERLAUCIA,** Rua Barata Ribeiro 468, Copacabana.
Traumhaft schöne Schuhe aus allerweichstem Leder.

■ **PÉ DO ATLETA,** Avenida Nossa Senhora Copacabana 680, Copacabana, Rua Visconde de Pirajá, Ipanema, zwei Läden.
Für Turnschuhe der richtige Ort, Lizenznehmer der amerikanischen Marke *Reebok*. Große Auswahl.

■ **SOFT SHOES,** Rua Visconde de Pirajá 903, Ipanema.
Sehr modische Schuhe, die bei uns viel Geld kosten würden. Hier rund 30 Dollar.

■ **VICTOR HUGO,** Rua Barão da Torre 247, Ipanema.
Sehr schöne und exklusive Ledertaschen. Teuer, aber gut.

BIKINIS

■ **BUM BUM,** Rua Visconde de Pirajá 437, Ipanema.
Zweifellos die bekannteste und *berühmteste* Bikini-Marke von ganz Rio, allerdings auch die teuerste: 15 – 20 Dollar. Die Auswahl in Farben und Formen ist dafür auch riesig.

■ **CENTRO COMERCIAL COPACA-**

BANA, Avenida Nossa Senhora de Copacabana 581, Copacabana.
Einkaufs-Galerie mit zahlreichen winzigen Geschäften. Einige führen nichts anderes als Bikinis und zwar *zu viel günstigeren Preisen* als die bekannten Marken-Hersteller.

■ **COMPANHIA DO CORPO,** Rua Visconde de Pirajá 444 und 580, Ipanema.
Nicht nur eine gute Adresse für Bikinis und Badeanzüge, sondern auch für Gymnastikanzüge und *Jazztanz-Outfits*.

■ **KI-TANGA,** Rua Visconde de Pirajá 305 und 444, Ipanema. Mini-Bikinis, *filadentas*, die Zahnseiden-Bikinis, wie die Cariocas sie nennen, in auffallenden Farben und Mustern.

ALLES FÜR DEN KARNEVAL

Kleider für die Karnevalsbälle bestehen, der heißen Witterung entsprechend, aus so gut wie nichts. Ein Badeanzug oder Bikini, dazu viel *Glitter*, das reicht eigentlich schon. An jeder Straßenecke kann man solche Glitzersachen kaufen, aber auch ein paar Geschäfte haben sich auf diese luftigen Fähnchen und die entsprechende Meterware zum Selbermachen spezialisiert. *Karnevalsglitzer ist billig*, mehr als 5 – 10 Dollar kann man dafür gar nicht ausgeben.

■ **BIJOU BETH,** Centro Comercial Copacabana, Avenida Nossa Senhora Copacabana 581, Copacabana.
Der richtige Laden für *Federboas*, Stoffe mit *Glitzereffekten*, Spiegelchen und Sternen.

■ **FESTA,** Rio Sul Shopping Center, Botafogo.

Festliche Glitzerkleidchen in großer Auswahl, die wir eigentlich als Kitsch bezeichnen würden. Cariocas lieben diese extrem auffallenden Kleider vor allem zur Karnevalszeit. Rund 100 Dollar.

■ **PIPPERS,** Centro Comercial Copacabana, Avenida Nossa Senhora Copacabana 581, Copacabana.

Winziges Geschäft, in dem man speziell *flippige Karnevalsbikinis* innerhalb von Stunden machen lassen kann. Kostet rund 50 Dollar.

■ **RAKAM,** Rua Visconde de Pirajá 443, Ipanema.

Eigentlich sind *cangas*, Tücher, die man auf dem Weg zum Strand über dem Bikini trägt, die Spezialität des Hauses. Die Auswahl ist groß. Zur Karnevalszeit kann man jede Menge Glitzersachen als Meterware kaufen.

FRISEURE

Brasilien ist kein Land hoher Frisierkunst. *In* sind lang wallende Mähnen bei den weißen Frauen, farbige tragen ihre aufwendig geflochtenen Zopffrisuren, Männer einen schlichten, kurzen Haarschnitt. Punk- und Igel-Frisuren – womöglich noch in diversen Farben – sieht man in Rio wunderselten, denn Rios Jugend ist doch sehr angepaßt und überhaupt nicht auf Protest eingestellt. Touristen finden Haar-Salons in allen größeren Hotels vor.

Mein Tip: Lassen Sie gleichzeitig Hände und Füße pflegen. So günstig (rund fünf Dollar beides) kommen Sie nie mehr dazu. Und die Mädchen geben sich wirklich Mühe.

■ **ADELA,** Rua Paul Redfern 35, Ipanema.

Bei Adela wird *Styling* ganz groß geschrieben.

■ **CHEZ MARMITÉ,** Rua Visconde de Pirajá 379, Ipanema.

Sehr guter Salon, die Empfangsdame spricht ein wenig Englisch und hilft gern beim Erklären.

■ **COIFFEUR UNISEX MONTEIRO'S,** Rua Barão de Ipanema 43, Copacabana. Der grünüberwucherte Balkon ist gar nicht zu übersehen. Moderner Salon für Sie und Ihn.

■ **JAMBERT,** Avenida General San Martin 1010, Leblon.

Bei der *internationalen Kundschaft* sehr beliebt, da hier auch Englisch gesprochen wird. Dafür ist das Preisniveau auch höher.

■ **WERNER,** Avenida Visconde de Pirajá, Passage Palacio Astoria, Ipanema. Werner stammt aus Brasiliens Süden, *spricht Deutsch* und ist auch über die modernen deutschen Trends auf dem Laufenden. *Sehr günstige Preise.*

SOUVENIRS

Wer in Rio kein lustiges Souvenir findet, hat selber Schuld. Die Auswahl auf Copacabanas Nachtmärkten ist enorm, auch der sogenannte *Hippiemarkt* in Ipanema bietet sich zum Souvenirkauf an. Und an jeder Straßenecke halten fliegende Händler ihre bunten T-Shirts feil. Bei ihnen kann man sogar noch um den Preis feilschen, wenn man gleich mehrere kauft. In der **AVENIDA NOSSA SENHORA DE COPACABANA,** sozusagen an der Rückseite des *Hotels Copacabana Palace,* reiht sich von

Nummer 209 bis 327 ein ganzer Block an Souvenirgeschäfte aneinander.

■ **M. ECHER,** Avenida Nossa Senhora de Copacabana 435, Copacabana.
Halbedelsteine und die verschiedensten Souvenirs daraus; alles vom Aschenbecher bis zum Schlüsselanhänger.

■ **FROM RIO,** Avenida Atlântica 4240, Copacabana.
Sehr originelle Artikel zu entsprechenden Preisen, solche für den Strand sowie T-Shirts.

■ **THE LEATHER SHOP,** Rua Fernando Mendes 45A, Copacabana.
Nomen est omen — Souvenirs aus Leder. Taschen jeder Größe, Gürtel, Schuhe, sogar Sitzpolster, die man zu Hause auffüllen kann.

■ **MINAS JOIAS,** Rua Fernando Mendes 28, Copacabana.
Bis unters Dach gefüllt mit Souvenirartikeln. Halbedelsteine, Achat-Aschenbecher, blaue Schmetterlinge aus dem Amazonas-Gebiet, Schmuck und dergleichen. *Nicht eben billig*, da sehr touristisch, aber dafür alles vorhanden.

■ **MORENO,** Visconde de Pirajá 500, Ipanema und Cassino Atlântico, Copacabana.
Ebenfalls riesiger Souvenir-Shop mit Holzschnitzereien, Stein- und Einlegearbeiten, Gold- und Silberschmuck, Fläschchen mit farbigem Sand und allem, was man sich überhaupt nur vorstellen kann.

■ **E.SIMON,** Avenida Nossa Senhora de Copacabana 339, Copacabana.
Schöne *Silbersachen*, zum Beispiel die *bombillas*, die verzierten und auch schlichten Teegefäße der Gauchos. Durch ein Silberröhrchen schlürfen sie ihren Mate aus eben diesen Bombillas.

DELIKATESSEN

Falls jemand findet, das landesübliche Angebot sei unzureichend, der ist totsicher ein Snob. In Delikatessen-Länden werden sich darum auch nur jene verirren, die schon sehr lange außer Landes sind und ihre kleinen kulinarischen Heimweh-Gelüste oder solche, die zu viel Geld haben. Denn teuer sind diese Länden allesamt. Und alle führen ein reichhaltiges Sortiment an importierten Weinen, Käsen, Broten, Würsten und dergleichen. Es handelt sich durchwegs um italienische, portugiesische, deutsche und französische Produkte — den ausländischen Einwanderern entsprechend.

■ **BORDEAUX,** Barra Shopping, Barra da Tijuca.

■ **CASA DOS SABORES,** Rua Prof. Manuel Feirreira 89, Gávea.

■ **GOURMANDISE,** Rua Visconde de Pirajá 44, Ipanema.

■ **WONDERFOOD,** Rua Real Grandeza 76, Botafogo.

BUCHHANDLUNGEN

Buchhandlungen schließen meist gegen 20 Uhr, manche auch später. Internationale Belletristik ist in großer Auswahl auf Portugiesisch übersetzt. Fremdsprachige Bücher sind hingegen rar, die meisten Geschäfte führen nur ein schmales Regal mit Romanen in Englisch, Französisch oder Deutsch. Außerdem sind importierte Bücher extrem teuer, ebenso ausländische Zeitungen und Magazine.

■ **ANITA DISTRIBUIDORA,** Rua Visconde de Pirajá 62, Ipanema, 7 – 24 Uhr.

▶

Qualitativ sehr gutes Fleisch können Sie in Rio genießen (oben).
Weine, Schnäpse, Biere, exotische Öle — das Angebot ist enorm (unten).

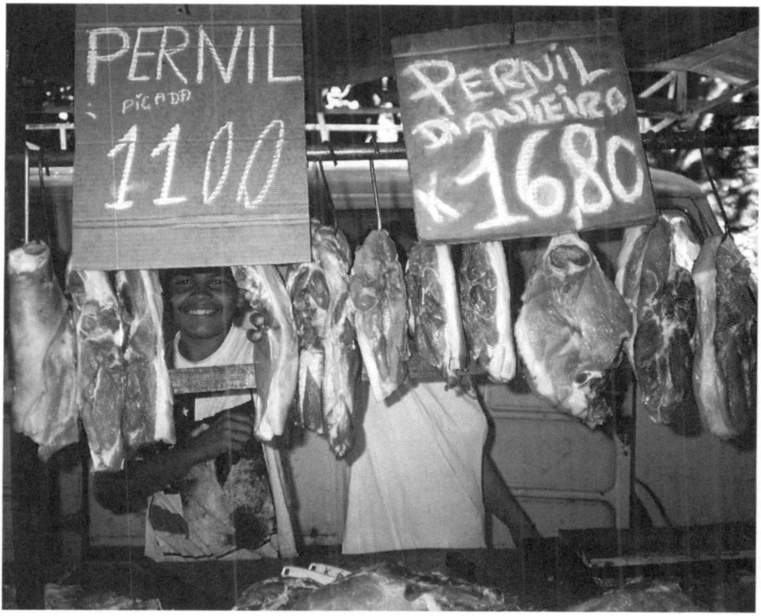
PERNIL
PICADA
1100
PERNIL
DIANTEIRA
K 1680

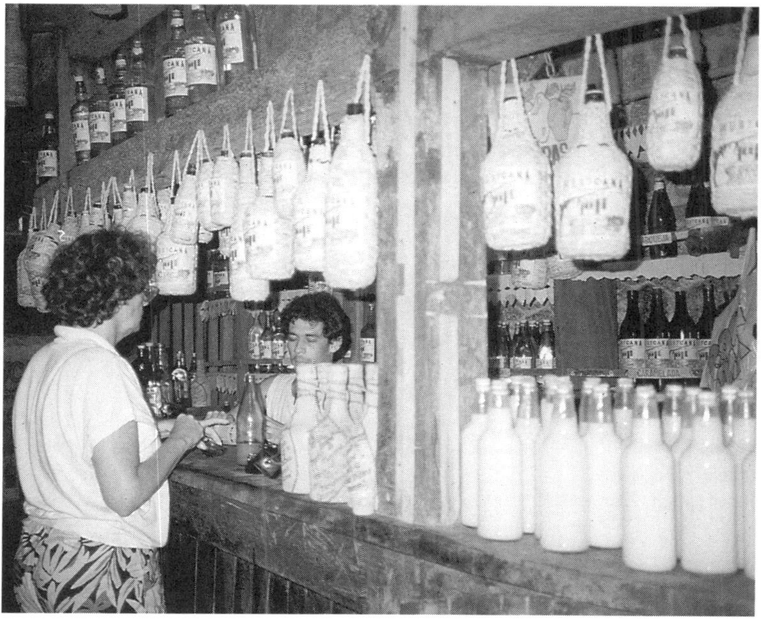

Hier liegen internationale Magazine und Illustrierte aus.

■ **BOOKS INTERNATIONAL,** Rua da Quitanda 74, 2. Etage, Centro. Größte Auswahl an *englischsprachigen* Büchern.

■ **DAZIBÃO,** Rua Visconde de Pirajá 571, Ipanema, Travessa do Ouvidor 11, Centro. Eigentlich auf wissenschaftliche Bücher spezialisiert, hat aber auch *ungewöhnliche Postkarten* und Kunstbände sowie englische Übersetzungen, zum Beispiel solche von *Jorge Amado*, Brasiliens bekanntestem Novellisten.

■ **KOSMOS,** Avenida Atlântica 1702 im Hotel Copacabana und Rua do Rosário 155. Zwei interessante Läden, die auch *Kunstbücher* und alte Stiche von Rio führen.

■ **LIVRARIA CASTELO LTDA.,** Avenida Erasmo Braga 227, 2. Stock. Nur *deutschsprachige* Bücher in großer Auswahl. Teuer.

■ **LIVRARIA SARAIVA,** Avenida Sete de Setembro 73, Centro. Gepflegter Laden mit großer Auswahl, Abteilung mit internationaler Literatur.

■ **SICILIANO,** São Conrado Fashion Mall, Barra Shopping, Visconde de Pirajá 511, Ipanema, Avenida Nossa Senhora de Copacabana 830, Copacabana, Avenida Rio Branco 158, Centro. Ebenfalls große Kette, bietet auch fremdsprachige Bücher an.

■ **SODILER,** Shopping Rio Sul, Airport, *24 Stunden offen.*

■ **UNILIVROS,** Rua Visconde de Pirajá 207, Ipanema, Rua General Artigas 232, Leblon,

Avenida Ataulfo de Paiva 686, Leblon, Rua Francisco de Sá 26, Copacabana, Largo do Machado 29, Catete. Kette mit großen Geschäften und entsprechender Auswahl. Englische und französische Bücher, wenig Deutsches.

AUSLÄNDISCHE ZEITUNGEN

An der **PRAÇA SERZEDELO COR-REIRA** und der **AVENIDA PRADO JUNIOR**, Ecke **AVENIDA NOSSA SENHORA COPACABANA**, Copacabana.

An der **PRAÇA GENERAL OSO-RIO** und **PRAÇA DA PAZ**, Ipanema finden Sie die besten Zeitungsstände der ganzen Stadt. Letzterer ist der allerbeste und bis weit in den Abend hinein, ca. 23 Uhr, geöffnet. Weitere zahlreiche Koske finden Sie an der **AVENIDA ATAULFO DE PAIVA** und **RUA RITA LUDOLF**, Leblon, sowie an der **AVENIDA RIO BRANCO**.

SCHALLPLATTEN

Der Samba-Sound wird Sie vor allem im Centro verfolgen, denn Schallplattenläden gibt es an jeder Ecke. **GABRIELA DISCOS** und **MO-TO DISCOS** sind die größten Ladenketten mit zahlreichen Filialen in allen Stadtteilen. Die Auswahl ist gut, vor allem natürlich an einheimischer Musik: *Samba, Pagode, Pop, Schlager*. Ein Album kostet durchschnittlich *fünf Dollar*, bei guter Qualität. Diejenige von Kassetten läßt zu wünschen übrig, die *Bänder leiern schnell. CD's* sind erst in kleiner Auswahl und nicht überall im Angebot. Wer keine Beratung braucht

▶
Beim Zeitungsstand an der Praça da Paz werden deutsche Zeitungen verkauft (oben). Auch in Rio langsam eine Rarität: der VW-Käfer (unten).

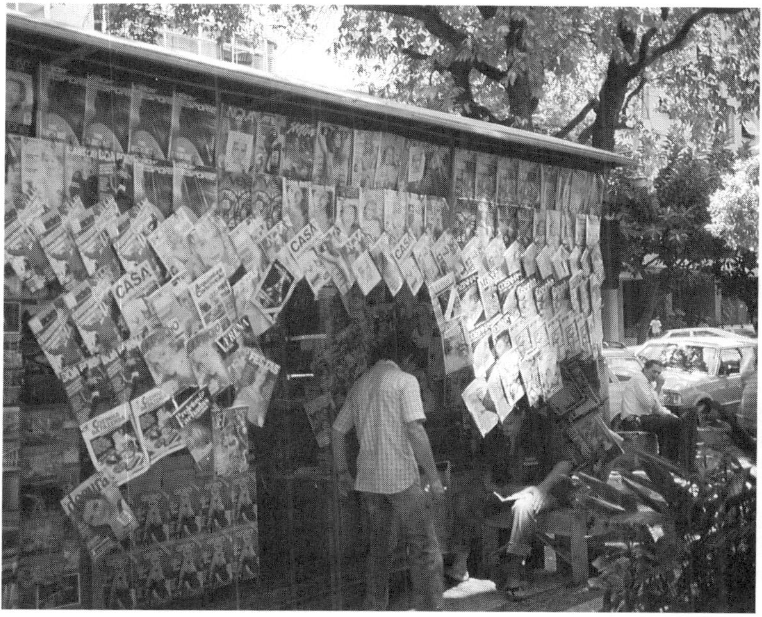
CASA

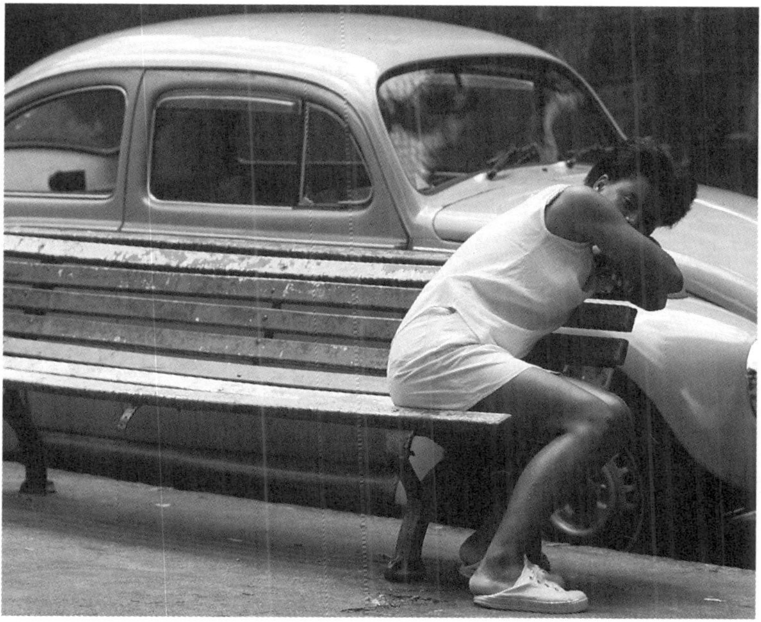

und *Aktuelles aus der brasilianischen Hitliste* will, kauft in den **LOJAS AMERICANAS** zu unschlagbaren Preisen.

■ **BILBOARD-MODERN SOUND,** Rua Visconde de Pirajá 602, Ipanema, Rua Barata Ribeiro 502, Copacabana. Gepflegte Plattengeschäfte mit *guter Beratung* und großer Auswahl in allen Sparten.

■ **DISCO DO DIA,** Centro Comercial, Copacabana. Ebenfalls Discount-Preise für den sehr gängigen Musikgeschmack *à la brasileira*.

■ **HI-FI,** Shopping Rio Sul, Botafogo. Topmodernes Plattengeschäft mit sehr guter Auswahl auch internationaler Firmen, inklusive Klassik.

FOTO UND FILME

■ **CENTRO COMERCIAL COPACABANA,** Avenida Nossa Senhora Copacabana 581, Copacabana. Die größte Auswahl an Filmen und Batterien für Fotoapparate.

■ **COLORCENTER,** Shopping Rio Sul, Botafogo. Filialen in Copacabana und Ipanema. Ihre Farbfilme werden hier in einer Stunde entwickelt.

■ **DELACROIX,** Avenida Ataulfo de Paiva 725, Leblon. Guter Laden für Foto-Zubehör und sorgfältig gelagerte Filme.

■ **GALERIE RIO BRANCO,** Rio Branco 156, Centro. Ebenfalls alle gängigen Filmsorten und Batterien.

■ **LUTZ FERRANDO,** Avenida Nossa Senhora de Copacabana 426, Copaca-

bana und Rua Visconde de Pirajá 261, Ipanema. Die richtige Adresse bei technischen Problemen.

APOTHEKEN/DROGERIEN MIT 24-STUNDEN-SERVICE

Rios Drogerien führen das übliche Drogisten-Angebot. Gleichzeitig können Sie hier bestimmte Arzneimittel beziehen, sehr oft ohne Rezept und zwar auch in Minipackungen. Von unbekannten Produkten sollte man die Finger lassen, denn Dritte Welt-Länder werden oft mit Artikeln, aus Europa übrigens, überschüttet, die erstens unnötig sind und zweitens europäische Arzeimittelkontrollen nie passiert haben. Man kann sich auch nötige Spritzen verpassen lassen.

■ **DROGARIA ATLAS,** Estrada da Barra da Tijuca 18, Joá, Barra da Tijuca.

■ **DROGARIA CRUZEIRO,** Avenida Nossa Senhora Copacabana 121, Copacabana.

■ **FARMACIA DO LEME,** Avenida Prado Junior 237, Copacabana.

■ **FARMACIA PIAUI,** Rua Barato Ribeiro 646, Copacabana und Avenida Ataulfo de Paiva 1283, Leblon.

Ein Heer von Straßen-händlern belagert Rio

Von Romeo Rey

Copacabana atmet auf. Die Sonne versinkt hinter den Bergkuppen, an denen die Hütten der Armen von Rio de Janeiro wie Pilze haften. Der *Calçadão*, ein breiter Bürgersteig mit ruhelosem Pflastersteinornament entlang der Avenida Atlântica, die den Strand im Halbrund säumt, belebt sich jetzt. Die Feriengäste verlassen, vom Nachmittagsschläfchen gestärkt, ihre Hotels, um bei Bier und stark gesüßtem *Caipirinha*-Schnaps Erfrischung zu suchen. Ein zähflüssiger Fahrzeugstrom zwängt sich heulend und hupend über die dreispurige Autobahn nach Ipanema, Leblon und zur Barra de Tijuca.

Schuhputzerjungen peilen mit gierigen Blicken die Fremden an. Schon vor dem Einnachten mischen sich Mulattinnen mit skurril gezöpfeltem Haar unter die Menge, um ihr Liebesreize gegen harte Währung anzubieten. Nicht nur um die Kundschaft und das eigene Revier wird oft lautstark gekämpft. Auch das Vordringen der Transvestiten, fast lauter Weiße, die von ihrem Standquartier bei der Alaska-Galerie in wachsender Zahl ausschwärmen, verursacht Aufruhr. Homosexuelle, Rauschgiftschmuggler, Devisenhändler, Schlangenbeschwörer, Bettler, Taschendiebe, Sektenprediger, Musikanten und breithüftige Zigeune-

rinnen, die das künftige Glück aus der Hand zu lesen wissen – sie alle verwandeln den *Calçadão* in ein Babylon am Tropenstrand. Die Jagd auf fremde Moneten läßt weder Rassen- noch Klassenschranken zu. Kein Vorurteil und kein Tabu.

Hier finden auch Straßenhändler Platz. Auf Decken und wackligen Gestellen breiten sie ihre Ware aus, wenn die Dämmerung naht. Batikkleider, Hängematten und Strohgeflechte zappeln munter im Wind, Tausende von Schmuckstücken aus Kupfer und Messing warten auf souvenirsüchtige Käufer. Fische, die in durchsichtigen Plastik eingegossen sind, starren entsetzt auf das irre Treiben rundherum. Fruchtwasser aus Kokosnüssen, Schleckzeug, Büchsenbier und Eis wird den Passanten angeboten.

„Profitiert von diesem Hochsaisonangebot, edle Touristen! Profitiert, bevor die Inspektoren kommen!" Für alle diese fliegenden Händler gibt es in Rio einen Sammelbegriff: Sie heißen alle *Camelô*, und ihr Geschäft nennt man abschätzig *Camelotagem* (Ramschwarengeschäft).

Bis 1980 gab es in der „wunderbaren Stadt" kaum Straßenhandel. Drei Rezessionsjahre hatten dann zur Folge, daß weit über hunderttausend Menschen den Arbeitsplatz verloren, und von den rund hunderttausend, die jedes Jahr ins erwerbsfähige Alter treten, fanden nur wenige einen Job. *Camelotagem* oder *Delinquenz* – eine andere Wahl bleibt ihnen kaum.

Erst sammelten sich die fliegenden Händler im Zentrum, auf der Fußgängerstraße zwischen dem *Cinelândia-*

Platz und dem *Teatro Minicipal*, wo der Geruch nach verschüttetem Bier aus den Kneipen dringt und die Tauben den Passanten frech um die Köpfe flattern. Dort harrten sie jeden Mittag darauf, daß die Sonne hinter hundert Meter hohen Gebäuden endlich verschwinde und das Pflaster zu dampfen aufhöre. Von Woche zu Woche wanden sich die Reihen ihrer Stände weiter durch die Rua 13 de Maio zum Largo da Carioca hinüber, dann in die Uruguaiana-Straße, zwischen den letzten hellrosa Fassaden aus dem 19. Jahrhundert hindurch und wie ein Lauffeuer durch die schmalen Gassen der Stadtmitte, immer vor der Gluthitze, den Inspektoren und der Verzweiflung fliehend.

„Was soll ich denn, wenn nicht Ramschhandel treiben? Fremde überfallen? Kokain verkaufen statt Socken und Slips?"

Die Expansion der kleinen Asphaltunternehmer erforderte Organisation. Die Ware mußte herangeschafft, die Platzverteilung irgendwie geregelt, der Gewinn dividiert werden. Großhändler mit düsterer Vorgeschichte besorgten dieses Geschäft. Unter Umgehung aller legalen Behörden wurden die Straßen, Gassen und Plätze parzelliert, an die interessierten Camelôs vermietet und mit Waffengewalt gegen Unabhängige verteidigt. Diese wagten schließlich einen Vorstoß in die *Avenida Rio Branco*, Schlagader der Innenstadt, wo zwischen Bank- und Bürotürmen, im Trubel des Stoßverkehrs, unverhofft Orangen, Bananen und Melonen feilgehalten wurden.

Rasch faulende Fruchtschalen, zertrümmerte Holzkisten, Pappkartons und Zeitungspapier übersäten bald die stolze Avenue, die Händler versperrten den Weg auf dem Gehsteig ... es mußte nun wirklich durchgegriffen werden. Bürgermeister Marcelo Alencar beschloß, das die ganze Zone auf einmal gesäubert werden sollte. Wenn die Camelôs ihrem Geschäft weiterhin nachgehen wollten, dann müßten sie es in den ärmeren Randvierteln São Cristóvão, Madureira, Bonsucesso der Méier tun, der Stadt eine Gebühr entrichten und sich zur Kontrolle ein Plastikschildchen anhängen lassen.

„Anhängeschildchen!" lachen sie heute hell heraus. „Das Ding handeln wir jetzt unter uns: Xeroxkopien, schön plastifiziert, 5 Cruzados das Stück. Geht alles unter der Hand!" – „Steuern zahlen! Sonst noch was? Genügt wohl nicht, daß wir den Mafiosi ein Standgeld entrichten und die Polizisten schmieren, damit sie die Ware nicht konfiszieren?"

Die neue Ordnung war von kurzer Dauer. Alteingesessene Kaufleute, die empört darauf pochten, daß sie schließlich Steuern, Miete und Löhne zahlten, setzten sich der Invasion von halblegalen Konkurrenten in jenen Stadtteilen heftig zur Wehr. Ein Unternehmerstreik wurde ausgerufen. Ultimaten und Drohungen flogen zwischen den etablierten Geschäftsleuten, den Straßenhändlern und den Behörden hin und her. Nach einigen Wochen verschwand die gesamte *Camelotagem* – um sogleich in Copacabana wieder aufzutauchen.

In der Avenida Nossa Senhora de Copacabana, wo die Fußgängermasse immer am dichtesten ist und der Fahrzeugstrom am meisten stockt, wo die

Busse in breiter Front auffahren und alle Lärmmessungen Rekordwerte ergeben, ließen sich die fliegenden Händler wie hungrige Geier nieder. Dieselbe Konfliktsituation wiederholte sich, und diesmal mußte zu ihrer Lösung die Polizei herbeigerufen werden. Die *Camelôs* beharrten darauf, sich aus Copacabana, aufgrund seiner enormen Siedlungsdichte wohl der bestmögliche Absatzmarkt im 10 Millionen Einwohner zählenden Groß-Rio, nicht mehr vertreiben zu lassen.

Wie immer man es drehen oder verdrängen mochte, mit repressiven Maßnahmen ließ sich das Problem der arbeitslosen Volksmasse nicht aus der Welt schaffen.

Immer mehr Brasilianer verdienen immer weniger. Nur 20 Prozent der Bevölkerung verfügen über mehr als drei Mindestlöhne. An diese Verarmung wird man in Rio Tag und Nacht erinnert.

In manchen Strandrestaurants ist heute Wachpersonal angestellt, das verhindern soll, daß den Gästen die Mahlzeit vom Teller weggestohlen wird oder hungriges Volk mit dem Vorwand, die Toilette aufzusuchen, in die Küche pirscht. Im Stadtteil Flamengo mußte man die Militärpolizei um Hilfe rufen, weil das ständige Liebesgezänk schwuler Bettler, die nachts auf der Straße lagerten, die Anwohner nicht mehr schlafen ließ. Die Stiftung Leo XIII schätzt zur Zeit die Zahl der Obdachlosen in Rio auf über 20 000, von denen nicht einmal ein Zehntel in Notlagern aufgefangen werden kann.

Ende 1979 waren auf dem eigentlichen Stadtgebiet (rund 5 Millionen Einwohner) offiziell 309 *Favelas* oder Slums mit insgesamt 1,74 Millionen Menschen gezählt worden. Zwei Jahre später registrierte man bereits 383 Elendsviertel. Hunderttausende leben von den Abfällen, die nach den Markttagen auf den Straßen liegen bleiben (Früchte, Gemüse, Kartoffeln, sogar Fisch), in den Gaststätten nach Mitternacht gesammelt werden oder frühmorgens in Kehrichteimer und Plastiksäcken zu finden sind.

Kürzlich forderten Geschäftsleute und Gastwirte der Avenida Atlântica das Fremdenverkehrsbüro *Embratur* mit einer Petition auf, den Straßenhandel auf dem *Calçadão* zu verbieten und für ein Mindestmaß an öffentlicher Ordnung zu sorgen. Einmal mehr mußten die *Camelôs* ihr Bündel packen.

Manche kehrten nach wenigen Tagen zurück. Andere improvisierten Trinkbuden am Strand, und wieder andere hielten, ebenfalls mitten im Sand, gebratene Shrimps am Spießchen feil. Das sahen nun die „alteingesessenen" Getränke- und Fressalienhändler, auch sie *Camelôs*, die mit schweren Kühlkisten auf den Schultern in der Hitze herumstapfen, gar nicht gern. Als bald auch hier Steuerbeamte auftauchten, rief einer der neu zugezogenen Budenbesitzer entsetzt: „Jetzt bleibt uns nur noch ein Ausweg offen: ins Meer!" (1984)

(Aus „Reportagen aus Brasilien", Helbing & Lichtenhahn, Basel und Frankfurt am Main.)

Fußballverliebte Brasilianer

Von Hannes Bertschi

Ein Klischee entspricht kaum je der ganzen Wahrheit, jenes vom fußballverliebten Brasilianer hingegen trifft weitgehend zu. Das können auch die Kritiker nicht ändern, die das spektakuläre Ritual um die magische Kunststoffkugel schlimmste Manipulation, Ablenkung von sozialen Mißständen oder Verdummung des Volkes nennen. Ob sie Recht haben oder nicht, kümmert den Großteil der männlichen Bevölkerung wenig. Die will Fußball spielen, wo und wann immer möglich.

Den Kindern dient der Hinterhof im Quartier als Spielfeld, den Armen ein erdiger Flecken am Rande ihrer Favela, dem kleinen Jungen der Fußweg neben der offenen Bar, wo der Vater eben ein Bier trinkt. Auch nach Mitternacht spielen die Unentwegten unter Flutlicht auf einer Rasenfläche zwischen den Schnellstraßen am Küstenrand. Die beeindruckendsten Fußballfeste finden gegen Abend und vor allem sonntags am Meer statt: am Strand von Flamengo, Botafogo, Urca, Leme, Copacabana, Ipanema, Leblon, Barra bis hinaus nach Bandeirantes und Grumari. Schmerbäuchige ältere Herren, athletische Burschen und flinke Jungen veranstalten da ein artistisches Spektakel, zaubern mit dem Ball im tiefen Sand – man könnte meinen, ihre einzige Beschäftigung im

Leben sei das Fußballspiel. Und wahrscheinlich stimmt der sarkastisch klingende Spruch tatsächlich, wonach in Brasilien mehr Menschen Fußball spielen als lesen können.

Zur Liebe gesellt sich meist die Leidenschaft, und das gilt auch für den Fußball. Liebe und Leidenschaft zu diesem Sport zeigen sich jede Woche während der Spiele in den großen Stadien, und außer Kontrolle geraten sie alle vier Jahre bei der Weltmeisterschaft. Da beginnen die Einwohner Rios schon Wochen vor Beginn der WM, ihre Straße mit grüngelben Fähnchen zu schmükken, in den Avenida-Restaurants montiert man grüngelbe Lämpchen, Girlanden zieren Hauseingänge. Lange, grüngelbe Fahnen flattern an den Fassaden der Hochhäuser entlang, Fähnchen, Wimpel, Schildkappen und T-Shirts mit der Nationalflagge finden nun erst recht ihre Käufer. Auf Straßen, an Mauervorsprüngen, Säulen oder Hauswänden wird der Wunschtraum – die Erringung des vierten Weltmeistertitels – mit farbigen Malereien künstlerisch umgesetzt.

Doch alles Schmücken, Malen und Hoffen hat seit 1970, als die Brasilianer in Mexiko zum dritten und letzten Mal Fußballweltmeister wurden, nichts geholfen. Nach dem Aus in Deutschland, Argentinien, Spanien und Mexiko, das jeweils mit einem nationalen Trauertag verbunden war, ist der brasilianische Spitzenfußball in eine schwere Krise geraten. Die Krankheitsdiagnose lautet: Zuschauerschwund in den Stadien, Ausverkauf der Stars nach Europa, Machtkämpfe um die Herrschaft im Brasilianischen Fußballverband, wegen

▶
Vollbesetzt das Maracana-Stadion.

Bodenspekulation rar gewordene Trainingsplätze für die jungen Talente, um nur einige Argumente zu nennen.

Die Brasilianer mögen zwar nicht mehr die Erfolgreichsten sein, doch daß sie noch immer *den schönsten Fußball* spielen – darin sind sich weltweit Kenner als auch Spieler, sogar bei uns, einig. Deshalb strömen die Zuschauer denn auch in Scharen in die europäischen Stadien, wenn die südamerikanischen Ballkünstler auch nur für ein Freundschaftsspiel angesagt sind. Fußball ist neben Samba nach wie vor das wichtigste kulturelle Exportgut Brasiliens.

Der brasilianische Fußball ist schlicht ein Phänomen. Anders kann man seine Anziehungskraft rund um den Erdball kaum erklären. Der dreimalige Weltmeisterschafts-Triumph allein kann es nicht sein, denn die Brasilianer sind ja nicht mehr die einzigen. Auch der *Mythos Pelés* reicht da nicht aus. Aber wenn die braunen, schlanken Spieler in ihren weißen Socken, den glänzend blauen Hosen und den gelben Trikots das Spielfeld betreten, kommt eben nicht irgendeine Mannschaft. Da erscheinen Artisten, die den Ball einen Zentimeter über den Kopf ziehen, die exakteste Steil- und Diagonalpässe über das halbe Feld schlagen, die die raffiniertesten Spielzüge wie im Traum vorführen, die nach Freistößen Kanonenschüsse in Richtung Tor donnern, die die Kugel aus der Luft annehmen, als hätten sie Magnete an den Stollen, die dem gegnerischen Verteidiger haarscharf am Standbein vorbeispielen und den nächsten gleich per Beinschuß mitausstricksen, die am und mit dem Ball einfach

alles können. Und sie demonstrieren es mit einer unglaublich verblüffenden, tänzerischen Leichtigkeit.

Doch warum spielen gerade die Brasilianer solch berauschenden Fußball? Warum nicht die Russen und die Deutschen, die Holländer oder die Italiener? Daß die Brasilianer den größten Fußballverband der Welt und damit die größte Auswahl an Fußballindividualisten haben, mag mit ein Grund sein. Wichtiger sind hingegen die Voraussetzungen, die das Land selber erfüllt: ein sehr junges Volk, eine starke Religiösität als Folge der Verschmelzung der verschiedensten Glaubensrichtungen, ein Rassengemisch aus drei Kontinenten, das südländische Temperament in einem lange Zeit kolonialisierten Land mit immer noch ausgeprägter Armut. So zynisch es klingt – all das ist guter Nährboden für jene Dinge, die den Fußball schlechthin ausmachen: Ritual, Ästhetik, Talent des Einzelnen, Begeisterungsfähigkeit der Masse, Manipulation und Vermarktung.

Wahrscheinlich läßt sich das Wunder des brasilianischen Fußballspiels am besten mit der Durchmischung der Rassen erklären, wie das Carlos Byington in der Zeitschrift *Psicologia atual* geschrieben hat: „In der körperlichen Betätigung des Brasilianers kommt die Kreativität des Eingeborenen (Indianers) und des Schwarzen zum Audruck. Dazu gesellt sich der Fleiß, die Anstrengung und die Geduld des Europäers".

Mit der Geduld ist es hingegen nicht immer weit her. Freude, Begeisterung und Leidenschaft überborden oft. Für das Strandspiel ist das die beste Voraussetzung, bei ernsthaften Kämpfen allerdings führte es schon allzu oft zu Leichtsinn, Überheblichkeit und alles entscheidenden Gegentoren. Doch die Leidenschaft ist den Brasilianern zum Glück nicht zu nehmen. Besonders dann nicht, wenn es um Religion, Karneval oder eben Fußball geht, jene heilige Dreieinigkeit der Brasilianer, die durchtränkt ist von absoluter Hingabe, Tanz und Ekstase.

Nicht nehmen kann man den Brasilianern auch ihre Freude am Spiel. Die Cariocas sind tatsächlich unglaublich verspielt. Kein Wunder also, daß gerade am Strand von Copacabana das *Fute-Volley* entstand. Bei diesem Spiel läuft alles wie beim Volleyball ab, mit einer Ausnahme: Anstatt mit den Händen wird wie beim Fußball nur mit Kopf, Brust, Knien und Füßen übers Netz gespielt.

Was aber letzlich die absolute Begeisterung der Brasilianer für ihren Fußball ausmacht, wer ihnen das begnadete Talent in die Wiege gelegt hat, weiß nur Gott, wenn er es nicht selbst war. Denn der sei ja schließlich auch Brasilianer, sagt man in Brasilien. Und er soll gesagt haben: *Das Leben ist ein Spiel, und die Brasilianer lieben es zu spielen.*

(Hannes Bertschi arbeitet seit rund acht Jahren als freier Journalist für verschiedene Schweizer Tageszeitungen und Magazine. Er hat zudem einige Sachbücher veröffentlicht. Seine längeren Reisen führten ihn unter anderem auch immer wieder nach Brasilien. Brasilianischer Fußball und brasilianische Musik haben es ihm besonders angetan. Hannes Bertschi lebt in Basel.)

Sport

FUSSBALL
■ **ESTADIO DO MARACANA,** Rua Prof. Eurico Rabelo, Eingang 18, São Cristóvão, Tel. 264-9962, Mo bis Fr 9 – 17 Uhr.

Das *größte Stadion der Welt* mit nahezu 200 000 Plätzen. Gebaut wurde es 1950 aus Anlaß der Weltmeisterschaften. Häufig finden hier auch riesige Rock-Konzerte statt. Tina Turner war hier, Sting, Frank Sinatra, Joe Cocker, Genesis, der Papst übrigens auch. Besonders eindrucksvoll sind die Fußballspiele am Sonntagnachmittag zwischen Lokalrivalen wie *Flamengo* und *Vasco*. Wer einen Hang zur *Klaustrophobie* hat, kann sich das leere Stadion zu obengenannten Öffnungszeiten anschauen. Ein kleines *Fußballmuseum* mit allen möglichen Trophäen ist angeschlossen.

SURFEN
Rios gewaltige Wellen laden zum Surfen geradezu ein. Am Nachmittag sind sie besonders regelmäßig und hoch, allerdings nicht ganz ungefährlich. Ein Kurs empfiehlt sich daher, falls Sie nicht schon ein ausgesprochenes As sind.
■ **ASSOCIAÇÃO DE SURF,** Avenida Senambetiba 3100, Barra da Tijuca, Tel. 399-4556.
■ **ASSOCIAÇÃO DE SURF POSTO 5,** Avenida Nossa Senhora de Copacabana 978, Copacabana.
■ **SURF CLUBE,** Rua Joana Angélica 192, Ipanema, Tel. 247-8311.

FALLSCHIRMSPRINGEN, DRACHENFLIEGEN

Unglaublich, aber wahr. Eine der atemberaubendsten Attaktionen ist das Fallschirmspringen und Drachenfliegen über Rio. Wer sich allein nicht traut, kann es im Tandem versuchen – zusammen mit absoluten Profis selbstverständlich. Der Start ist im Corcovado-Massiv; nach einem sensationellem Flug in Richtung Küste landet man am Strand von Barra.

■ **AERO CLUB DO BRASIL,** Avenida Alvorada 2541, Alvorada, Tel. 325-5301.

■ **SÃO CONRADO/PEDRA BONITA,** Assad Junior, Tel. 237-5117, Casimiro, Tel. 511-1500.

SEGELN

Rios Jachtklubs nehmen gern temporäre Mitglieder auf. Hier kann man sich auch nach einer Bootsmiete erkundigen.

■ **SEGELSCHULE MARINA DA GLORIA,** Parque do Flamengo, Tel. 285-3097.

■ **RIO DE JANEIRO YACHTCLUB,** Avenida Pasteur 333, Botafogo, Tel. 295-4482.

TENNIS

In den großen Hotels kommen Touristen am einfachsten zu ihrer Tennisstunde und/oder zu einem Spielpartner.

■ **HOTEL INTER-CONTINENTAL,** Tel. 322-2200.

■ **HOTEL SHERATON,** Tel. 274-1122.

GOLF

Das Golfspiel ist in Rio genauso exklusiv wie in Europa. Versuchen Sie bei folgenden Adressen Ihr Glück:

■ **GAVEA GOLF,** Tel. 322-4141.

■ **ITANHANGA GOLF CLUB,** Tel. 399-0507.

FITNESS

Jazztanz, Ballett, Krafttraining, Gymnastik, Stretching – die Cariocas sind darauf versessen. Allenthalben gibt es Trainingsstätten, in denen dieser Obsession gefrönt wird. Eine Stunde kostet nicht mehr als drei Dollar, und je länger man dabei ist, um so billiger wird es: sieben Tage knapp 10 Dollar, 14 Tage 15, einen Monat 25 Dollar. Und die günstigen Gymnastik-Outfits, die man zu dieser Gelegenheit im selben Klub kaufen kann, sind allein schon den Beitritt wert. Schon eine einzige Stunde lohnt, denn Fitneß per Sambamusik ist nun wirklich etwas ganz Besonderes.

■ **ATLANTE,** Rua Siqueira Campos 12, Copacabana.

■ **BALLETT STUDIO,** Rua Visconde de Pirajá 207, Ipanema.

■ **EQUIPE 1,** Rua Visonde de Pirajá 161, Ipanema.

■ **GINASTICA JUSSARA,** Rua Visconde de Pirajá 318, Ipanema.

■ **GINASIO VIGOR,** Rua Alvaro Alvim 24, Centro.

■ **STUDIO 5,** Rua General Artigas 232, Leblon.

■ **STUDIO 6,** Rua Silva Castro 10, Copacabana.

Strandleben

Rios Strände, die *praias*, sind der Tummelplatz der Cariocas. Wer immer es einrichten kann − und die meisten können es − verbringt seine Zeit am Strand. Hier ist fast rund um die Uhr etwas los, ein paar dunkle Nachtstunden ausgenommen.

Der Tag am Strand beginnt früh, jedenfalls in Copacabana, wo die *Fischer* an Land gehen und ihren Fang nahe dem *Hotel Rio Palace* auf den ihrer Cooperative eigenen Markt bringen. Eine Idylle, die in scharfem Kontrast zu der mit Hochhäusern bewehrten Bucht und dem brausenden, achtspurig geführten Verkehr steht. Sie dauert auch nicht lange, die Idylle. Denn schon kommen die Werktätigen, die vor des Tages Mühe noch schnell ein paar Kilometer *Jogging-Strecke* absolvieren. Am Strand von Copacabana, in Leme, in Ipanema als auch in Leblon sieht man sie in ihren modischen, knielangen Rennhosen, darunter der Badeanzug. Wer nicht rennt, schließt sich einer der zahlreichen *Gymnastikgruppen* an, die sich frühmorgens am Strand treffen und unter kundiger Leitung Arme und Beine schwingen, denn Fitsein ist in Rio schließlich alles.

Den morgendlichen Turnern folgen die Profis, die an der Praia ihr Geld verdienen. Und das sind nicht wenige: *Budenbesitzer* hängen ihre schwere Ware, die Kokosnüsse, nach draußen. Bikini- und T-Shirt-Verkäufer legen ihre bunten Textilien aus. Strandstühle werden neu sortiert, Volleyballnetze frisch gespannt, Bierflaschen kaltgestellt, Cachaça-Flaschen auf ausreichenden Inhalt geprüft, Toiletten geschrubbt, der Sand geputzt.

Wer ernsthaft ins Wasser will, kommt jetzt in den noch frischen Morgenstunden, wenn sich die Fluten am besten zum *Schwimmen* eignen. Je weiter der Tag fortschreitet, desto unberechenbarer werden die Strömungen und die teilweise sehr hohen Wellen. Der Nachmittag ist dafür die hohe Zeit der *Surfer.*

Am Morgen drängen auch die *Volleyball-Spieler* an die Netze. Keine Temperatur ist ihnen zu hoch, kein Regen zu naß. Die Volleyball-Freaks sind immer am Ball, dicht gefolgt von den Fußballkünstlern, die ebenfalls im oberen Abschnitt der Strände ihr Eldorado finden, wo ein paar dünne Palmen mageren Schatten spenden und der Sand immer wieder mit Wasser besprüht wird, falls er dann doch zu heiß für die nackten Fußsohlen werden sollte. *Strandtennis* ist gleichfalls beliebt, zumindest bei den Spielern, die es eher an die Wasserkante zieht. Strandläufer schätzen sie weniger, da ihnen oft ein Ball um die Ohren fliegt.

Gegen Mittag − und das gilt besonders für das Wochenende − ist der Strand bunt von Menschen. Schönheiten räkeln sich in der Sonne in ihren sagenhaft knappen *Bikinis,* die mehr entals verhüllen. Familien lagern mit der ganzen Sippschaft im Sand und halten ihr *Picknick* unterm gestreiften Sonnenschirm ab. Die Wasserkante wird zur Promenade, an der ein Strom

von Menschen unablässig vorbeiflaniert, denn Sehen und Gesehen werden heißt das Strandmotto.

Wer nicht will, braucht sich überhaupt nicht aus dem Sand zu erheben, denn geliefert wird alles frei Badetuch. Man hört sie schon von weitem, die fliegenden Händler, die lautstark ihre Waren losschlagen, denn jeder hat das Beste: Sandwich, Mate, Eiscreme, Melonen, Ananas, gegrille Krabben, aber auch Sonnencreme, Modeschmuck, Sonnenhüte.

Mein Tip: Die Leute von Teresa Weiss verkaufen wirklich das leckerste Eis.

Am Nachmittag, wenn die Surfer mit ihren kurzen Brettern die Wellen unsicher machen, ist manches *Spektakel* angesagt: Sambatanz und Pagode, vielleicht steht auch ein *model* Modell oder es wird ein Film gedreht, der die ganze Strandgemeinde als Statisten einbezieht und Kinder anzieht wie weiland der Rattenfänger von Hameln. Die Strandbuden sind um diese Zeit belagert wie nie, denn Hitze macht bekanntlich durstig. Bier fließt in Strömen, der Cachaça macht die Runde und manch lautstarkes Palaver entsteht, aber auch manch leiser Flirt.

Wenn die Sonne langsam versinkt, halten sich die Pärchen immer noch verliebt an den Händen, und Zeitungsleser suchen die Kühle für ihre intellektuelle Schwerarbeit. Schon bevölkern die ersten Jogger erneut die Promenade, um ihre abendliche Fitneßrunde zu drehen, Bodybuilder machen sich an den für sie konstruierten Geräten stark. Die Budenbesitzer zählen die Tageskasse, sammeln die leeren Flaschen zusammen, und Schatzsucher fahnden nach Wertvollem im Sand: nach Ringen, Geld, Uhren, verwaisten Badehosen.

Noch bis weit in die Nacht hinein dient der Strand zum Flanieren und Parlieren. Nur ein paar nachtschwarze Stunden lang ist er verwaist – genau bis zur nächsten Morgendämmerung, wenn die Fischer in Copacabana wiederum die ersten sind, die den Strand beleben.

◄

Die rückseitige Ansicht ist für die Cariocas wichtiger als die vordere.

Rio - Mekka der Musik

Von Hannes Bertschi

Ipanema ist jener vornehme Stadtteil in der *Zona Sul*, der Südzone Rios, der bekannt ist für seine eleganten Apartment-Häuser, exklusiven Boutiquen, die stimmungsvollen Bars und Restaurants. Seinen Weltruhm verdankt er jedoch dem fröhlichen Lied vom weiten Strand mit dem beigefarbenen Sand und der betörenden *Garota de Ipanema*, jenem Mädchen von Ipanema, das, sich in den Hüften wiegend, leichtfüßig im Sambaschritt zum Meer hin bewegt.

Das Mädchen gibt es tatsächlich: es lebt noch heute in Ipanema, wenn auch als gestandene Mutter von einer mindestens so hübschen Tochter. Als vor bald dreißig Jahren der Komponist *Antonio Carlos Jobim* und sein Freund, der Dichter und Musiker *Vinicius de Moraes*, wieder einmal in ihrer Stammbar in Ipanema saßen, ging eine wunderschöne *garota* vorüber. Ihr swingender Gang, so erzählten sie später, habe sie spontan zur *Bossa Nova* über die „Garota de Ipanema" inspiriert. Dank dem amerikanischen Saxophonisten *Stan Getz* und der brasilianischen Sängerin *Astrud Gilberto* ist sie als *Girl from Ipanema* weltberühmt und bis heute tausendfach neu besungen worden: von verschiedensten Musikgruppen und vom brasilianischen Volk, das ohne seine Musik nicht leben kann.

Alle singen, weil sie Sehnsucht haben – *saudade*, wie sich die eigentümliche, ansteckende, aus Portugal kommende, Volkskrankheit nennt. Wie Religion, Karneval oder gar Fußball hilft ihnen die Musik, auf eine vom Alltag losgelöste, beinahe mystische Ebene zu gelangen. Und so summen und singen sie beim Einkaufen, Handwerken, Spielen, Autofahren, Kochen, Spazieren – auf dem Land wie in den Städten, im Norden wie im Süden. Die *Musica Popular Brasileira*, die brasilianische Volksmusik, die von Klassik bis Brasil-Rock alles einschließt, ist äußerst lebendig und hat nichts vom abgeschmackten Folklore-Charakter.

Das gilt, mit Ausnahme der musikalischen Touristenshows, ganz besonders für Rio de Janeiro, das Mekka der brasilianischen Musik. Kaum eine andere Stadt der Welt wird mit einer solchen Fülle von Liedern gepriesen wie gerade Rio. „*Wunderbare Stadt, voller Zauber, Herz meines Brasiliens, Wiege des Sambas und der schönen Lieder*", lauten die ersten Zeilen von Rios *Nationalhymne*. Das Lied von der *Cidade Maravilhosa*, der wundervollen Stadt, ist heute ebenso aktuell und beliebt wie zu ihrer Geburtsstunde vor einem halben Jahrhundert.

Auch haben weder Bahia noch São Paulo die *Musica Popular* so nachhaltig beeinflußt wie eben Rio. Das zeigte sich bereits während der *Bela Epoca* in Rio, jener „kulturell importierten" *Schönen Epoche* zwischen 1870 und 1920. Nach Abschaffung der Sklaverei 1888 und Ausrufung der Republik 1889 strömten massenweise Farbige von den Plantagen in die Städte. Diese Bewegung wirkte auch auf die Musik: In Rio entstand der *Choro*, jene vom portugiesischen Verb

▶

Die Musica Popular geht unter die Haut. Gilberto Gil (oben) und João Bosco sind zwei der beliebtesten Interpreten.

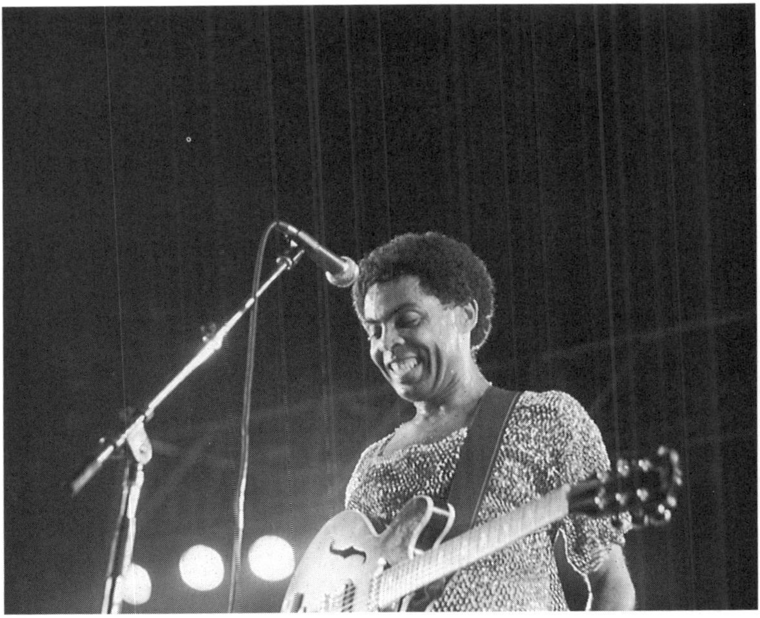

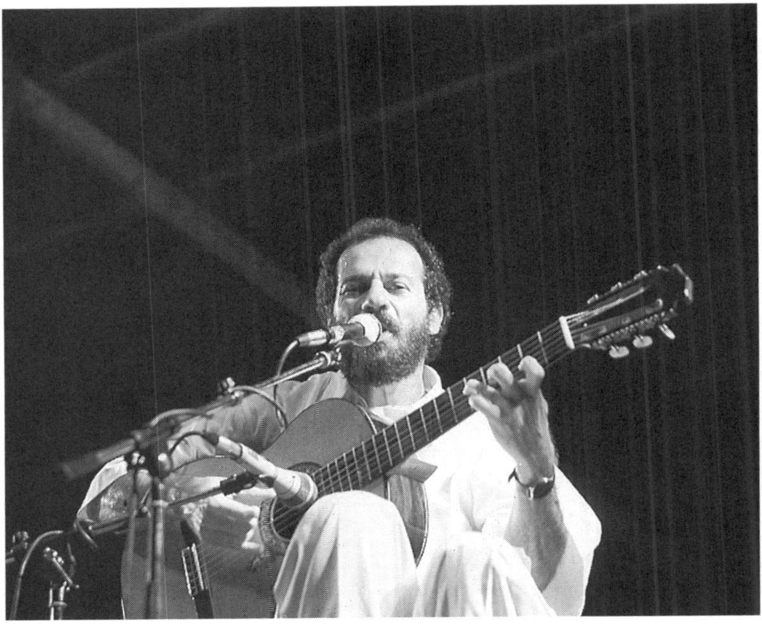

chorar (weinen, klagen) abgeleiteten melancholisch-melodiösen, gleichzeitig swingenden Instrumentalmusik. Zu Beginn wurde sie nur mit der Flöte, der Gitarre und ihrem kleinen Bruder, dem *Cavaquinho* gespielt. Später kamen zusätzliche Perkussionsinstrumente hinzu. Die Cariocas lieben ihren sanften Choro noch heute; und daß er nicht verstaubt, dafür sorgen die Musiker in Rios Nachtlokalen. Man findet den Choro zudem, ganz nach brasilianischer Musikertradition, im Repertoire völlig unterschiedlicher Popular-Musiker.

Dasselbe gilt für den *Samba*, den König des musikalischen Brasiliens und ein gewaltiger Bastard zugleich. Im Ursprung war er, vereinfacht gesagt, ein afrikanischer ritueller Gruppentanz. Seine Urgroßmutter ist die tropikalisierte *böhmische Polka*. Gegen Ende der *Bela Epoca* zeichnete sich der offizielle Begriff *Samba* immer deutlicher ab, seine historisierte Geburtsstunde verdankt er einem Musiker mit dem Namen *Donga*. Donga kombinierte aus dem Wirrwarr verschiedenster Rhythmen und Tänze im Jahr 1917 im Armenviertel der *Cidade Nova* Rios den ersten offiziell anerkannten *Samba Carnevalhesco*. Mit dem Karnevals-Hit *Pelo Telefono* war der städtische Samba geboren.

Mit dem *Bossa Nova* – zu deutsch *neues Talent* – wurde vierzig Jahre darauf ein weiteres wichtiges Kapital brasilianischer Musikgeschichte geschrieben. Diesmal in der reichen *Zona Sul*: in den Vierteln Copacabana, Ipanema, Leblon, wo Künstler, Intellektuelle und tatendurstige junge Musiker verkehrten. So auch die beiden Väter des Bossa Nova, *Antonio Carlos Jobim* und *Vinicius de Moraes*, sowie der Gitarrist *João Gilberto*, der von Bahia kam, um in Rio die große Musikwelt kennenzulernen. Er erweckte mit seiner genialen Musikalität den Bossa Nova erst richtig zum Leben.

Seither hat es viele weitere Strömungen in der *Musica Popular* gegeben, etwa die *Afro-Sambas* mit *Baden Powell*, die Protestsongs mit *Chico Buarque* als wichtigstem Vertreter, den *Tropicalismo* aus Bahia oder den *Iêiêiê Brasileiro*, ein vom *Yeah, Yeah, Yeah* der *Beatles* abgewandelter Kommerz-Rock, der, wie die heutigen Rockbands, in São Paulo groß wurde.

Doch Rio bleibt weiterhin das Zentrum der *Musica Popular*. Hier sind die berühmtesten Sambaschulen zu Hause, hier haben die meisten Verlage, Medien und Schallplattenfirmen ihre Hauptsitze. Auch bietet keine andere Stadt ein solch vielfältiges Musikangebot. Das beginnt mit den kleinen Sambagruppen an den Straßen und am Strand. Für Liebhaber der eher monoton rhythmischen *Forro-Musik* aus dem Nordosten finden jeden *Samstagabend* beim **LARGO DO MACHADO**, einem gemütlichen Platz im Stadtteil **FLA-MENGO** oder *sonntags* an der **FEIRA DO NORDESTE** in der Nordzone, Live-Konzerte statt. Samba-Clubs gibt es zuhauf, auch viele *gafieiras*, jene leicht altmodischen Tanzhallen mit ihren mitreißenden Tanzorchestern und der ausgelassenen Stimmung. Auch in den zahlreichen *boâtes*, einer Art Klub, kann man, meist zu Live-Musik, das Tanzbein schwingen. Und natürlich

▶

Die besten Sängerinnen und Sänger treten im Canecão auf, so auch die beliebte Sängerin Gal Costa.

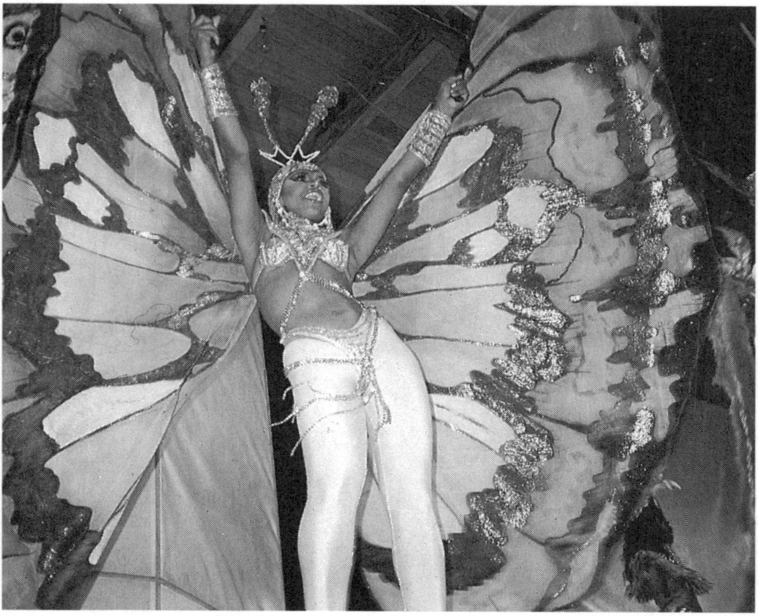

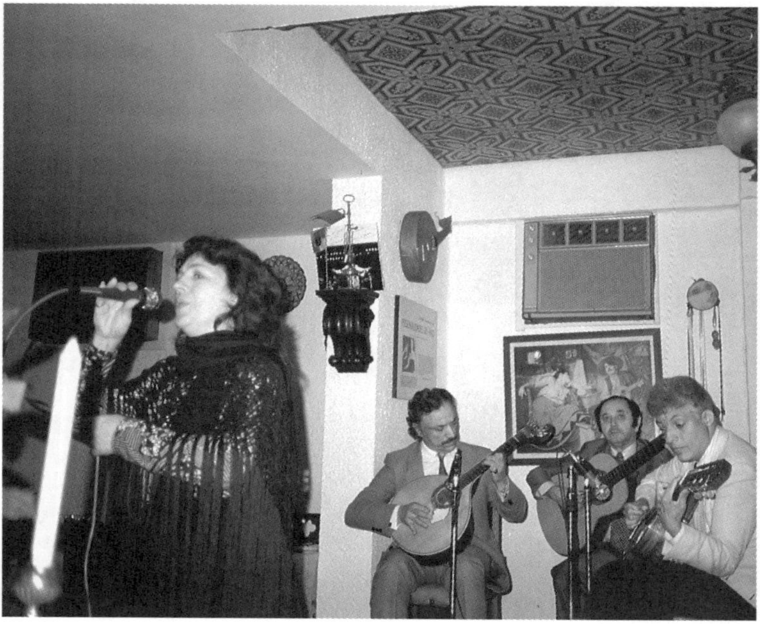

fehlen auch die Bars und Discos nicht. Eine für Rio wohl einmalige Sache ist die *Seis e Meia*. Täglich finden gleich nach Büroschluß, eben um halb sieben, Konzerte mit verschiedensten, teils berühmten Musikern statt, zu einem auch für Einheimische erschwinglichen Preis.

Und das ist erst der Anfang, denn das Angebot an *Shows*, wie die Brasilianer ihre *Musica Popular-Konzerte* nennen, ist überwältigend. Die bekannteren Musiker treten etwa im **TEATRO CLARA NUNES** oder im **TEATRO CASA GRANDE** auf, die ganz großen Stars kann man im **CANECÃO** bewundern: Elba Ramalho, Jorge Ben, Maria Bethania, Gal Costa, Gilberto Gil, João Bosco, Ney Matogrosso, Caetano Veloso, Roberto Carlos, Brasiliens beliebtester Schnulzenstar, Beth Carvalho. Und die meisten von ihnen wohnen auch in Rio. Das angenehme Klima und die besondere Atmosphäre, so sagen viele Musiker, komme ihnen bei ihrer kreativen Arbeit zugute.

Ein besonderes Vergnügen ist es *Caetano Veloso* zu hören und vor allem zu sehen. Er ist ziemlich klein, hager und äußerst beweglich. Der Mulatte provoziert, verzaubert, wedelt und wirbelt auf der glitzernden Bühne. Als Rockstar erscheint er, dann wieder ist er Aristokrat, Hure, Macumba-Priester, Narziß, Clown oder Ankläger. Samba, Rock, Reggae, Choro, Disco, Frevo, New Wave, Fado, Forro – aus den verschiedensten Musikarten und Liedformen verwendet er Elemente und baut sie in seine eigene, unverwechselbare Musik ein. Ein brillanter, schwer faßbarer und für junge Talente immer noch wegweisender Musiker: Komponist, Poet, Sänger

und Gitarrist in einem. 1942 nahe Bahia geboren, ein Kind des Bossa Nova und stark von *João Gilberto* beeinflußt, kreierte er Ende der sechziger Jahre zusammen mit *Gilberto Gil* den *Tropicalismo*, jenen Versuch, alle möglichen Musikelemente zu kombinieren. Dies bedeutet eine Rückbesinnung auf die eigene *afrobrasilianische* Kultur. In Rio, wo er heute lebt, ist er wie so viele vor und nach ihm berühmt geworden.

Will man die Cariocas und die Brasilianer überhaupt richtig kennenlernen, sollte man möglichst tief ins musikalische Rio eintauchen. Möglichkeiten bieten sich genug. Brasiliens *Musica Popular* wird im Anzeigenteil der Zeitungen übrigens immer als *MPB* bezeichnet.

SHOWS

Wer wann wo auftritt, entnimmt man am besten dem Unterhaltungsteil in den Zeitungen *O Globo* und *Jornal do Brasil*. Wer Zeit hat, sollte sich jeden Abend eine Show gönnen, die Stimmung ist einfach enorm. Die wichtigsten Lokale sind:

- ▪ **ALO-ALO,** Rua Barra da Torre 368, Ipanema, Tel. 521-1460.
- ▪ **ASA BRANCA,** Rua Mem de Sá 17, Lapa, Tel. 252-4428.
- ▪ **BOTECOTECO,** Avenida 28 de Setembro 205, Vila Isabel, Tel. 204-2727.
- ▪ **CANECÃO,** Avenida Venceslau Braz 215, Botafogo, Tel. 295-3044.
- ▪ **CASA DA CULTURA LAURA ALVIM,** Avenida Vieira Souto 176, Ipanema, Tel. 274-6946.
- ▪ **SCALA,** Avenida Afrânio de Melo Franco 296, Leblon, Tel. 239-4448.
- ▪ **TEATRO IPANEMA,** Rua Prudente

◄

Im Scala oder Plataforma: Karneval-Shows als Ersatz für alle, die den echten Karneval verpaßt haben (oben).
Traurige Fado-Gesänge im A Desgarrada in Ipanema (unten).

de Morais 824, Tel. 247-9794.

■ **TEATRO JOÃO CAETANO,** Praça Tiradentes, Centro, Tel. 221-0305.

SEIS E MEIA

Wer gegen sechs Uhr im Centro ist, sollte sozusagen als Apéro in ein Konzert gehen. *Seis e Meia,* halb sieben, heißen diese Anlässe, weil sie justamente dann beginnen. Die Einheimischen lieben diese Vorstellungen zum Teil namhafter Künstler, weil sie erstens günstig im Preis sind und zweitens, weil hier eine sehr unprätentiöse, echte Stimmung herrscht.

■ **ASSYRIUS,** Avenida Rio Branco 277, Centro, Tel. 220-1998. Daten und Zeiten vorher telefonisch erfragen.

■ **JOÃO CAETANO,** Praça Tiradentes, Centro, Tel. 221-0305, Mo bis Fr ab 18.30 Uhr.

MUSIK-/TANZBARS

Neben den erwähnten Bars haben zusätzlich alle größeren Hotels — vor allem in Copacabana — ihre Musikecke, wo entweder Stars auftreten, ein Pianist die Hintergrundmusik erklimpert oder getanzt werden kann. Meist kann man auch vorher etwas essen. Der unterhaltende Teil beginnt kaum vor 23 Uhr. Im allgemeinen wird ein kleines Eintrittsgeld für die Artisten verlangt, wobei Frauen weniger bis gar nichts zahlen.

■ **ASSYRIUS,** Avenida Rio Branco 277, Centro, Tel. 220-1998, 21—4 Uhr.
Eine der ganz wenigen wirklich einladenden Bars in Centro. Unterschiedliches Programm, das von *seis e meia* bis *MPB* reicht.

■ **BIBLO'S,** Avenida Epitácio Pessoa 864, Lagoa, Tel. 521-2645, 19—5 Uhr.
Unterschiedliches Unterhaltungsangebot, mal *Jazz,* mal *MPB.* Nettes Lokal und friedliche Atmosphäre.

■ **LA BODEGUITA,** Avenida Bartolomeu Mitre 662, Leblon, Tel. 239-1792, 19—3 Uhr.
Rios Artisten und Intellektuelle geben sich hier die Türklinke in die Hand.

■ **CAFE NICE,** Avenida Rio Branco 277, Centro, Tel. 240-0490, 19—4 Uhr.
Altehrwürdige Bar; sehr beliebt bei den Bohemiens unter den Cariocas. Live-Shows mit MPB-Musik.

■ **CALIGOLA,** Praça General Osório, Ipanema, Tel. 287-6791, 22—4 Uhr.
Sehr aufwendig dekorierte Bar, die an einen *römischen Tempel* erinnert. Pianomusik und Tanzmusik vom Band.

■ **CARINHOSO,** Rua Visconde de Pirajá 22, Ipanema, Tel. 287-3579, 20—4 Uhr.
Nationale und internationale Orchester spielen zum Tanz auf.

■ **CHAMPAGNE,** Rua Siqueira Campos 225, Copacabana, Tel. 255-7341, 20—5 Uhr.
Single-Bar mit Tanz und Live-Musik. Angenehm ruhige Atmosphäre.

■ **FRITZ,** Rua Barão da Torre 472, Ipanema, Tel. 267-4347, 10—4 Uhr.
Doppelgeschossiges Haus. Unten, in der ruhigeren Bar kann man bei einem Drink auch noch reden. Oben bei Live-Orchestern geht es lauter zu.

■ **GIG SALADAS,** Avenida General San Martin 629, Leblon, Tel. 294-3545.
Moderne *Video-Bar,* in der pausenlos Filmchen und Clips ausgestrahlt werden. Kleine Snacks gibt es auch.

■ **JAZZMANIA,** Rua Rainha Elizabeth 769, Ipanema, Tel. 227-2447, 20 – 4 Uhr.

Der Name sagt es – *Jazz*, was sonst – und zwar von bester Qualität. Zwischendurch kann man auf fünf Videomonitoren Jazzbands betrachten. Schöne Veranda mit Blick auf den Strand von Ipanema.

■ **MISTURA FINA STUDIO,** Rua Garcia d'Avila 15, Ipanema, Tel. 267-6596, 21 – 4 Uhr.

Treffpunkt der *schicken Jungen* von Ipanema. Zum Essen Piano- und Geigenuntermalung.

■ **NEAL'S OLD SACRAMENTO,** Estrada da Barra da Tijuca 1636, Itanhanga Center, Itanhanga, Tel. 399-3922, 19 – 4 Uhr.

Chaotische Video Bar, aber Rios Junge mögen das. Clips und Rock-Shows über ungezählte Videomonitoren.

■ **PEOPLE,** Avenida Bartolomeu Mitre 370, Leblon, Tel. 294-0547, 21 – 3 Uhr.

Die Dekoration dieser Bar ist gleichzeitig Programm: Musik über alles. Ziemlich laute Atmosphäre, im oberen Stock ist es etwas leiser.

■ **RAGTIME,** Avenida Sernambetiba 600, Barra da Tijuca, Tel. 389-3385, 21 – 2 resp. 5 Uhr.

Immer viel los am Wochenende, Jazz und MPB in Art Nouveau-Atmosphäre.

■ **RIO'S,** Parque do Flamengo, Flamengo, Tel. 551-1131, 12 – 2 Uhr.

Sehr schöner Blick über die Bucht. Klaviermusik ab 19 Uhr. Bei Ausländern sehr beliebt, schon allein der *hinreißenden Lage* wegen.

■ **SOBRE AS ONDAS,** Avenida Atlântica 3432, Copacabana, Tel. 521-1296, Tel. 17 – 3 Uhr.

Ein sehr romantischer und *luxuriöser* Ort. Veranda mit Blick aufs Meer, viel Platz zum Tanzen nach MPB-Musik aus der Konserve, manchmal auch Live-Shows.

■ **UN, DEUX, TROIS,** Bartolomeu Mitre 123, Leblon, Tel. 239-0198, 19 – 4 Uhr.

Ruhig und elegant geht es hier zu. Nach dem gepflegten Essen *ein Tänzchen in Ehren*. Das Publikum ist nicht mehr sehr jugendlich.

■ **VINICIUS,** Avenida Nossa Senhora de Copacabana 1144, Tel. 267-1497, 20 – 4 Uhr.

Nach dem Steak wechselt man in die Bar einen Stock höher, die wegen ihrer *guten Musik bekannt* und beliebt ist.

KARÃOKÉ

Die Japaner haben nicht nur Spuren ihrer tollen Küche hinterlassen, sondern auch ihre Liebe zum Singen. Die Musik wird per Band geliefert. Am Mikrofon karaolt und kräht, wer immer sich zum Star berufen fühlt. Wer Sinn für Albernheiten oder zur Selbstdarstellung hat, wird sich wohlfühlen. Beginn meist gegen 23 Uhr, Dinner wird vorher serviert.

■ **CANJA,** Avenida Ataulfo de Paiva 375, Leblon, Tel. 511-0484.

Klein, aber *immer rappelvoll* und beste Stimmung, nicht zuletzt wegen des guten Playback-Verfahrens und dem Vorsänger Ivon Curi.

■ **LIMELIGHT,** Rua Min. Viveiros de Castro 93, Copacabana, Tel. 542-3596.

Die Attraktion für Japaner und andere, die ihre Stimme unter Beweis stellen wollen. Mehr als 3000 internationale

Songs stehen im Playback-Verfahren zur Auswahl.

■ **MANGA ROSA,** Rua 19 de Feverei-ro 94, Botafogo, Tel. 266-4996.
Freitag und Samstag Karãoké, sonst gemütliche Piano-Bar.

■ **MIKADO,** Rua Min. Viveiros de Castro 127, Copacabana, Tel. 541-7597.
Eine Bar wie zu Zeiten Suzie Wongs. Ruhige Atmosphäre zum Essen und Tanzen.

GAFIEIRAS

Schön altmodische Tanzanlässe, die an die Tanzstundenzeit erinnern. *Schmissige Musik, herausgeputzte Leute.* Super. Beginn gegen 22 Uhr, meist nur am Wochenende, manchmal mit Mitternachtsshow.

■ **ASA BRANCA,** Avenida Mem de Sá 17, Lapa, Tel. 252-0966.
Der *schickste und eleganteste* Tanzsaal, Showtime um 23 Uhr.

■ **ELITE,** Rua Frei Caneca, Centro, Tel. 232-3217.
Klein und *sehr traditionell.* Die Karnevalsbälle hier sind berühmt.

■ **ESTUDANTINA,** Praça Tiradentes 79, Tel. 232-1149.
Noch einfacher und traditioneller. *Viel tanzfreudiges Volk aus der Gegend.*

DISCOS

Cariocas lieben ihre Discos, je lauter um so besser. In Discos besteht kein Konsumzwang. Wer seinen Obolus am Eingang – die Gesichtskontrollen können streng sein, denn Radaubrüder und abgewetzte Jeans will man nicht – entrichtet hat, meist 3 bis 5 Dollar, kann sich rund um die Tanzfläche oder auf derselben aufhalten. Die bequemeren Sitzgelegenheiten muß man reservieren, jedenfalls am Wochenende. Viele Discos sind nur von Mittwoch bis Sonntag geöffnet. Vor Mitternacht ist kaum etwas los. Gegen 2 Uhr wird der Disco-Sound sehr brasilianisch. Wenn dann alle jubelnd die Hitliste rauf- und runtersingen, wundern Sie sich nicht, singen und jubeln Sie mit.

■ **CALIGOLA,** Rua Prudente de Morais 129, Ipanema, Tel. 287-1369.
Sehr elegante Disco für die nicht mehr ganz so Jungen.

■ **COLUMBUS,** Rua Paul Pompeia 94, Copacabana.
Sehr junge Disco mit *schräger Musik,* die nicht unbedingt in die Beine geht.

■ **LA DOLCE VITA,** Avenida Min. Ivan Lins 80, Barra da Tijuca, Tel. 399-0105.
Viel Neon und Lämpchen und auch eine *enorme Tanzfläche.* Drei Bars für Drinks.

■ **HELP,** Avenida Atlântica 3432, täglich geöffnet.
Die wohl *größte* Disco in ganz Südamerika. Viele Touristen und einschlägige Damen, trotzdem gute Musik. Links und rechts der Tanzfläche tanzen Vortänzerinnen auf Podesten, sozusagen zum Anheizen. *Typische Aufriß-Disco.*

■ **HIPPOPOTAMUS,** Rua Barão da Torre 354, Ipanema, Tel. 247-0351.
Hocheleganter Privat-Klub; nicht immer leicht hineinzukommen. Manchmal tut es das Interesse des ausländischen Gastes an ihrem ganz besonderen Club inklusive angemessene Kleidung. Ich war bis jetzt damit ganz erfolgreich.

■ **PALACE CLUB,** Hotel Ric Palace, Avenida Atlântica 4240, Copacabana, Tel. 267-5048.
Ebenfalls ein Privat-Klub, doch wer im Hotel wohnt, wird ohne Probleme eingelassen.

■ **STUDIO C,** Hotel Rio Othon Palace, Rua Xavier da Silveira 7, Copacabana, Tel. 236-0695.
In erster Linie für Hotelgäste gedacht.

■ **ZOOM,** Praça de São Conrado 20, São Conrado, Tel. 322-4179.
Große Tanzfläche mit *vielen Lichteffekten*. Sechs Bar sorgen fürs flüssige Wohl. Rios gutbetuchte Jugend flippt hier am Wochenende aus.

Telenovelas

Opium fürs brasilianische Fernseh-Volk. Von Marc D. Herzka

Versuchen Sie niemals, sich mit brasilianischen Bekannten um halb neun Uhr abends zu verabreden. Im schlechtesten Fall erhalten Sie für dieses *gringohafte* Ansinnen ein kurzes *unmöglich* zur Antwort, im besten eine Einladung, der abendlichen *Novela* beizuwohnen. Sie sollten die Einladung unbedingt annehmen, denn *Telenovelas* gehören zum brasilianischen Alltag wie Samba und Fußball.

Die Sendezeit von halb acht bis halb zehn Uhr − und das will in jedem Fall respektiert sein − ist den TV-Endlosserien vorbehalten. Eine ganze Nation läßt sich von ihnen in den Bann schlagen. Bis zu 150 Kapitel kann eine solche *Novela* zählen, die weniger mit deut-

schen Serien wie *Derrick* beispielsweise zu tun hat, sondern viel mehr mit amerikanischen Produktionen wie *Denver* oder *Dallas*. Ziehen Sie auf keinen Fall solche Vergleiche, denn die Brasilianer sind unglaublich stolz auf ihre im eigenen Land produzierten Novelas.

Die Telenovelas *Sinha Moça* und *Die Sklavin Isaura* sind im deutschen Fernsehen ARD in voller Länge gesendet worden. Viele von Ihnen werden also das Strickmuster kennen.

Die Fernseh-Dramen, die meist im gutbürgerlichen Milieu und fast kaum in der Unterschicht angesiedelt sind, erfüllen in der Tat eine nicht zu unterschätzende soziale Rolle. In einem Land, das achtzig Millionen Analphabeten zählt, in dem Massenarbeitslosigkeit sowie Wirtschaftsmisere die Regel sind und täglich zunehmen, ist die Flimmerkiste für die Mehrheit der Bevölkerung das einzige billige Vergnügen und Ablenkungs- und Verdrängungsvehikel zugleich. Unter brasilianischen Journalisten kursiert das Bonmot, daß unter den hungernden Massen (50 Millionen Brasilianer) ohne das allabendliche Serienfutter längst eine Revolution ausgebrochen wäre.

Wie dem auch sei: Tatsache ist, daß die Novelas und deren Protagonisten in Brasilien vergöttert werden wie wohl in keinem anderen Land Südamerikas. Ob Straßenkehrer oder Bankdirektor: Jeder schaut sich die vierzigminütigen Serienfolgen an. Wer nicht mitsieht, riskiert schnell einmal, *out* zu sein und kann nicht mehr mitreden. Denn noch am selben Abend werden die Eifersüchteleien, welche Serienstars wie *Vera Fischer* für ihr Millionenpublikum inszenieren, in der Bar um die Ecke diskutiert. Wird Vera ihren Ehemann Claudio für immer an die Erzrivalin Sonja verlieren? Was kann sie tun, um ihre Tochter, die von Sonja bereits zum Eis eingeladen worden ist, auf ihre Seite zu ziehen? Wissen ihre Eltern um die gefährdete Ehe? Fragen, die eine Hundertvierzigmillionen-Nation bewegen.

Die Machart der Novelas ist fast immer dieselbe: Ein, zwei *weiße* Familien, die sich in einem herrschaftlichen Haus, in dem immer auch einige *schwarze* Bedienstete arbeiten, treffen, um ein fürstliches Mahl einzunehmen. Im trauten Kreis werden dann Familiengeschäfte besprochen − wobei sich die Frauen artig im Hintergrund halten −, Karrierepläne für die Sprößlinge geschmiedet und gesmalltalkt, was das Zeug hält. Solange Mama und Papa zu Hause sind, betragen sich die Teenager artig, sind die Alten aber ausgeflogen, wird die häusliche Couch zur Schmuseecke. Daß die Eltern immer zurückkehren, wenn die Jungen es am wenigsten erwarten, gehört ebenso zu den dramaturgischen Höhepunkten wie jene Momente, wenn die Tochter des Hauses ihre Mutter beim Knutschen mit dem (leiblichen) Onkel ertappt.

Dies alles ist gar nicht so langweilig, wie man nach zweimaligem Genuß eines Novela-Kapitels vielleicht glauben mag. Vielmehr sind die Novelas ein *exaktes Spielgelbild der brasilianischen Gesellschaft*. Die strenge Moral, welche von der Kirche gepredigt, von der jungen Generation listenreich umgangen wird, manifestiert sich hier ebenso wie der unangetastete patriachalische Status, den das Familienoberhaupt ge-

nießt.

Küssen und geküßt werden bilden einen wichtigen Bestandteil der Novelas. Doch gehen solche Szenen, wie in der Serie *Mandala* − einer Adaption des Ödipus und Iocaste-Klassikers − nur ein wenig zu weit, klingeln die Telefonapparate beim Fernsehgiganten *Rede Globo* Sturm. „Sehen Sie, es gibt nun mal Küsse und Küsse", antwortet Estaquio de Mesquita, der Chef der nach wie vor amtierenden *Zensurbehörde* in Brasília, auf die Frage, weshalb er die umstrittene Sequenz, in welcher Iocaste ihren Sohn küßt, zur Sendung freigegeben hat: Zu Beginn tauschen die beiden einen heißen Kuß aus, so daß sie sich beinahe ineinander verlieben. Doch genau in dem Moment, in welchem die Sache leidenschaftlich wird, flieht Iocaste, als ob sie wüßte, daß sie etwas Schlechtes getan hat. Und diese *pädagogisch wichtige Szene* wollte Mesquita dem Volk doch nicht vorenthalten und aus dem Film kippen. Was ihm schließlich Dutzende von anonymen Drohtelefonaten eintrug.

Speziell gut kommen beim Millionenpublikum Novelas wie *Roque Santeiro* an, die Familienfehden aus der brasilianischen Barockepoche zum Thema haben. Dafür sind Filme, die sich kritisch mit den Menschenrechtsverletzungen der von 1964 bis 1985 herrschenden Militärs auseinandersetzen, lange Zeit ein *Tabu* gewesen. Erst allmählich beginnen die ersten Novela-Autoren sich zaghaft mit diesem düsteren Kapitel der jüngeren brasilianischen Geschichte zu befassen.

Allzu kritisch und nur auf Brasilien ausgerichtet darf eine Novela auch nicht sein, denn schließlich will es sich Medienzar *Roberto Marinho*, der Alleinbesitzer des dominierenden TV Globo, mit den heutigen Machthabern nicht verderben. Seine Serien werden immerhin weltweit in über 50 Länder exportiert.

Angesichts der existenziellen Probleme, mit denen sich die Bewohner des Tropenreichs täglich plagen müssen, mag es verständlich sein, daß die luxuriös ausgestatteten, kitschigen Novelas beim fernsehenden Volk Gesprächsstoff Nummer eins sind. Weitaus schlimmer aber findet der bekannte Dichter *Rodolfo Coelho Calvacante*, daß diese Wegwerfgeschichten die jahrhundertealte Erzählkultur verdrängen. Calvacante weiß, wovon er spricht. Als Autor von 1500 *folhetas*, epischen Gedichten, die sich mit den Liebessorgen und Alltagsnöten des kleinen Mannes von der Straße auseinandersetzen, hat er nicht unwesentlich zur brasilianischen Volkskultur beigetragen. „In den Fünfziger und Sechziger Jahren bin ich mit meinen Gedichtbändchen von Dorf zu Dorf gezogen", erinnert sich der zur Legende gewordene Volkstroubadour. „Nach getaner Arbeit hat sich da jeweils die ganze Einwohnerschaft auf dem Dorfplatz versammelt, um meine Geschichten zu hören. Ich habe ihnen die Legenden über *Lampião*, unseren *Robin Hood* des Nordostens, vorgetragen und aktuelle politische Ereignisse kommentiert. Oftmals ist das ganze Dorf bis weit nach Mitternacht auf den Beinen gewesen, um meine Werke zu diskutieren und sich so eine Meinung über die Ereignisse dieser Welt zu bilden. Wer über ein paar Cruzados ver-

fügte, hat eines meiner Büchlein erstanden und seinerseits Freunden und Verwandten vorgelesen. Auf diese Weise sind unsere Volkslegenden von Generation zu Generation überliefert worden."

Dem ist heute nicht mehr so. „Nach acht Uhr abends trifft man jetzt keine Menschenseele mehr auf dem Dorfplatz an", analysiert Calvacante die Lage im Zeitalter der Novela. „Jeder verzieht sich hinter die Glotze, um sich mit irgendwelchen realitätsfernen konstruierten Geschichten berieseln zu lassen." Wer jemals den brasilianischen *interior*, das Landesinnere, bereist hat, weiß, daß es nichts deprimierenderes gibt, als ein gähnend leerer Dorfplatz, der vom bildschirmblauen Schein der angrenzenden Wohnzimmer gespenstisch beleuchtet wird. Der Beruf des *Volkstroubadours ist zum Aussterben verurteilt.* Und mit ihm ein Stück urbrasilianischer Volkskultur. Die TV-Macher aus São Paulo kümmert das wenig. Sie verbreiten in ihren Novelas die Mär von einem gutbürgerlichen Mittelstands-Brasilien, das keine wirtschaftlichen Probleme kennt und sich an wohlgedeckten Tischen den Bauch vollschlägt. *Blanker Zynismus* in einem Land, in dem Millionen Kinder nachts vor Hunger nicht einschlafen können.

(Nach seinem Germanistik-Studium in Bern arbeitet Mark D. Herzka als freier Journalist für diverse Schweizer Tageszeitungen und Magazine. Seine Schwerpunkte sind Reisen und Politik in Südamerika. Mark D. Herzka lebt in Zürich.)

FERNSEHEN

Wenn es ums Fernsehen geht, kann Brasilien durchaus mit den Weltgrößten mithalten. *TV GLOBO* ist immerhin der viertgrößte Sender der Erde, übertroffen nur noch von den drei großen amerikanischen Stationen. Brasilianisches Fernsehen ist denn auch dem amerikanischen sehr ähnlich. Viel Sport, viel Unterhaltung in Form von Shows und eben Novelas, dazwischen Nachrichten. Das Ganze wird immer wieder unterbrochen von der omnipräsenten Werbung. Sechs Kanäle weist Rio zur Zeit auf. *TV Globo, TV Educativa, TV Manchete, TV Bandeirantes, TV Record, TVS*. Dazu kommt ein Video-Kanal.

KINO

Cariocas gehen gern ins Kino, und die internationalen Produktionen finden schnell ihren Weg nach Brasilien. Mit eigenen Filmen konnte sich Brasilien hingegen auf breiter Ebene (noch) keine Meriten erwerben. Ausländische Filme werden zum Glück in der Originalfassung gezeigt und portugiesisch untertitelt. Die Kinokarte kostet zwischen drei und fünf Dollar, reservieren kann man nicht. Lange Schlangen oder gar ausverkäufte Häuser gibt es dennoch selten, denn Rios Kinos sind zahlreich, groß und meistens auch ganz bequem. Im November findet alljährlich ein internationales Filmfestival statt: *FestRio*, das jenen in Cannes, Venedig und Berlin durchaus gleichzusetzen ist. Während zehn Tagen werden an die 300 Filme gezeigt, darunter stets ein paar interessante Raritäten.

Literatur und Theater

Von Gideon Rosa

Seit knapp drei Jahrzehnten ist Rio de Janeiro nicht mehr die administrative Hauptstadt Brasiliens, denn diese Position hat sie an Brasilia abgeben müssen. Behalten hat Rio dennoch ihren ganz speziellen Charme, *ihre Kreativität*. Und Rio ist nach wie vor das Zentrum aller künstlerischen Produktionen − in Musik und Tanz, im Fernsehen wie im Theater − auch wenn sie im ewigen Wettstreit mit São Paulo, der Erzrivalin, liegt.

Jeder, der einmal die Möglichkeit gehabt hat, den Puls des Theaterlebens von Rio zu fühlen, weiß, daß dieser hier intensiver schlägt als in jeder anderen brasilianischen Stadt. Denn nur in Rio kommem Modeströmungen auf, die auch die Theaterwelt beeinflussen. In Rio entstehen eigene Stilrichtungen, nach denen neue und alte Stücke inszeniert werden. In Rio werden die besten komischen und satirischen Werke Brasiliens gespielt. Und nur hier, in dieser einzigartigen Stadt, reicht das Spektrum von der *klassischen Oper* bis hin zum *Straßentheater*.

Die Theaterwelt Rios ist sehr zeitgenössisch orientiert und zollt der Arbeit des italienischen Autors *Dario Fo* ebenso ihre Aufmerksamkeit wie *João Bittencourt*, einem der besten Dramaturgen des Landes, dessen Stücke immer wieder auf dem Spielplan stehen. Beliebt und oft während eines ganzen Jahres zu sehen sind Werke wie *Querelle* von *Jean Genet*, Texte von *Luigi Pirandello* und sogar solche, die Textpartien des Russen *Majakovskij* verwenden. Um auch modernsten Ansprüchen zu genügen, präsentieren Rios Theater zudem Stücke von *Sam Shepard*, die in Inszenierungen von *Hektor Babenco* gezeigt werden, dem Regisseur der Kinofilme *Pixote* und *The Kiss of the Spiderwoman*. Er beginnt jetzt seine Karriere als Theaterdirektor.

Dem europäischen Publikum, das sich so sehr an gemütliche Straßencafés gewöhnt hat, bietet Rio heute leider nicht mehr die Vielzahl an Kaffeehäusern, für die es einst bekannt gewesen ist. Die Zeiten sind leider vorbei, als in den Kaffeehäusern der Stadt ein Großteil der literarischen *Crème de la Crème* verkehrte. Die Namen von Schriftstellern wie *Machado de Assis, Lima Barreto* und *Mario de Andrade* gehören bereits zur Elite der brasilianischen Literatur. Doch schon wächst unter den Poeten eine neue Generation heran. *Carlos Drummond de Andrade, Rubem Braga, Nelida Pinon, João Gilberto und Sergio Santana* gehören dazu, um nur ein paar der wichtigsten zu nennen. Ebenso verdienen Autoren wie *Carlos Scliar* und *Ignacio Loyola* spezielle Erwähnung. Apropos Persönlichkeiten: *Fernando Gabeira*, Ökologe und grüner Politiker, der ebenfalls in Rio lebt und diverse Bücher publiziert hat, zählt heute zu den beliebtesten Literaten des brasilianischen Publikums.

Der Schauspieler *Claudio Cavalcanti*, der durch zahlreiche Arbeiten für Theater und Fernsehen bekannt geworden ist, bekräftigt, daß sich die Intendanten der Theater von Rio absichtlich nicht auf ein spezielles Genre festlegen. „Bei uns in Rio", meint er, „ist Platz für alle Strömungen." Beeinträchtigt würden die Theater jedoch durch die schwierige wirtschaftliche Lage, was sich teilweise auch im Angebot widerspiegelt. „Theaterfans, die sich ein Bild über unser Alltagsleben machen wollen", sagt er, „sollten deswegen nicht darauf verzichten, eines der Theater im Stadtzentrum aufzusuchen."

Ein spezieller Leckerbissen für Rio-Besucher sind die Aufführungen der Gruppe *Besteirol*. Besteirol bedeutet so viel wie Geschwätz, Dummheit, und Besteirol hat es sich – ihrem Namen zum Trotz – zur Aufgabe gemacht, das Publikum nicht nur zu unterhalten, sondern auch Kritik am Verhalten von verschiedenen mächtigen Personen und Interessengruppen Brasiliens an den Pranger zu stellen. Diese Art von Theater ist neu für Rio und kann auch erst seit einigen wenigen Jahren Fuß fassen.

Claudio Calvacanti ist dennoch der Ansicht, daß das brasilianische Theater im Laufe der letzten Jahre stark an Originalität eingebüßt hat. Der Schauspieler glaubt, daß dieses Phänomen, das allerdings weltweit zu beobachten ist, sich in Brasilien durch die *prekäre wirtschaftliche Lage* noch verschlimmern wird, da die Probleme unaufhörlich zunehmen. Er rechnet mit weiteren Verlusten an Zuschauern, weil es sich immer weniger Besucher leisten können, 13 Dollars für den Eintritt hinzublättern, wenn ihr Monatslohn kaum mehr als 60 Dollar beträgt.

Wer in Rio, das über dreißig verschiedene Spielhäuser zählt, Lust auf einen abendfüllenden Theaterbesuch hat, informiert sich über den aktuellen Spielplan am besten in der Tageszeitung *Jornal do Brasil*. Es empfiehlt sich, im Theater telefonisch anzufragen, ob die Inszenierung zur angegebenen Zeit auch tatsächlich stattfindet. So sind Sie sicher, in dieser Stadt, wo die Improvisation als absolute Königin regiert, auch einen wirklich ungetrübten Theaterabend zu erleben.

(Gideon Rosa absolvierte in Rio de Janeiro ein Studium der Medienwissenschaften und arbeitete als Fernseh-Journalist bei TV Manchete und TV Globo. Er ist Pressechef des Kulturministeriums in Salvador de Bahia und lebt auch in dieser Stadt. Übersetzung: Marc D. Herzka)

THEATERLITERATUR

■ **ARGUMENTO,** Rua Dias Ferreira 199, Leblon, Tel. 239-5294.

■ **DAZIBÃO,** Rua Visconde de Pirajá 571, Tel. 259-1298.

■ **LIVRARIA DA VINCI,** Avenida Rio Branco 185, Centro, Tel. 533-2859.

DIE WICHTIGSTEN THEATER

■ **TEATRO DE ARENA,** Rua Siqueira Campos 143, Copacabana, Tel. 235-5348.

■ **TEATRO CACILDA BECKER,** Rua do Catete 338, Catete, Tel. 265-9933.

■ **TEATRO CANDIDO MENDES,** Rua João Angélica 63, Ipanema, Tel. 267-7295.

■ **TEATRO CLARA NUNES,** Shopping da Gávea, Gávea,

Tel. 274-9696.

■ **TEATRO COPACABANA,** Avenida Copacabana 291, Copacabana, Tel. 255-7070.

■ **TEATRO DULCINA,** Rua Alcindo Guanabra 17, Centro, Tel. 240-4879.

■ **TEATRO GALERIA,** Rua Senador Vergueiro 93, Flamengo, Tel. 225-8846.

■ **TEATRO GINASTICO,** Avenida Graça Aranha 187, Centro, Tel. 220-8394.

■ **TEATRO GLAUCE ROCHA,** Avenida Rio Branco 179, Centro, Tel. 220-0259.

■ **TEATRO MUNICIPAL,** Praça Floriano, Centro, Tel. 210-2463.

■ **TEATRO DA PRAIA,** Rua Francisco Sá 88, Copacabana, Tel. 267-7749.

■ **TEATRO DO SESC DA TIJUCA,** Rua Barão de Mesquita 539, Tijuca, Tel. 208-5332.

■ **TEATRO TABLADO,** Avenida de Paula Machado 795, Lagoa, Tel. 294-7847.

■ **TEATRO VILLA LOBOS,** Avenida Princesa Isabel 440, Copacabana, Tel. 275-6695.

Reisen in Brasilien

RUNDFLUGTICKETS

Wer möglichst weit im Land herumkommen will und nur ein paar Wochen Zeit hat, wird auf das Flugzeug nicht verzichten können. Der **BRAZIL AIR PASS** – man kann ihn nur in Verbindung mit einem internationalen Ticket außerhalb Brasiliens kaufen – kostet 330 Dollar für beliebig viele Flüge und ist 21 Tage gültig. Bei Ausstellung der Flugscheine muß man sich entscheiden, ob man **VARIG/CRUZEIRO** und **VASP** oder **TRANSBRASIL** fliegen will.

Mein Tip: Es ist egal, was man wählt, in jedem Fall, *rechtzeitig buchen,* vor allem in der Hochsaison.

BUS

Preiswert, komfortabel und schnell, wenn man die Distanzen bedenkt, sind die Busse für den Fernverkehr. An jedem Busbahnhof, der **ESTAÇÃO RODOVIARIA**, herrscht unter Sambaklängen Hochbetrieb. Also auch hier telefonisch reservieren. (Nützliche Redewendungen siehe im Glossarium am Schluß des Buches). *Executivos* und *Leitos* mit Liegesesseln, Service und Bordtoilette eignen sich für Nachtfahrten am besten.

■ **NOVO RIO BUS TERMINAL,** Avenida Francisco Bicalho 1, São Cristóvão, Tel. 291-5151.
Zentraler Busbahnhof.

SCHIFF

■ **ENASA,** Tel. 224-7269.
Schiffsreisen auf dem Amazonas bieten sich für jene mit Zeit und Muße an.
■ **EXPEDITOURS,** Tel. 287-9697.
Schiffsfahrten auf dem Rio Cuiaba und dem Rio Paraguai.

REISEBÜROS

Reisebüros sind in Rio zahlreich. Sie bieten Pauschalangebote für das Inland und nach anderen südamerikanischen Ländern an. Wer nicht viel Zeit ins Organisieren investieren will, ist hier gut aufgehoben, denn die Preise für das Gebotene sind günstig.

Mein Tip: Organisierte Stadtrundfahrten in Rio möchte ich nicht empfehlen, da sie recht teuer sind. Billige Flüge nach Übersee sollte man ebenfalls nicht erwarten.

■ **SUL AMERICA TURISMO,** Avenida N.S. de Copacabana 441, Copacabana, Tel. 257-4235.
■ **SOLETUR,** Rua Visconde de Pirajá 351, Tel. 521-1188.
Gut für kürzere oder auch längere Ausflüge mit dem Bus.
■ **EXPRINTER,** Avenida Rio Branco 57a, Centro, Tel. 231-2120 und Avenida N.S. de Copacabana 371, Copacabana, Tel. 255-9684.
Auch zum Geldwechseln geeignet.
■ **CASA PIANO,** Avenida Rio Branco 88, Centro, Tel. 252-6084,
Rua Visconde de Pirajá 365, Ipanema, Tel. 267-4615,
Rua Viuva Dantas 99, Campo Grande, Tel. 394-9422.
Gleichfalls guter Money-Changer, nimmt aber nur bare Dollars.

Ausflüge

RECREIO DOS BANDEIRANTES, PRAINHA, GRUMARI, GUARATIBA

Hinter Barra da Tijuca ist die Strandwelt noch lange nicht zu Ende, zieht sich aber dann doch so hin, daß man für die Entdeckung dieser Strände einen ganzen Tag einsetzen sollte. Außerdem braucht man ein *Auto*, sonst kommt man nicht hin oder nur sehr umständlich. Der Bus, der am **RODO-VIARIA MARIANO PROCOPIO** an der **PRAÇA MAUA**, Centro, startet, fährt auf vielen Umwegen nach **BARRA DE GUARATIBA**.

Die Straße dort hinaus ist zwar verheerend, lohnt den Ausflug aber trotzdem, denn am Schluß erwartet Sie ein ganz tolles Essen. Der erste Stopp ist **RECREIO DOS BANDEIRANTES**, ein kleiner Strand ohne starke Brandung wegen des natürlichen Wellenbrechers. Hier enden zahlreiche Buslinien. Im Restaurant **ANCORA**, direkt am Meer, kann man gute Fischgerichte essen. Hinter dem steilen Berg taucht der Strand von **PRAINHA** auf, der bei *Surfern* sehr beliebt ist und von ihnen **PRAIA PEPPINO** genannt wird. Schließlich gelangt man nach **GRU-MARI**, wo sich die ausländische Gemeinde von Rio gern zum Grillen trifft. Ein kleines Restaurant ganz am Ende des Strandes steht auch hier, dazu ein paar Buden, die Kokoswasser und Bier feilbieten.

Wer jetzt genug von Wasser, Sonne und Sand hat, sollte dennoch weiterfahren, obwohl die Straße wirklich in einem katastrophalen Zustand ist. Nach einer halben Stunde Schlaglöchern erreicht man nämlich wiederum eine Bergkuppe – und schon liegt Ihnen die Ebene von **GUARATIBA** zu Füßen, ein weites Sumpf- und Dschungelgebiet, in dem sich unerhört viele Krebse tummeln. Am Horizont glänzt ein traumhafter Strand, **MARAMBAIA**. Hin kann man nicht, denn dort hat sich das Militär eingerichtet.

Oben – am Aussichtspunkt, der sinnigerweise **VISTA ALEGRE** heißt, drängt sich in der kleinen Bar ein Aperitif auf, bevor man weiterfährt, runter nach **PEDRA DE GUARATIBA**, ein kleines Fischerdorf. Und hier haben Sie nun die Qual der Wahl, denn Rios *beste Fischrestaurants* sind hier, in **PEDRA DE GUARATIBA** und **BARRA DE GUARATIBA**.

Billig ist das nachmittägliche Eßvergnügen nicht – abends ist oft geschlossen –, aber die Speisen sind exzellent, die Atmosphäre ist sehr romantisch und vor allem echt brasilianisch. Der winzige Ort ist in einer flachen Bucht gelegen, die zum Baden aber nicht geeignet ist. Dafür kann man jede Menge Vögel beobachten, die im flachen Wasser – der Name sagt es – auf *pedras*, Steinen, sitzen und ihr Gefieder putzen. Eine Hauptstraße führt durchs Dorf. Vis-à-vis vom Restaurant **CANDIDO'S** befindet sich die **CASA DA CULTURA** mit Galerien, die einheimische Maler, meist aus dem Ort selbst, ausstellen. Dazu gehört ein kleiner Biergarten, wo sich oft eine Handvoll Einheimischer zusammenfindet, die flugs zur Gitarre greifen, um Lieder von Brasiliens Schnulzensänger Nummer eins, *Roberto Carlos*, mit trauriger Stimme nachzuempfinden. Die Dorfjugend lungert derweil auf der Gasse herum. Ganz am Ende der Straße liegt, direkt am Wasser und ganz versteckt, ein kleines Restaurant ohne Namen. Wer nur wenig Geld ausgeben möchte, ist hier bei gegrilltem Fisch, Pizza und viel Bier bestens bedient.

Restaurants:

■ **CANDIDO'S,** Rua Barros de Alarcão 352, Pedra de Guaratiba, Tel. 395-2007, täglich 11.30 – 20 Uhr, Sa bis 23 Uhr.
Sehr gemütliches Fischrestaurant direkt am Wasser, darum unbedingt versuchen, einen Fensterplatz zu reservieren. Teuer. Paul Bocuse war auch schon hier – und ging zufrieden.

■ **KAIS 45,** Estrada da Barra de Guaratiba 5921, Barra de Guaratiba, Tel. 310-1153, täglich 11 – 22 Uhr.
Weniger exklusiv, deshalb aber nicht schlechter. Breiteres Angebot, nicht nur Fisch; *viel günstigere Preise.*

■ **POR DO SOL,** Estrada da Barra de Guaratiba 9635, Barra de Guaratiba, Tel. 310-1139, täglich 12 – 24 Uhr.
Liegt gleich neben Tia Palmira und ist ebenfalls einladend, einen Nachmittag schlemmend zu verbringen. *Preisgünstiger.*

■ **QUATRO SETE MEIA, 476,** Rua Barros de Alarcão 476, Pedra de Guaratiba, Tel. 395-2716, Mo bis Do 11 – 17 Uhr, Fr bis So 13 – 21 Uhr.
Mini-Restaurant mit nur 24 Plätzen und sehr exquisiten Meeresfrüchte-Spe-

zialitäten wie *moquecas*, einer Art dickflüssigen Suppe aus Fischen und Meeresfrüchten. Ebenfalls teuer.

■ **TIA PALMIRA,** Caminho do Souza 18, Barra de Guaratiba, Tel. 310-1169, Di bis Sa 11 – 17 Uhr.
Die Wahl ist keine: Tia Palmira tischt einfach auf. Das Menü kostet 15 Dollar und der Tisch biegt sich unter Schalen und Schälchen. Ihre Küche ist von *Bahia* inspiriert, es gibt vielerlei Fisch, Krabben, Gemüse und Reis an immer unterschiedlichen Soßen: mal scharf, mal mild, mal gekocht oder gebraten. Und zum Dessert locken die ganz süßen, klebrigen Herrlichkeiten aus dem Nordosten.
Mein Tip: Man muß bei Tia Palmira gewesen sein. Sogar die New York Times hat ihr schon einen Artikel gewidmet.

ILHA DE PAQUETA

Sehr beliebte Insel draußen in der Guanabara-Bucht, aber von mir aus muß der Trip nicht sein. Die nur einen Quadratkilometer große Insel kann man mit Booten von der Anlegestelle **PRAÇA 15 DE NOVEMBRO** erreichen. Nur wenig ist von der Romantik geblieben, welche die **ILHA DOS AMORES**, die Liebesinsel, einst umgab. Immerhin fahren bis heute noch keine Autos auf der Insel, dafür kommt eine immense Anzahl von Touristen, die sich per pedes oder Fahrrad oder in der Kutsche vorwärtsbewegt. Einige kleine Kapellen stehen auf der Insel, baden kann man an den diversen Stränden.
Mein Tip: Wenn schon, dann meiden Sie unbedingt das Wochenende.

Überfahrt:

■ **BATEAU-MOUCHE,** Anlegestelle Botafogo.
Die Rundfahrten durch die Bucht schließen einen kurzen Stopp auf der Insel mit ein.

■ **PRAÇA 15 DE NOVEMBRO,** Anlegestelle, Centro, Mo bis Sa 5.30−23 Uhr, So 7−23 Uhr; die Tragflügelboote (20 Minuten Überfahrt) verkehren Sa, So und an Feiertagen von 8−11, 14−17 Uhr.

Restaurants:

■ **FLAMBOYANT,** Praia Grossa, Tel. 397-0087.
Das beste Restaurant auf der Insel ist gleichzeitig ein *Hotel.*

DIE INSELTOUR

Ich bin kein Fan von organisierten Ausflügen, bei denen sich die Massen auf die Füße treten und man vor lauter deutschem Sprachgewirr gar nicht mehr weiß, wo man überhaupt ist. Eine Ausnahme macht die Fahrt mit einem **SAVEIRO**, den großen Ausflugsschiffen, die eigentlich *Schoner* sind. Einen ganzen Tag lang kreuzen sie von Eiland zu Eiland durch die herrliche tropische Inselwelt. Die Fahrt lohnt sich, weil sie − wenn auch in gedrängter Form − einen ersten Eindruck von den traumhaft schönen Stränden im Süden und Norden der Stadt bietet.

Das Barbecue auf einer Insel ist inbegriffen, selbstverständlich auch die gesamte Souvenir-Show à la Hawaii, die zwar nicht sein müßte: Blumenketten, Fotos, Schlüsselanhänger und Caipirinhas − alles an Bord. 50 Dollar kostet

das unbeschwerte Vergnügen, wenn Sie in Cruzados zahlen, zum Parallelkurs gewechselt entsprechend weniger. Jedes Reisebüro oder auch jedes Hotel nimmt ihre Reservierung entgegen. Sie werden vor Ihrem Hotel abgeholt und abends dort auch wieder abgesetzt.

Eigeninitiative ist in diesem Fall nur sinnvoll, wenn Sie eine Gruppe von mindestens 10−20 Personen sind, um ein eigenes Boot zu chartern, oder wenn Sie ohnehin auf dem Weg nach São Paulo die Küste entdecken wollen und schon in **ITACURUÇA** sind, denn dort starten die Schiffe. (Siehe Details im Kapitel „Costa Verde".)

PETROPOLIS

Weg von Strand und Küste, hinauf ins Hinterland nach Petrópolis führt der wohl traditionellste Ausflug von Rio. Allein die 66 Kilometer Fahrt durch die dichtbewaldete Berglandschaft ist ein Erlebnis. Reisebüros bieten *organisierte Ausflüge* an, lohnender ist, ein *Auto zu mieten,* man kann aber − bei mehr Zeitaufwand − auch mit normalen *Linienbussen* dorthin kommen. Mit zwei Stunden Fahrzeit ist etwa zu rechnen. Und beachten Sie die Öffnungszeiten des Museums.

Bereits 30 Kilometer nördlich von Rio beginnt die **SERRA DO MAR,** wozu auch der **NATIONALPARK** und die **SERRA DOS ORGÃOS,** die Orgelberge, gehören. Zu allen Zeiten flüchtete Rios Oberschicht in diese bergige Gegend, um der Hitze an der Küste zu entfliehen. Schön sind die bewaldeten Hänge, die Wasserfälle und dazwischen immer wieder die großen und kleinen

Plantagen. An einem heißen Sommertag strahlt die ganze Gegend erholsame Frische aus.

Petrópolis selber wurde erst 1843 von eingewanderten deutschen Bauern gegründet. Zu Ruhm und Ehren gelangte der Ort, weil hier Kaiser Pedro II. höchstpersönlich seine Sommerresidenz erbauen ließ. Noch heute verströmt der Ort viel Beschaulichkeit, als sei die Welt vor gut 100 Jahren stehengeblieben. Sinnigerweise werden denn auch *Kutschenfahrten* durch das Städtchen angeboten.

Der ehemalige **PALACIO IMPERIAL** ist heute das **MUSEU DO IMPÉRIO**, in dem man in herrlich großen Filzpantoffeln auf dem gebohnerten Parkett aus Brasilholz herumrutschen kann. Hauptattraktion des Museums ist zweifellos die kaiserliche Krone, mit viel glitzerndem Gold verziert und mehr als 600 Diamanten bestückt. Sehenswert sind ebenfalls die neugotische **KATHEDRALE**, die als Grabkirche der kaiserlichen Familie gedacht war und der **PALACIO DE CRISTAL**, das kaiserliche Reduit, das heute als Gewächshaus und Ausstellungsraum genutzt wird.

Orchideen, Hibisken, Bougainvilleen, Hortensien und Bananen − die ganze tropische Pracht − sind schon in den Wäldern und Parks ringsum zu sehen. Die farbenprächtigen Blumen- und Orchideenzuchten sollte man in Petrópolis unbedingt bewundern. Besichtigen und auch kaufen lassen sich die Produkte der lokalen Industrie: Textilien aller Art in der **RUA TERESA**.

Anreise:
■ **RODOVIARIA NOVO RIO**, Avenida Francisco Bicalhão 1, São Cristóvão, Tel. 291-5151.
Viele klimatisierte Expreßbusse.
■ **RODOVIARIA MENEZES CORTES,** Rio Branco-Castelo, Centro, Tel. 242-5414.
Nicht alle Busse sind klimatisiert, aber viele Überlandbusse.

Hotels:
Direkt in Petrópolis sind nur einige wenige *kleine Hotels*. Wer motorisiert ist, sollte es im Umkreis probieren, wo sich einige *sehr schöne Häuser* in *lauschigen Parks* befinden. Dasselbe gilt für Restaurants, die abseits vom Trubel viel *ländliche Atmosphäre* bieten.
■ **ALBERGO DEL LEONE,** Rua Com. Marcolino A. de Souza 435, Itaipava, Tel. 021-253-7184 (von Rio aus reservieren).
Liegt an der *BR-140 in Richtung Itaipava*. Sehr schmuckes Haus, kein Luxus, aber bequem und an sehr schöner Lage. Rund 20 Dollar pro Person. Restaurant ist angeschlossen.
■ **CASA DO SOL,** Ausfahrt Quitandinha, 6 km vor Petrópolis (von Rio aus), Tel. 43-5062.
In unmittelbarer Nähe des alten Kasinos *Quitandinha*, das heute wie ein Relikt aus längst vergangenen Zeiten wirkt. Nur 12 Zimmer, aber Tennisplatz, Spielplatz für Kinder, Sauna etc.
■ **CASABLANCA,** Rua da Imperatriz 286, Centro, Tel. 42-6662.
Kleineres und einfaches Haus, durchaus in Ordnung.
■ **CASABLANCA CENTER,** Rua General Osório 28, Centro, Tel. 42-2612.
Die beste Wahl in der Stadt; ziemlich großes Haus, zentral gelegen und *ange-*

nehm günstige Preise.

■ **RIVERSIDE PARQUE,** Rua Hermogeneo Silva 522, Retiro, Tel. 42-3704. Kleines Haus mit nur 13 Zimmern, komfortabel und in einem *schönen Park* gelegen.

Restaurants:

■ **LA BELLE MEUNIERE,** Hotel La Belle, Estrada União Industria 2153, Tel. 21-1573, täglich 12−17 und 19−24 Uhr.

Das kleine Hotel La Belle liegt ebenfalls an der Straße nach Itaipava in einem kleinen Park. *Sehr gute französische Küche.*

■ **MAURICIO,** Rua 16 de Marco 154, Centro, Tel. 43-2003.

Ebenfalls musikalisch unterstützt; der Koch hat sich auf *Fischgerichte* spezialisiert.

■ **MIDAS,** Rua 16 de Marco 174, Centro, Tel. 43-3933, täglich 11−1 Uhr.

Rustikales Steakhaus direkt in der Stadt. Mit Musik.

■ **PARRO DO VALENTIM,** Estrada União Industria 10.289, Itaipava, Tel. 22-1281, Di bis So 11.30−22 Uhr.

Rund 18 km von Petrópolis entfernt, aber den kleinen Umweg wert, weil sich mitten auf dem Land ein kleiner *Gourmettempel* versteckt. Die Küche ist *portugiesisch,* und auch auf die passende *musikalische* Untermalung muß man nicht verzichten.

■ **TARRAFA'S,** Estrada União Industria 10.395, Itaipava, Tel. 22-1329, täglich 11−24 Uhr.

Liegt direkt an der *BR-140 in Richtung Itaipava,* keine 10 km von Petrópolis entfernt. Serviert werden sehr opulente *Rodizios* zu äußerst günstigen Preisen.

Und am Wochenende wird geschwoft, während die Kinder auf dem Spielplatz herumtoben. *Sehr familiäre Atmosphäre.*

Sehenswertes:

Öffnungszeit für alle erwähnten Gebäude: Di bis So, 12−17 Uhr.

■ **CASA SANTOS DUMONT,** Rua do Encanto 124.

Ehemaliger Wohnsitz des brasilianischen Flugpioniers, der von vielen für den eigentlichen Erfinder des Flugzeugs gehalten wird.

■ **CATEDRAL DE SÃO PEDRO,** Praça Visconde de Mauá.

Grabkirche der kaiserlichen Familie.

■ **MUSEU DO IMPÉRIO,** Avenida 7 de Setembro.

Ehemaliger Palast. Heute Museum mit der kaiserlichen Krone, die mit 600 Diamanten bestückt ist.

■ **PALACIO DE CRISTAL,** Rua Alfredo Pacha.

Ehemaliges kaiserliches Reduit und heute Gewächshaus.

Orchideenzüchter:

■ **BINOT,** Rua Fernandes Vieira 390, Mo bis Sa, 8−11 und 13−17 Uhr.

■ **FLORALIA,** Estrada do Alcobaca, täglich 9−17 Uhr.

Einkaufen:

■ **ANTIQUITÄTENMARKT,** Centro, So 9−17 Uhr.

■ **SCHMUCKGESCHÄFTE,** Avenida 15 de Novembro.

■ **SOLAR IMPÉRIAL,** Rua Colonel Veiga 1080,

Gut für Antiquitäten.

■ **TEXTILGESCHÄFTE,** Rua Teresa.

Costa Verde

BIS ILHA DE ITACURUÇA

Die Costa Verde, die grüne Küste, erstreckt sich von Rio de Janeiro bis an die Staatsgrenze von São Paulo. Auf der südlichen Küstenstraße, der **BR-101**, die in geringer Entfernung an der Atlantik-Küste entlangführt, läßt sich die grüne Küste am besten erkunden. Bis an die Grenze des Bundesstaates São Paulo sind es 260 Kilometer, und da die Straße in recht ordentlichem Zustand ist, wäre es durchaus möglich, diese Strecke in einem Tag zu bewältigen. Zu empfehlen ist das hingegen überhaupt nicht. Vielmehr sollte man ein paar Tage einplanen, da es hier sehr viel zu entdecken gibt. Wassersport jeder Art wird angeboten, aber auch Tennis und Golf. Schöne Hotels und Restaurants sind auf der ganzen Strecke in großer Auswahl zu finden, touristisch überlaufen ist die Gegend dennoch nicht.

Am besten läßt sich dieser längere Ausflug mit dem gemieteten Auto machen, obwohl Orte wie **ANGRA DOS REIS, PARATI** und **SÃO SEBASTIÃO** auch mit lokalen Bussen vom Busbahnhof **RIO NORTE** zu erreichen sind.

Das Schönste an diesem Küstenstrich ist zweifellos die *üppige tropische Vegetation*, die in allen grünen Varianten schillert. Dazwischen Berge, Strände, Inseln und immer mehr Regenwäldern. Obwohl die Gegend noch sehr ursprünglich aussieht, wurden und werden immer mehr Hügel komplett kahlgeschlagen, und ausgerechnet an dieser schönen Küste entstehen die ersten drei Kernkraftwerke Brasiliens. Eine rücksichtslose Erschließung wird sich auch hier offensichtlich nicht aufhalten lassen.

Von Rio aus führt der Weg zuerst über **BARRA DA TIJUCA** auf die **AVENIDA DAS AMÉRICAS**, eben die BR-101, eine gewaltige Schnellstraße bis nach **SANTA CRUZ**, einer großen Industriezone von Rio. Dann fährt man vorbei an zahlreichen Viehfarmen, die zum Teil zu *Sitios* umfunktioniert wurden: Landsitze, auf denen die Reichen von Rio ihre Wochenenden verbringen, um dem Getümmel an den überfüllten Stränden zu entgehen. Nach gut 90 km erreicht man den kleinen Badeort **ITACURUÇA**. Die Strände liegen auf zwei vorgelagerten Inseln, der **ILHA DA JAGUANUM** und der **ILHA DE ITACURUÇA**. Alle halbe Stunde fahren Boote hinaus zu den Inseln. Und hier ist auch der Platz, wo die *Salveiro-Fahrten* durch die üppige tropische Inselwelt ihren Anfang und ihr Ende nehmen. Morgens um 10 Uhr verlassen die großen Schoner, die an die 40 Personen aufnehmen können, den Hafen Itacuruça. Wer nicht mit einer gebuchten Tour von Rio angereist ist, kann hier zusteigen. Die Schiffe legen meist vor den Inseln **MARTINS, ITACURUÇA** und **JAGUANUM** an, um Zeit zum Schnorcheln und Schwimmen zu ermöglichen. Wer kleinere Inseln besuchen oder ein paar Tage auf einer Insel bleiben möchte, kann sich mit lokalen Fischern, die man am Hafen von Itacuruça problemlos fragen kann und einen

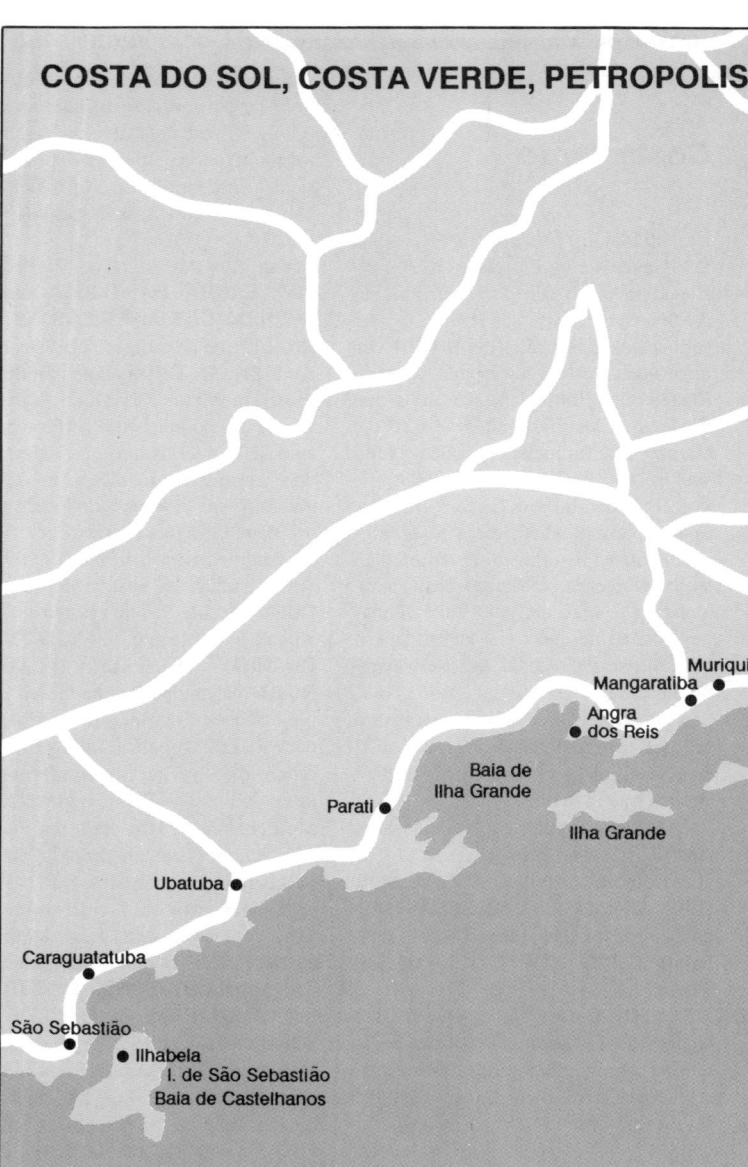

COSTA DO SOL, COSTA VERDE, PETROPOLIS

Muriqui

Mangaratiba

Angra
dos Reis

Baia de
Ilha Grande

Parati

Ilha Grande

Ubatuba

Caraguatatuba

São Sebastião

Ilhabela

I. de São Sebastião

Baia de Castelhanos

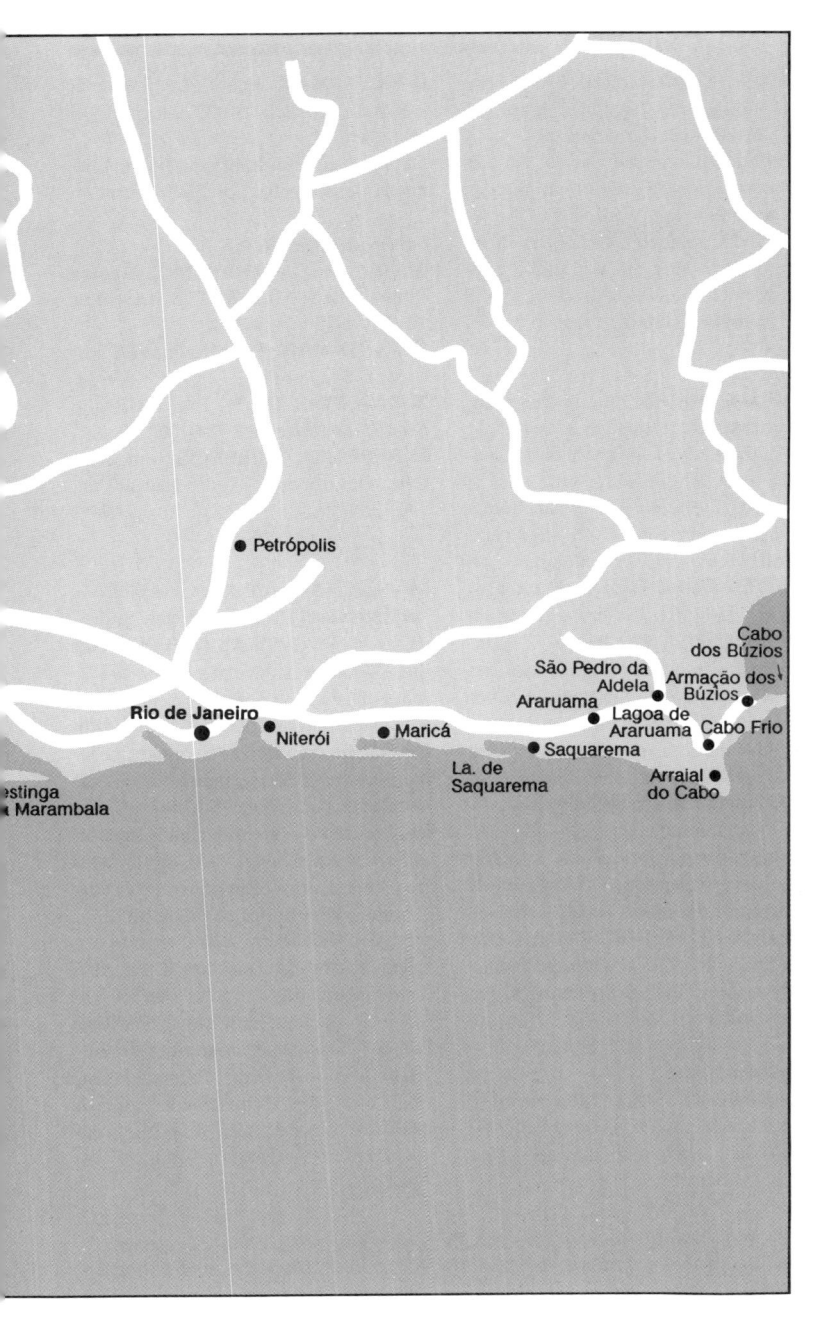

hinausfahren. Die Hotels – alle sehr schön übrigens – verfügen natürlich über einen eigenen Bootsservice.

Besonders interessant ist ein Besuch in Itacuruça am *29. Juni*, dem Tag der Heiligen *Peter und Paul*. Dann findet hier – wie in anderen Orten Brasiliens auch, die am Meer, an Seen und größeren Flüssen liegen – eine große Schiffsprozession statt.

Hotels:

■ **AGUAS LINDAS,** Ilha de Itacuruça, Reservierungen in Rio: Tel. 225-9855.

Am Praia Aguas Lindas ist dieses einfache, aber schöne Haus mit nur 14 Zimmern zu finden. Dafür sind auch die Preise entsprechend günstig: rund 50 Dollar inklusive Verpflegung.

■ **HOTEL ELIAS C,** Ilha de Itacuruça, Tel. 780-1003, Reservierungen in Rio: Tel. 287-5796 oder Tel. 267-2792.

Auf der anderen Seite der Insel an der *Praia Cabeça do Boi* gelegen. Die Anlage verfügt über 27 Apartments sowie Möglichkeiten zum Tennis- und Squashspiel. 100 Dollar Halbpension.

■ **HOTEL ILHA DE JAGUANUM,** Ilha de Jaguanum, Tel. 235-2893. 12 Apartments und 7 Bungalows, Rund 60 Dollar bei Vollpension. Reservierungen bei: Sepetiba Turismo, Tel. 237-5119.

■ **HOTEL DO PIERRE,** Ilha de Itacuruça, Tel. 788-1569. 51 ganz neu renovierte Apartments. Sehr luxuriös, 90 Dollar Halbpension.

Restaurants:

■ **BARRACÃO,** Praça Nilo Pecanha 20, Itacuruça, täglich 11– 23 Uhr, Di geschlossen. Auch hier in erster Linie „Fisch und Musik".

■ **DU KAKAU,** Rua Orlandina 165, Itacuruça, täglich 11–22 Uhr, Mi geschlossen.

Nettes Fischrestaurant mitten im kleinen Hafenstädtchen, oft auch Musik.

Saveiro-Touren:

■ **ITACURUÇA TOURISMO,** Avenida Raphael Levy Miranda 439, Itacuruça, Tel. 780-1710.

■ **PASSAMAR,** Rua Evelina 37, Itacuruça, Tel. 780-1776.

■ **SAVEIROS TOUR,** Praça Marcilio Dias 2, Itacuruca, Tel. 780-1003.

■ **SEPETIBA TURISMOS,** Praça Pe. Luiz Quatropani 40, Itacuruça, Tel. 780-1959.

MANGARATIBA/ILHA GRANDE

Verläßt man **ITACURUÇA** gen Süden, passiert man in **VILAS DAS PEDRAS** die nagelneue Anlage des *Club Mediteranée*. Der Klub hat sich wie immer am schönsten Platz niedergelassen. Ganz in der Nähe haben sich auch andere, sogenannte *Resort-Hotels* breitgemacht, die nach amerikanischem Vorbild auf vielen Quadratkilometern ihre kleine Touristenwelt kultivieren. Wichtigster Unternehmer in der Gegend ist die *Frade-Gruppe*, die mit großen, nicht zu übersehenden Schildern auf ihre touristischen Leistungen an der Küste aufmerksam macht.

Weiter geht es zum Dorf **MANGA-RATIBA**, das zwar einige Strände aufweist, aber eigentlich nur wichtig ist, weil hier die Schiffe nach **ILHA GRANDE** ablegen. Die große Insel, mit spektakulärer Fauna und Flora

Rund um die Uhr fährt eine Fähre von Sã Sebastião zur Insel Ilhabela (oben). Unbedingt probieren: Batidas und Cachaça-Sorten auf der Fazenda Bananal (unten).

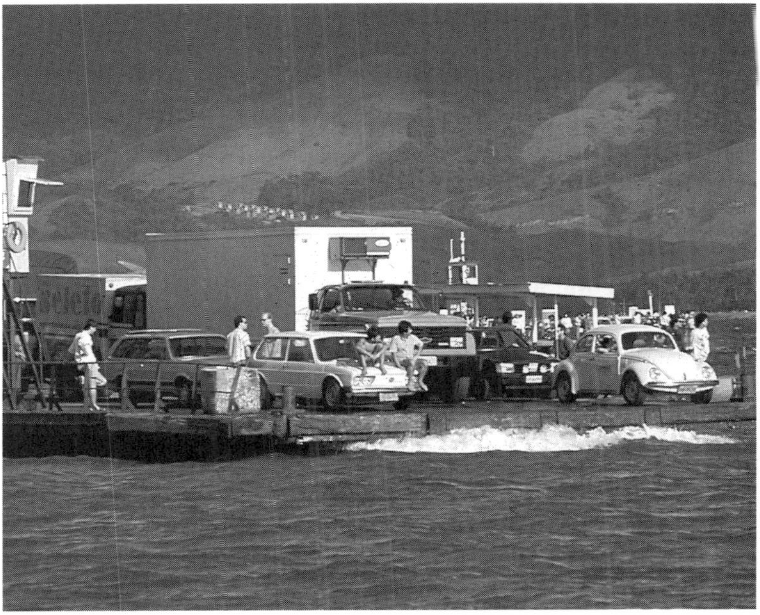

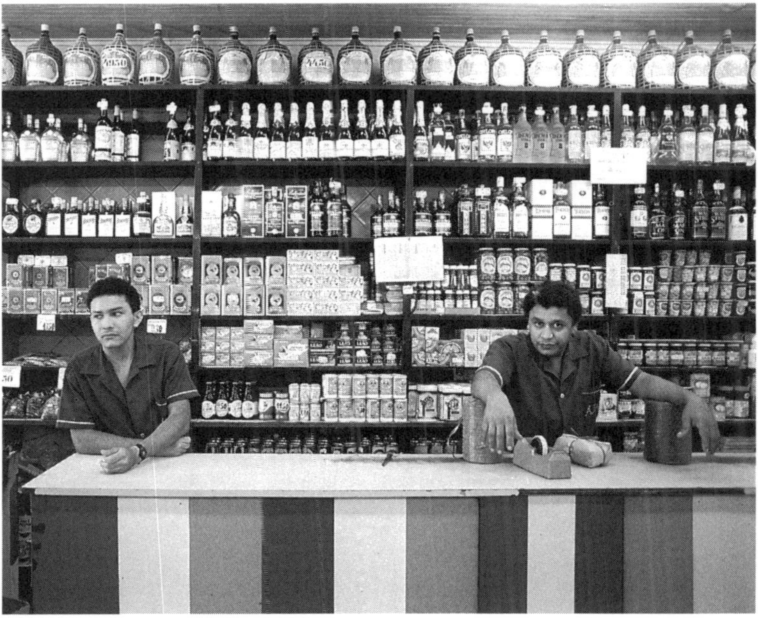

gesegnet, erreicht man in anderthalb Stunden. Sie kann einige der attraktivsten tropischen Strände, kleine nette Hotels und zwei Campingplätze aufweisen, die sehr geeignet sind für ruhige Ferientage. Das einzige Städtchen der Insel heißt **ABRAÃO**. Von hier aus können Sie kleine Boote mieten, um zu den abgelegenen Stränden **LOPEZ MENDEZ, PARANAIOCA, DAS PALMAS** und **SACO DO CEU** zu gelangen.

Hotels:
■ **PARAISO DO SOL,** Praia das Palmas, Tel. in Rio: 263-6089.
Schönstes Hotel der Insel und direkt am Meer; klein mit nur 32 Chalets, Preis: rund 50 Dollar pro Tag.
■ **POUSADA ALPINA,** Abraão, Tel. in Rio: 593-3136.
Der Gasthof verfügt nur über 10 Zimmer und ist im Städtchen der Insel gelegen.
■ **POUSADA MAR DA TRANQUILIDADE,** Abraão, Tel. in Rio: 240-8477.
Ebenfalls klein und in der Stadt, rund 30 Dollar; ein kleines Fischrestaurant ist angeschlossen.

Camping:
■ **DO GILSON,** Avenida Getúlio Vargas, Abraão.
■ **DO RENATO,** Avenida Getúlio Vargas, Abraão.

Restaurants:
■ **CASARÃO DA ILHA,** Rua da Praia, täglich 12 – 20 Uhr. Wie zu erwarten viel Fisch, hin und wieder Musik.
■ **JANETE,** Rua Getúlio Vargas, täglich 11 – 15.30 und 19.30 – 23 Uhr.
Dasselbe Angebot: Fisch mit Musik.

ANGRA DOS REIS

Fährt man weiter und läßt die große Insel, die wie ein Walfischrücken aussieht, links liegen, gelangt man in die stark zerklüftete Bucht **BAIA DE ILHA GRANDE** und weiter in die kleine Stadt **ANGRA DOS REIS**, die auf einer schmalen Halbinsel liegt. Auch von hier aus kann man noch auf die **ILHA GRANDE** fahren, allerdings dauert die Überfahrt zwei Stunden. Der Ort selbst wirkt beschaulich mit seinen alten Kirchen; die interessanteste ist das Kloster von **SÃO BERNADINO DE SENA** auf dem Hügel **SANTO ANTONIO**. Jedes Jahr im September findet das Krebsfest, das *Festival do Siri* statt, mit Wettbewerben zum Krebsfang und dergleichen. Auch sonst sorgt der Fischfang für einige Aufregung im Städtchen, vor allem wenn die Fischer ihren Fang anlanden und auf dem Marktplatz lautstark feilbieten. Die engen Gassen des Städtchens laden zum Flanieren ein.

Ansonsten bietet die Bucht mit ihren zahlreichen Inseln und Stränden viel Freizeitvergnügungen: Fischen mit Speer oder Angel zum Beispiel. Gegenüber der Busstation am Hafen, am **LARGO DA LAPA** steht ein Stand mit *Touristeninformationen*, der diverses Info-Material bereithält.

Hotels:
Die besseren Resort-Hotels der Gegend liegen außerhalb des Städtchens in der sich weit ausdehnenden Bucht bis hinunter nach **MAMBUCABA**. Sie bieten komfortable Unterkünfte, liegen meist am Strand, haben Golf- und Tennisplätze, Reitställe, Restaurants und weitere Annehmlichkeiten und kosten um

die 60 Dollar pro Doppelzimmer. Sehr gut geeignet, wenn man ein paar Tage bleiben, die Gegend erkunden und Sport treiben möchte. Die Zufahrten von der BR-101 aus sind gut durch große Schilder gekennzeichnet. Die angegebenen Kilometerzahlen sind von Angra dos Reis aus gerechnet, in Richtung Rio oder Santos.

■ **ANGRA INN,** Estrada do Contorno 2629, 5 km i.R. Santos, Tel. 65-1299.
■ **DO FRADE,** 36 km i.R. Santos Tel. 65-1212.
■ **PORTOGALO,** 26 km i.R. Rio, Tel. 65-1022.
■ **PORTO AQUARIUS,** 13 km i.R. Santos, Tel. 65-1642.
■ **PORTO BRACUHY,** 25 km i.R. Santos, Tel. 65-1675.
■ **POUSADA DO BOSQUE,** 50 km i. R. Santos bei Mambucaba, Tel. 43-4455.

Hotels in Angra dos Reis:
Die Hotels sind hier wesentlich einfacher und auch billiger, um die 20–30 Dollar pro Nacht, aber durchaus komfortabel, wenn man nur übernachten will. Hotels der Spitzenklasse gibt es in der Stadt nicht, die aufgeführten sind alle guter Durchschnitt.

■ **ACROPOLIS PRAIA,** Avenida das Caravelas, Tel. 65-0566.
■ **CARIBE,** Rua da Conceição 255, Tel. 65–0033.
■ **LONDRES,** Avenida Raul Pompeia 75, Tel. 65-0044.
■ **PALACE,** Rua Cel. Carvalho 275, Tel. 65-0032.

Restaurants:
Die Stadt selbst hat nicht viele Restaurants. Die Einheimischen treffen sich in ihren wenig aufwendig hergerichteten Restaurants am Hafen, wo ein paar Tische und Stühle und meist auch noch ein großer Fernseher Platz finden. Das Angebot ist einfach: Fisch, Reis, Bohnen, Maniok – *gut, billig und magenfüllend*. Für kulinarische Genüsse muß man – genauso wie für gute Hotels, die alle angegliederten Restaurants aufweisen – die Küste abkopfen.

■ **CHEZ DOMININIQUE,** bei Porto do Frade, 36 km i.R. Santos, 13–17 und 19–23 Uhr, Mo geschlossen.
Das beste Restaurant der ganzen Gegend. Elegantes Interieur und gepflegte französische Küche.

■ **TABERNA 33,** Avenida Raul Pompeija 110, täglich 18–1 Uhr.
Italienische Küche, abends oft musikalische Unterhaltung. Am Wochenende wird auch mittags gegessen, was die einheimische Kundschaft lautstark und ausgiebig genießt.

PARATI

Weiter führt die BR-101 um die **BAIA DE ILHA GRANDE** herum, an der die ersten drei Kernkraftwerke Brasiliens entstehen sollen. *Angra I*, der erste Reaktor, ist bereits fertig; er hat sechsmal soviel gekostet wie die einst geschätzten 300 Millionen Dollar. Das Geld für das Prestigeobjekt scheint so gut wie rausgeschmissen, denn – so weit man heute weiß – wird auch dieser Reaktor nie in Betrieb gesetzt werden.

Den abscheulichen Bauten zum Trotz, *die Gegend hier ist wunderschön:*

immer wieder viel Grün so weit das Auge reicht, herrliche einsame Strände nach jeder Straßenbiegung und ein blaues Wasser, das einfach sauber sein muß. Malerisch ist auch das kleine Fischerdorf **MAMBUCABA**; eigentlich nur ein paar Häuser und eine große, weiß gekalkte Kirche direkt am Strand. Touristische Infrastruktur zum Glück gleich Null. Die Jungs des Ortes spielen am Strand selbstvergessen *futebal*, und das Leben ist so beschaulich, wie es eigentlich immer und überall sein sollte.

Nicht ganz so verträumt, aber immer noch sehr stimmungsvoll und vor allem hochdekoriert ist **PARATI**. Das Städtchen wurde 1966 von der *UNESCO* als kulturgeschichtlich bedeutsame Stätte unter internationalen Denkmalschutz gestellt. Der ganze Ort ist sozusagen ein *lebendes Kolonialmuseum*, eine *Cidade Histórica*, und gilt als eine der spektakulärsten Touristenattraktionen des Landes. Die Hauptsaison von Dezember bis März sollte man deshalb meiden, dann wimmelt es von Urlaubern und kein Bett ist mehr frei. Der November hingegen ist ein idealer Monat.

Der Ort, 1660 gegründet, war im 18. Jh. ein wichtiger Umschlagplatz für Gold, Diamanten und Edelsteine aus dem Staate Minas Gerais, die von hier aus nach Portugal verschifft wurden. Kein Wunder wurde Parati wohlhabend und gelangte zu stattlichen Herrenhäusern und riesigen Gütern. Mit dem Export von Gold und Diamanten ins einstige Mutterland war natürlich Schluß, als Brasilien 1822 die Unabhängigkeit erlangte, Parati geriet mehr und mehr in Vergessenheit, pflegte aber zum Glück das koloniale Erbe.

Heute ist Parati eine Mischung aus Fischerdorf, Museum, Kunstgalerie und Aussteiger-Tummelplatz. Faszinierend ist der Ort in jedem Fall. Im Dorfkern haben Autos nichts zu suchen, lediglich Fußgänger – und einige Pferde samt ihren Reitern – mühen sich mit dem antiquierten Kopfsteinpflaster ab, das sich als zusätzliche Schikane zur Mitte hin auch noch neigt, damit die Straßen bei Vollmond und stürmischem Wetter durch fließendes Meereswasser vom Unrat befreit werden können. Die Häuser der Kolonialzeit mit ihren schmiedeeisernen Balkonen, den schweren Holztüren und bunt gestrichenen Fensterläden strömen viel mehr als nur einen Hauch Kolonialzeit aus. Viele von ihnen sind zu *Pousadas* umfunktioniert worden und bieten teure wie billige, aber immer stilvolle Unterkünfte. Auf jeden Fall sollte man sich mehrere ansehen, denn ihre Innenhöfe sind einfach sensationell, überwuchert mit tropischen Pflanzen und Blumen. Dazwischen ein paar Katzen, die dem Besucher vertrauensvoll um die Füße schleichen. Die Welt scheint so in Ordnung hier und die zahlreichen Galerien und Läden mit Kunsthandwerk bieten wirklich Interessantes, neben dem üblichen Touristenschrott notabene.

Auch wer nicht viel Sinn für Kirchen hat, die von Parati sollte man sich ansehen, wenigsten **NOSSA SENHORA DO ROSARIO** an der **RUA SAMUEL COSTA** und **SANTA RITA DE CASSIA** am **PRAÇA SANTA RITA** und das auf dem **MORRO DA VILA VELHA** im Jahre 1720 errichtete **FORT DEFENSOR PERPETUO**.

Nach Parati kommt man nicht wegen der Strände, sie sind nicht besonders und werden eigentlich auch nur von Einheimischen, das heißt von ihren Kindern und Jugendlichen, benutzt. Umso interessanter ist es, einen späten Nachmittag hier bei Fisch, Bier und Caipirinha zu vertrödeln, nicht zuletzt, um eine Lektion zu genießen, wie sich junge Leute, die dort ihre rollenden Stände aufschlagen, mit fliegenden Dienstleistungen wenig gewinnbringend, aber doch sehr lustvoll durchs Leben schlagen.

Daß Parati immer wieder als Filmkulisse benutzt wird, wundert eigentlich kaum. Und wer nicht hierher kommen kann, sollte sich doch mal den alten brasilianischen Klassiker *Gabriela* nach dem Roman von *Jorge Amado* ansehen: Parati, wie es leibt und lebt.

Pousadas:
- **COXIXO,** Rua do Comercio 362, Tel. 71-1460.
Sehr schöne Lage mit verträumtem Garten; 30 – 40 Dollar.
- **FRADE POUSADA PARATI,** Rua do Comercio, Tel. 71-1205.
Der Frade-Gruppe zugehörig, sehr komfortabel und mit rund 70 Dollar auch nicht unbedingt billig.
- **MERCADO DE POUSO,** Largo Santa Rita, Tel. 71-1114.
Sehr zentral bei der Kirche Santa Rita gelegen.
- **POUSADA ACONCHOGO,** Rua Domingos Gonçalves de Abreu 1, Tel. 71-1598.
Nettes Haus und nicht so teuer, 30 Dollar.
- **POUSADA DO FORTE,** Avenida

Princesa Isabel 33, Bairro do Pontal, Tel. 71-1462.
- **POUSADA DO OURO,** Rua Dr. Pereira 145, Tel. 71-1311.
Gleichfalls sehr schick und mit großem Garten.
- **POUSADA PARDIEIRO,** Rua do Comercio 74, Tel. 71-1370.
Sehr exklusives Haus mit Garten, 2 Bars, Restaurant und Aufenthaltsräumen; rund 70 Dollar pro Doppelzimmer. Kinder unter 15 Jahren will man hier jedoch nicht.

Pousada mit Ausblick:
- **POUSADA DA MATRIZ,** Rua da Cadeia 334, Tel. 71-1610.
Sehr einfaches Haus aber gemütlich; kostet nur 15 – 20 Dollar.

Mein Tip:
- **SOLAR DOS GERANIOS,** Praça Monsieur Helio Pires, Tel.71-1550.
Sehr einfach, aber meine erklärte Lieblings-Pousada, vor allem wegen des schönen Innenhofs mit Papageien und vielen Katzen. Von einer Ex-Luzernerin, Frau Kaufmann-Kirkovits, ihr Mann ist Ungar, zusammen mit ihren Töchtern geführt. Ihre Herkunft manifestiert sich zum Glück nur noch an zwei, drei Plakaten aus dieser Gegend. Günstige 16 Dollar für zwei.

Restaurants:
Sehr gut sind die Restaurants von Parati. Fisch ist natürlich angesagt, aber auch Fleisch und Internationales. Die Portionen sind wie immer so opulent, daß man getrost teilen kann. Mit Musik kann man zumindest am Abend rechnen.

■ **ANCORADOURO,** Rua da Geralda 345, 11 – 23 Uhr, Mi geschlossen.

■ **CHEZ REGINE,** Rua Dr. Pereira 38, täglich 12 – 23 Uhr.

■ **DONA ONDINA,** Rua do Comercio 4, täglich 11 – 23 Uhr.

■ **GALERIA DO ENGENHO,** Rua Maria Jacome de Mello/Rua da Lapa 18, täglich 11 – 23 Uhr.

■ **HILTINHO,** Rua Mal. Deodoro 233, täglich 11 – 24 Uhr.

Galerien:

■ **ATELIER BUCHARD,** Rua Mal. Deodoro.

■ **MARAMAR,** Rua da Geralda 18.

Tourismus-Informationen:

■ Avenida Roberto da Silveira/Praça Macedo Soares, Tel. 71-1631, täglich 8 – 22 Uhr.

Prospekte, Info-Hefte wie *Parati para Voce*, Parati für Sie, oder der *Passeio Histórico*, der historische Spaziergang, sowie Stadtpläne liegen hier aus.

FAZENDA BANANAL

Spannend ist der Ausflug zur **FAZEN-DA BANANAL** an der **ESTRADA CUNHA**, der alten Goldroute. Die Zufahrt ist mit **MURYCANA** ausgeschildert und führt rechts 800 Meter einen Dreckweg entlang, der bei Regen wohl kaum zu befahren ist. Das Anwesen von *Engenho da Murycana* ist heute eine *Schau-Fazenda* des alten Ingenieurs Murycana, der hier Gerätschaften, Möbel etc. aus Kolonialzeiten ausstellt. Ein kleiner, interessanter Zoo mit einheimischen Tieren, vor allem sehr schönen Pfauen, gehört dazu; gleichfalls ein Re-

staurant, in dem brasilianische Gerichte serviert werden. Die immer noch eigene Cachaça-Herstelllung zeigt, wie es auch heute noch am besten gemacht wird. Am Beispiel diverser *Batidas* und *Cachaça-Sorten* kann man das Ergebnis prüfen und gegebenenfalls mitnehmen. Viele *Barracudos*, kleine schwarze Fliegen, machen einem das Leben schwer, da man sich schließlich im Urwald und inmitten vieler Tiere befindet.

Mein Tip: Öl mit Zitronensaft, das einzig wirksame Mittel, hängt am Eingang zur Benutzung aus. Man sollte wirklich davon Gebrauch machen.

Wenige Kilometer südwestlich von Parati überquert man die Grenze zwischen den Bundesstaten Rio de Janeiro und São Paulo. An der Küste liegen die Badeorte **UBATUBA** und **CARAGUA-TATUBA** mit sehr vielen exzellenten Stränden und kompletter touristischer Infrastruktur. Alles wirkt jedoch sehr wenig brasilianisch, ist weder tropisch noch stimmungsvoll; man könnte sich genauso gut an der Adria mit ihren langen unpersönlichen Stränden wähnen. Wer trotzdem bleiben möchten:

■ **INFORMAÇOES TURISTICAS,** Avenida Iperoig, mitten im Zentrum, Tel. 32-1295, geöffnet von 8 – 18 Uhr, hält ausführliches Info-Material bereit.

SÃO SEBASTIÃO/ILHABELA

Der wichtigste Badeort an dieser Küste ist São Sebastião. Der Ort selber ist interessant wegen seiner kolonialzeitlichen Bauten, die ältesten immerhin aus dem 17. Jahrhundert. Das Badeleben spielt sich allerdings auf der **ILHABE-LA** ab, der schönen Insel, die im ständigen Pendelverkehr von 6 bis 24 Uhr per Fähre zu erreichen ist.

Die Insel ist vulkanischen Ursprungs, die Längsachse markiert ein Gebirgszug, der im **MORRO DA PAPAGAIO** gipfelt, der stattliche 100 Meter erreicht. An einem Teilstück der Küste ziehen sich brauchbare Straßen entlang, wenn auch mit einigen Schlaglöchern versehen. Wer allerdings – wie ich – auf die wahnsinnig tolle Idee kommen sollte, den Gebirgszug überqueren zu wollen, um an die **PRAIA CASTELHANO** zu gelangen, sei gewarnt: Für die 30 Kilometer braucht man zwei Stunden, denn die Straße ist nicht viel mehr als ein Dschungelpfad und führt von einem Schlammloch zum nächsten Schlagloch. Stolz bin ich zwar immer noch auf die vollbrachte Tat, denn die vielen farbigen Schmetterlinge und die schönen Ausblicke versöhnen durchaus. Auch der Strand auf der anderen Seite der Insel ist absolut traumhaft und erinnert an Robinson Crusoe. Doch die vielen *Barracudos*, jene schwarzen Fliegen, die einen fast auffressen, verderben das Abenteuer. Im Ort werden denn auch entsprechende T-Shirts angeboten, mit einer schwarzen Fliege bemalt und der Aufschrift versehen: *Nimguem tem paciença comigo*, niemand hat Geduld mit mir. Kein Wunder. Zum Trost halten ein paar junge Leute am dortigen *Campingplatz* Bier und Salbe parat.

Ilhabela hält ein breites Angebot an Hotels und Restaurants jeder Preisklasse bereit; man kann baden, sonstigen Sport treiben, tropische Gärten mit Wasserfällen aufsuchen, laufen, Fahrrad fahren, ergo: Ein Aufenthalt lohnt sich.

Hotels:

■ **ILHABELA,** Avenida Pedro Paula de Morais 151, Tel. 72-1083.
50 – 60 Dollar, Sehr luxuriös mit breitem Angebot an Sport und Unterhaltung.

■ **ITAPEMAR,** Avenida Pedro Paula de Morais 341, Tel. 72-13290.
Bestes Haus auf der Insel mit allen touristisch wichtigen Einrichtungen für Sport und Unterhaltung, rund 70 Dollar pro Doppelzimmer.

■ **MERCEDES,** Prainha Mercedes, Tel. 72-1071.
Besonders schöne Lage in einem Park direkt am Strand, 60 Dollar.

■ **PALHOCA,** Avenida D. João V. 87, Praia da Feiticera, Tel. 72-2055.
Direkt am Strand, 12 km von der Anlegestelle entfernt.

■ **PETIT VILLAGE,** Rua Morro da Cruz 241, Tel. 72-1393.
In schönem Park gelegen; 50 Dollar.

■ **DA PRAIA,** Avenida Pedro Paula de Morais 578, Tel. 72-1218.
Eine der wenigen Pousadas mit *eigenem Strand,* sehr gemütliche Aufenthaltsräume und Bar; 40 Dollar.

■ **PEREQUE,** Rua Francisca Paula de Jesus 90. Tel. 72-1105.
Schöne Lage, klein und schmuck, die Nacht für 30 Dollar.

■ **POUSADA DOS HIBISCOS,** Avenida Pedro de Paula Morais 714, Tel. 72-1375. Klein, sehr gepflegt und gemütlich; kostet 30 Dollar.

Camping:

■ **DO BADITO,** Praia do Curral.
■ **DA BARRA,** Pereque, Tel. 72-2239.
■ **CLUBE DE ILHABELA,** Pereque, Tel. 72-1027.

■ **DO LOURINHO,** Praia do Curral, Tel. 72-1584.

■ **PEDRO DO SINO,** Praia do Sino, Tel. 72-1266.

■ **PORTO SEGURO,** Praia Grande, Tel. 72-1247.

Restaurants:

■ **LA BETTOLA,** Avenida Pedro Paula de Morais 1027, Tel. 72-1304, täglich 12−1 Uhr.
Wie auf einer Insel zu erwarten in erster Linie Fisch; am späteren Abend Musik.

■ **DECK,** Avenida Almirante Tamandare 805, Tel. 72-1489, täglich 12−1 Uhr, Mi geschlossen.
Fest in deutscher Hand, exzellente Küche und schöner Ausblick auf die Bucht.

■ **PEREQUE,** Avenida Princesa Isabel 337, Tel. 72-1341, täglich 11−24 Uhr, Do geschlossen.
„Fisch und Musik", offensichtlich *die* Inselspezialität.

■ **VELHO MACIEL,** Avenida Força Expediçionaria Brasileira 240, Tel. 72-1288, täglich 11.30−21 Uhr.
Sehr gute Fischspezialitäten.

■ **VIANA,** Praia do Viana, Tel. 72-1089, täglich 13−22 Uhr, Di geschlossen.
Das beste der Insel und auf Fischgerichte spezialisiert. Musik nur am Wochenende.

Costa do Sol

BIS MARICA

Nördlich von Rio erstreckt sich die **COSTA DO SOL**, die Sonnenküste, die bis zum legendären Badeort **BUZIOS** reicht − immerhin 190 km entfernt. Doch schon vorher trifft man auf eine Reihe schöner Strände, die einen längeren Ausflug in diese Region spannend machen. *Um ein gemietetes Auto kommt man nicht herum, alles andere wäre sehr kompliziert.* Nicht einmal Buzios erreicht man mit öffentlichen Verkehrsmitteln. Der Bus hält in **CABO FRIO**, und von dort aus müßte man mit dem Taxi eine weitere halbe Stunde fahren. Nach neusten Mitteilungen soll es einen direkte Linie von Rio nach Búzios geben, eine Linie der „Companhia 1001", 2½ Stunden Fahrzeit. Zudem ist Búzios mit seinen mehr als 20 Stränden so weitläufig, daß man ohne eigenes Transportmittel ziemlich aufgeschmissen wäre.

Um die Costa do Sol zu entdecken, fährt man in Rio erst einmal ins Zentrum und dann über die gigantische **NITEROI-BRÜCKE**, die sich in kühnem, nicht endenwollenden Bogen über die Bucht spannt. Der Ausblick von hier oben ist sensationell. Das Fotografieren muß man sich allerdings verkneifen, denn aussteigen darf man auf keinen Fall. Weiter geht es den Schildern **SÃO GONÇALO, RIO BONITO, CAMPOS, VITORIA** nach, später den Bezeichnungen **MANILHA, RIO BONITO**. 26 km nach der *Toll-Station* – die Brücke zu überqueren kostet Geld – gelangt man auf die Straße **BR-101**, die mit **ITABO-RAI, RIO BONITO** ausgeschildert ist. 61 km nach der Brücke verläßt man die BR-101 und nimmt die rechterhand abzweigende Straße, welche die Bezeichnungen **ARARUAMA/CABO FRIO** trägt – der kürzeste Weg nach Buzios, aber nicht unbedingt der interessanteste.

Aufregender ist es, die BR-101 bereits kurz vor **TROBOBO** zu verlassen und auf die **106** einzubiegen, die durch das landschaftlich reizvollere *Lagunengebiet* führt. Nur schmale Sandstreifen trennen die Lagunen vom offenen Meer, ein *Eldorado für Surfer* übrigens. Ganz Mutige fahren direkt am Meer entlang auf der **110**, einer Straße aus verdichtetem Sand, die nach 40 km in **CABO FRIO** enden sollte. Ich schreibe „sollte", denn es ist nicht gesagt, daß die Strandstraße immer durchgängig zu befahren ist. Ein Versuch lohnt sich, die Strecke ist *traumhaft schön*. Falls es nicht mehr weitergeht, führen immer wieder schmale Straßen auf die Hauptstraße 106 zurück. Unterwegs kommt man an kleinen und größeren Badeorten vorbei. Naturliebhaber werden ausflippen: *Die Strände sind weit, einsam und verlassen, von Rummel keine Spur.*

Der erste Ort in dieser Lagunenwelt heißt **MARICA**, und der vorgelagerte Strand **PONTE NEGRA**, knapp 20 km entfernt, ist wegen seiner Abgeschiedenheit, dem schönen weißen Sand und der wilden Dünung des Atlantiks bei Kennern bekannt und beliebt. Karnevalsmüde Naturen verziehen sich während der turbulenten Tage hierher. Es

gibt einige wenige *Pousadas* zum Übernachten und zwei sehr schöne *Campingplätze*, die **FAZENDA MARICA** und **BARRA DE MARICA** an der Lagune, zu denen man sich durchfragen muß, da sie nicht ganz einfach zu finden sind.

Pousadas:

■ **BEIRA-MAR,** Praia da Barra. 18 sehr einfache Zimmer am Strand von Barra, 6 km von Marica entfernt.

■ **MALOCAS VAN,** Praia de Ponte Negra, Tel. Rio: 257-5657. 17 einfache *Cabanas,* aber immer mit Dusche ausgestattet; Bar und Restaurant sind ebenfalls vorhanden. 20 Dollar.

■ **POUSADA COLONIAL,** Praia de Ponte Negra, Tel. in Rio: 295-6607. Thront oberhalb des Leuchtturms in sehr schöner Lage. Nur sechs Chalets, Bar und Restaurant sind vorhanden und sogar Farb-TV. Kostet rund 20 Dollar pro Paar und Nacht.

■ **POUSADA SOLAR TABAUNA,** Praia de Ponte Negra, Tel. in Rio: 222-0167. Ist ebenfalls nahe am Leuchtturm mit Aussicht aufs Meer; 14 Zimmer, Churrascaria, 20–25 Dollar.

■ **POUSADA DA ZEZE,** Barra de Guaratiba, Tel. in Rio: 709-4406. Der Strand von Guaratiba ist 10 km von Marica entfernt. Einfache Unterkünfte, 15–20 Dollar; Bar und Restaurant sind angeschlossen.

Restaurants:

■ **MARIA DO CEU,** Avenida Roberto Silveira 880, Marica, täglich 11–18 Uhr. Sehr gutes Fischrestaurant, weit herum bekannt.

SAQUAREMA/ARARUAMA

Die nächste Ortschaft ist **SAQUARE-MA**, das direkt am offenen Meer liegt, regelmäßige Winde aufweist und dementsprechend bei jungen Surfern sehr beliebt ist. Geschützt in der **LAGOA DE ARARUAMA** liegt hingegen der Ort **ARARUAMA**. Die Lagune ist bei einheimischen Touristen eine große Attraktion. Die ruhigen Brackwasser und langen Sandstrände lassen gemächlichere Sportarten zu, während vorne das offene Meer tobt. Einiges größer präsentiert sich **SÃO PEDRO D'ALDEIA**. Der einstige kleine Fischerort hat sich zu einem veritablen Seebad gemausert, der vor allem bei Familien mit Kindern sehr beliebt ist – der langen, flach abfallenden Strände wegen. Man muß lange laufen, bis einem das Wasser bis zum Halse steht. **CABO FRIO**, der letzte Badeort vor Búzios ist schon eine kleine Stadt, mit historischem Ortskern und einer Uferpromenade, die der von Copacabana nachempfunden ist, im Miniformat allerdings. Total 18 Kilometer Sandstrand sind rund um Capo Frio zu finden. Die Dünen von Cabo Frio sind eine Schönheit für sich und nicht zu verpassen.

Hotels in Saquarema:
■ **LAGOA AZUL,** Avenida Saquarema 1580, Tel.in Rio: 252-7980.
■ **MARINAS DA LAGOA APART HOTEL,** Avenida Saquarema 1503, Tel. 51-2228.

Pousadas in Saquarema:
■ **BERRO D'AGUA,** Avenida Oceanica 165, Tel. 51-2271, am Strand von Itauna.

■ **POUSADA DA TILIA,** Avenida Salgado Filho 744, Tel. 51-2058. Direkt am Strand.

Hotels in Araruama:
■ **CASA DA VOVO,** Rua Cap. Vergara 200, Praia do Coqueiral, 13 km außerhalb der Stadt, Tel. 65-1159.
■ **LA GONDOLA,** Rod. Amaral Peixoto, Kilometer 86, an der Lagune, Tel. 65-1364.
■ **PARQUE HOTEL ARARUAMA,** Rua Argentina 502, im Park gelegen, Tel. 65-2129.
■ **SENZALA,** Rod. Amaral Peixoto, Kilometer 93,5, außerhalb der Stadt an der Lagune, Tel. 24-2230.
■ **TURISMO,** Rod. Amaral Peixoto, Kilometer 83, an der Lagunenstraße, Tel. 65-2565.

Camping in Araruama:
An der Lagune von Araruama sind drei Campingplätze eingerichtet, in der Stadt selbst einer.
■ **CCB-RJ-12,** Rod Amaral Peixoto, Kilometer 81, Ponto dos Leites, 5 km entfernt.
Der schönste Platz zum Campen.
■ **CCB-RJ-3,** Rua Republica Argentina 286, Centro.
■ **VENEZA,** Praia Seca, Rod Amaral Peixoto. Kilometer 77.5, 18 km von der Stadt entfernt.
■ **OK,** Rod Amaral Peixoto, Kilometer 89, Bananeiras, 5 km entfernt.

Hotels in São Pedro d'Aldeia:
■ **CARAPEBA PRAIA,** bei Iguaba Grande, Tel. 24-2270. Die beste Herberge und mit schöner Aussicht; rund 30 Dollar für zwei Personen.

■ **POUSADAS VERDES MARES,** Rua do Libano 34, Praia Linda, 6 km von der Stadt entfernt.

■ **VILLAS ROMANAS DE IGUABA APART HOTEL,** Avenida Paulino Rodrigues de Souza 1551, Iguaba Grande, Tel. 24-2011.

CABO FRIO

Cabo Frio entwickelt sich immer mehr zu einem kleinen Rio: Hotels, Pousadas, Restaurants und Campingplätze jeder Preisklasse und Qualität. Vom Busbahnhof Rio-Novo kann man direkt in gut zwei Stunden zum *Rodoviária* in Cabo Frio fahren. In der **RUA RAUL VEIGA 709** befindet sich eine *Tourismus-Information*, wo man sich über die detaillierte Infrastruktur und die diversen Festivitäten von Cabo Frio informieren kann. Sehenswert sind die Festung von **SÃO MATEUS**, die Kirche **NOSSA SENHORA DA ASUNÇÃO** und das Kloster **NOSSA SENHORA DOS ANJOS**.

Hotels:

■ **ACAPULCO,** Praia das Dunas, 3 km entfernt, Tel. 43-0202.
Schönstes Haus direkt am Strand und mit Aussicht auf die Dünen, ca. 50 Dollar das Doppel.

■ **MALIBU PALACE,** Praia do Forte, Tel. 43-3131.
Wahrlich ein Palast, großes Hotel mit über 100 Zimmern, 50-60 Dollar.

■ **POUSADA PORTO PERO,** Praia do Pero, 4,5 km entfernt, Tel. 43-1395.

■ **POUSADA PORTOVELEIRO,** Avenida dos Espadates 129, Ogiva, 6 km entfernt, Tel. 43-3081. Sehr schicke Pousada mit Aussicht, 50 Dollar.

Restaurants:

■ **BACALHAUZINHO,** Praça Porto Rocha 27, täglich 11-24 Uhr.
Brasilianische Gerichte, abends Musik

■ **PICOLINO,** Rua Marechal Floriano 319, Tel. 43-2436, täglich 12-24 Uhr.
Internationale Küche, gilt als das beste Restaurant.

■ **VELEIRO,** Avenida dos Namorados, Praia do Pedro, täglich 11-2 Uhr.
Direkt am Strand gelegenes, beliebtes Fischrestaurant.

ARMAÇÃO DOS BUZIOS

Während **CABO FRIO** immer mehr verstädtert, ist das nur 25 km entfernte Armação dos Búzios, wie der Ort mit vollem Namen heißt, ein gemütlicher Badeort und Fischerdorf geblieben. Strenge Bauvorschriften verbieten hohe Häuser, der ländliche Stil dominiert, obwohl sich in den zahlreichen Buchten oft wahre Landsitze verstecken. Große Hotels gibt es zum Glück nicht, fast alle Unterkünfte sind *Pousadas*, sehr gemütlich meist, oder auch umgebaute Fischerhäuschen.

Bei aller Beschaulichkeit: In der Hochsaison wird der Ort zu einem kleinen Ibiza oder St. Tropéz, schließlich war Brigitte Bardot auch schon hier. Die schicksten Restaurants des Landes haben sich mittlerweile etabliert. Auch Boutiquen mit klingenden Namen, die sich in der **RUA DAS PEDRAS** und **RUA MANUEL TURIBE DE FERIAS** aneinanderreihen und meist in Rio ihren Hauptsitz haben. Cariocas und mehr und mehr Ausländer lieben Búzios: Jeder der es sich leisten kann, macht hier Ferien oder nennt gar ein eigenes Häuschen sein eigen.

Búzios' 26 Strände liegen weit verstreut in der Bucht und sind nicht immer leicht zugänglich. Zu Fuß ist es unmöglich alle abzuklappern. Mit dem Auto kämpft man sich von Schlagloch zu Schlagloch über die Naturpfade. Autos, Fahr- und Motorräder lassen sich mieten, Pferde auch und vor allem *Dünen-Buggies*, die offenen Strandautos, mit denen es sich am leichtesten über die Wege hoppeln läßt. Mit Segelbooten sind die vielen Buchten, die zum Teil unglaublich klares, blaues Wasser aufweisen, natürlich auch zu erforschen. Die schönsten Strände heißen **TARTARUGA, AZEDA, AZEDINHA, BRAVA, FORNO.**

Búzios ist nicht billig. Pousadas, wenn auch sehr elegant und gepflegt, kosten gut und gern den Preis eines Luxushotels in Rio, und auch fürs Essengehen zahlt man in den guten Restaurants mehr, als in der Stadt üblich wäre. Trotzdem gibt es auch unzählige günstige Unterkünfte und einladende, billige Fischrestaurants, vor allem am Hafen.

Informationen:
■ **AGENÇIA DE TURISMO,** Avenida José Bento Ribeiro Dantas 222, Tel. 23-1490.

Während der *Hauptsaison von Dezember bis März* platzt Búzios aus allen Nähten. In den anderen Monaten sind viele Pousadas und Restaurants geschlossen. Hier erhalten Sie notwendige Informationen. Auch Auskünfte über Campingmöglichkeiten.

Pousadas:
Die folgenden Pousadas sind schick, aber deswegen auch teuer.
■ **AUBERGE DE L'HERMITAGE,** Baia Formosa, Tel. 23-1103.
Sehr luxuriös, aber mehr Resort als Pousada, direkt am Strand und jede Menge Annehmlichkeiten. Rund 100 Dollar die Nacht.
■ **LA BORIE,** Praia de Geriba, Tel. 23-1498.
Sehr schöne Lage direkt am Strand und nicht so groß, das Essen hingegen soll nicht so toll sein. 100 Dollar.
■ **NAS ROCAS CLUB,** Ilha Rasa, Tel. 23-1303.
Auf einer eigenen Insel und die exklusivste Anlage weit und breit. Natürlich auch am kostspieligsten; rund 150 Dollar.

Günstige Pousadas:
■ **POUSADA CASA DE PEDRA,** Tel. 23-1499, 30 Dollar.
■ **POUSADA DOS GRAVATAS,** Praia do Geriba, Tel. 23-1218, 50 Dollar.
■ **POUSADA DA MARIA FARINHA,** Baia Formosa, Tel. 23-1183, 30 Dollar.
■ **POUSADA DO SOL,** Tel. 23-1249, 30 Dollar.
■ **POUSADA VILA DO MAR,** Tel. 23-1298, 50 Dollar.

Restaurants:
Búzios weist schöne, elegante Restaurants auf, an prächtiger Lage, direkt am Wasser, mit Kerzenlicht und schönem Tafelsilber. Trotzdem findet man eine ganze Reihe sehr normaler Restaurants mit gutem Essen und *sehr zivilen Preisen.* Für die zum Teil sehr jugendlichen Gäste, die mit Vorliebe campieren, gibt

es zahlreiche Snack-Bars, Coffee-Shops und dergleichen. Frischen Fisch kann man am Hafen täglich kaufen – für jene, die ihr eigenes Barbecue betreiben wollen.

■ **LISBOA ANTIGA**, Rua José Bento Ribeiro Dantas 140, täglich 13 – 24 Uhr. Portugiesische Spezialitäten, Musik am Abend.

■ **LA PALMEIRA**, Praia do Armação, täglich 12 – 2 Uhr. Fischgerichte, abends oft Musik.

■ **SATIRICON**, Rua José Bento Ribeiro Dantas 412, Tel. 23-1595, täglich 14 – 24 Uhr. Gute italienische Küche auch für Normalsterbliche.

■ **LE STREGHE BUZIOS**, Rua das Pedras 201, täglich 20 – 2 Uhr. Tolle Lage direkt am Strand, sehr gute italienische Küche, sehr teuer und so nobel, daß man höchst persönlich reservieren muß.

■ **VIP CLUBE**, Rua José Bento Ribeiro Dantas 286, täglich 19 – 4 Uhr. Steakhaus, bis in den frühen Morgen geöffnet.

Nachtleben:
Alles ist möglich. Ein Bier in einer der zahlreichen Bars. **BAR DO NASCIMENTO, BAR CENTRAL** im Ort selber und problemlos zu finden, obwohl sie gar keine eigenständigen Adressen haben. Hier bekommt man das eisgekühlte Bier schon für weniger als einen halben Dollar. An der **PRAIA DOS OSSOS** servieren die **BAR DA CORRENTE** und die **BAR CANTO DO SAPO** das billigste Bier weit und breit. Meeresrauschen inbegriffen. Im übrigen ist nächtliches unverbindliches Flanieren in der Hauptstraße **JOSÉ BENTO RIBEIRO** angesagt, wo sich all die schikken Bars und Discos befinden und wo die Reichen unter sich bleiben. Sehen und gesehen werden ist hier genauso wichtig wie in Rios Pracht-Boulevards. *Rua do vai-e-vem, onde ninguem namora nimguem,* was denn auch sinngemäß eben das heißt.

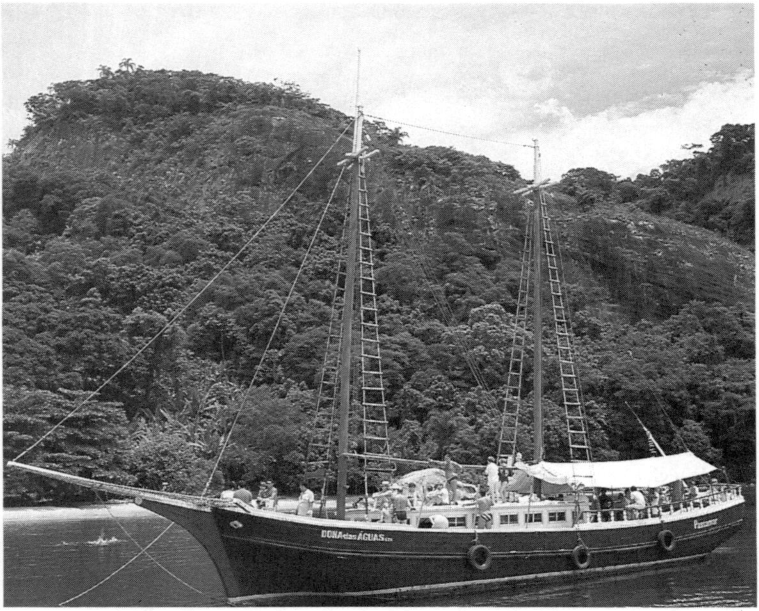
DONA das ÁGUAS

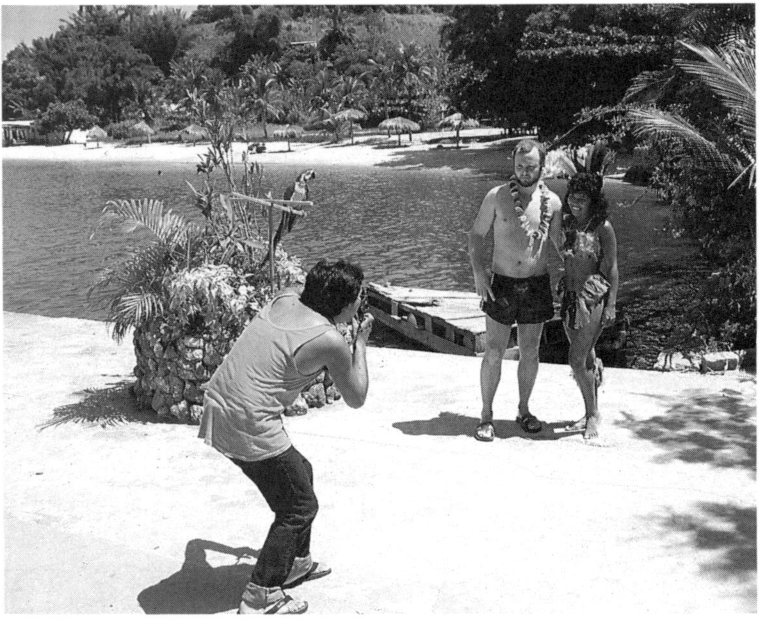

Die göttliche Vielfalt

Von Stefan Zweig

Vor fast vierhundert Jahren, 1552, schreibt Tomé de Sousa, da er in Rio landet: *Tudo é graça que dela se pode dizer.* Man kann es eigentlich nicht besser ausdrücken als dieser rauhe Kriegsmann. Die Schönheit dieser Stadt, dieser Landschaft läßt sich wirklich kaum wiedergeben. Sie versagt sich dem Wort, sie versagt sich der Fotografie, weil sie zu vielfältig, zu unübersichtlich, zu unerschöpflich ist; selbst ein Maler, der Rio in seiner Gänze darstellen wollte mit all seinen tausend Farben und Szenen, käme in einem einzigen Leben nicht zu Ende. Denn hier hat die Natur in einer einmaligen Laune von Verschwendung von den Elementen der landschaftlichen Schönheit alles in einen engen Raum zusammengerückt, was sie sonst sparsam auf ganze Länder verteilt und vereinzelt. Hier ist das Meer, aber Meer in allen seinen Formen und Farben, grün anschäumend am Strand von Copacabana von der unendlichen Ferne des Atlantischen Ozeans, bei Gávea wieder grimmig aufspringend an einzelnen Felsen und dann wieder in Niterói glatt und blau an den flachen Sandstrand sich schmiegend oder die Inseln zärtlich umschließend. Da sind Gebirge, aber jeder Gipfel und Hang anders geformt, schroff, grau und felsig der eine, umgrünt und weich der andere, spitz gesteilt der Pão de Açúcar und wie von einem gigantischen Hammer flach geschlagen die Höhe von Gávea, hier zerrissen und zerzackt die Bergkette des Dedo de Deus, des Finger Gottes. Jeder seine eigene Form eigenwillig bewahrend und doch alle in brüderlichem Kreise sich verbindend. Da sind Seen wie die Lagoa Rodrigo de Freitas und der von Tijuca, die die Berge, die Landschaft und gleichzeitig die elektrischen Linien der Stadt spiegeln, da sind Wasserfälle, kühl und schäumend aus den Felsen fallend, das sind Bäche und Flüsse, Wasser in allen seinen unfaßbaren Formen. Da ist Grün in allen Farben. Urwald bis knapp heran an die Stadt mit wuchernden Lianen und undurchdringlichem Dickicht, da sind Parks und gepflegte Gärten, die jeden Baum, jede Frucht, jeden Strauch der Tropen in scheinbarem Durcheinander und doch weiser Ordnung vereinen. Überall ist die Natur eine überschwengliche und doch harmonische, und inmitten der Natur die Stadt selbst, ein steinerner Wald, mit ihren Wolkenkratzern und kleinen Palästen, mit ihren Avenuen und Plätzen und farbig orientalischen Gäßchen, mit ihren Negerhütten und gigantischen Ministerien, mit ihren Badestränden und Kasinos – ein Alles-Zugleich, eine Luxusstadt, eine Hafenstadt, eine Geschäftsstadt, eine Fremdenstadt, eine Industriestadt, eine Beamtenstadt. Und über dem allen ein seliger Himmel, tiefblau des Tags wie ein riesiges Zelt und nachts besät mit südlichen Sternen; wo immer der Blick in Rio hinwandert, ist er von neuem beglückt.

Es gibt – wer sie einmal gesehen, wird mir nicht wiedersprechen – keine schönere Stadt auf Erden, und es gibt

Einer der schönsten Ausflüge ist eine Fahrt mit dem Salveiros durch die tropische Inselwelt, inklusiv kitschiger Touristenshow.

kaum eine unergründlichere, eine unübersichtlichere. Man wird nicht fertig mit ihr. Schon das Meer hat in einem sonderbaren Raum der Entfaltung steile Hänge geworfen. Überall trifft man auf Ecken und Kurven, alle Straßen schneiden sich in unregelmäßigen Formen, unablässig verliert man die Richtung. Wo man zu Ende zu sein glaubt, stößt man auf einen neuen Anfang, wo man eine Bucht verlassen, um in den Kern der Stadt zu dringen, gelangt man überrascht an eine andere Bucht. Auf jedem Weg entdeckt man etwas Neues, einen überraschenden Durchblick von den Hügeln, einen kleinen, wie aus der Kolonialzeit vergessenen Platz, einen Markt, einen palmenbestandenen Kanal, einen Garten, eine *favela*. Wo man hundertmal vorbeigegangen, findet man, wenn man aus Versehen eine Nebengasse nimmt, sich in einer anderen Welt: es ist, als ob man auf einer Drehscheibe stünde, die einen ununterbrochen zu anderen Ausblicken bringt. Dazukommt noch, daß sich die Stadt mit einer radikalen Geschwindigkeit von Jahr zu Jahr, ja von Monat zu Monat verändert. Jemand, der ihr einige Jahre ferngeblieben, braucht geraume Zeit, um sich wieder zurechtzufinden. Man will einen Hügel hinauf, wieder einmal die alten romantischen Quartiere mitten in der Stadt zu sehen, und findet ihn nicht: es ist einfach abgeräumt, und ein mächtiger Boulevard, rechts und links von zwölf Stock hohen Häusern flankiert, durchquert die alte Stelle. Wo ein Felsen den Weg sperrte, ist jetzt ein Tunnel, wo das Meer zutraulich bis an den Strand kam, ein Flugplatz weit ins Meer gebaut, wo man vor drei Monaten noch an einer abgelegenen Küste im leeren weichen Sand hinstapfte, steht eine ganze Villenkolonie; all das geht hier mit traumhafter Geschwindigkeit. Überall geschieht etwas, überall ist Farbe, Licht und Bewegung, nichts wiederholt sich, nichts paßt zusammen, und doch paßt alles zusammen. Spazierenschlendern − in anderen Großstädten unergiebig und kaum mehr möglich − ist hier noch eine Lust und eine tägliche Entdeckungsfreude. Wo immer man sich befindet, überall wird dem Blick eine Wohltat getan. Man geht zu einem Freunde und schaut im Gespräch vom sechsten Stock zufällig aus dem Fenster: breit und majestätisch, wie man sie nie gesehen, breitet sich die Bucht mit ihrem schimmernden Inseln und gleitenden Dampfern vor einem aus. Man tritt in derselben Wohnung in ein rückwärtiges Zimmer, und fort ist das Meer, aber entgegen glüht einem das Kreuz des Corcovado und die dunklen Gestalten der Sterne. Stundenweit glänzen die Lichter der Straße, und zugleich sieht man, wenn man sich vom Balkon vorbeugt, unten in ein Dorf der Farbigen mit kleinen Hütten und farbigen Lichtern hinein. Man will zur Stadt fahren, und der Weg geht quer über einen Berg; jeden Augenblick bittet man den Freund, der den Wagen chauffiert, anzuhalten, um einen andern überraschenden Ausblick nicht zu versäumen. Man will in ein Vorstadtviertel, um sich dort an den bunten kleinen Läden zu erfreuen, und findet sich plötzlich zwischen großen feudalen Palacetes mit hunderjährigen Gärten. Man fährt bei Santa Teresa mit der Tram den Berg hinauf, um ganz in der einsamen Natur zu sein, und ist plötzlich auf einem Aquädukt aus dem achtzehnten Jahrhundert und ein paar Minuten später inmitten einer Gruppe steiler Mietshäuser. In einer Viertelstunde kann man vom funkelnden Ufer des Meers auf einer Bergspitze sein, in fünf Minuten aus einer Luxuswelt in der primitivsten Armut der Lehmhütten und wieder mitten im kosmopolitischen Getriebe von blitzenden Cafés und zwischen einem Malstrom von Automobilen – alles geht hier durcheinander, ineinander, kreuz und quer, arm und reich und neu und alt, Landschaft und Kultur, Hütten und Wolkenkratzer, Schwarze und Weiße, altväterische Lastkarren und Automobile, Strand und Fels und Grün und Asphalt. Und all das glänzt und glüht in denselben vollen und blendenden Farben, schön das eine und schön das andere, beides immer neu durchmischt und immer faszinierend. Nie wird man müde, nie hat man genug. Nie hat man das volle Profil der Stadt erfaßt, denn sie hat Dutzende, nein Hunderte. Sie ist immer anders von jeder Seite, von jeder Fläche, von jeder Perspektive, anders von innen, von außen, von oben, von unten, vom Berg, vom Meer, von der Straße, vom Flugzeug, von der Fähre, anders von jedem Haus und anders von jedem einzelnen Stockwerk und jedem Zimmer dieses Hauses. Wer von Rio kommt, dem scheinen in allen anderen Städten dann alle Farben ohne Leuchtkraft, die Menschen auf der Straße monoton, das Leben zu ordentlich, zu einheitlich. Alles nach dem ist Ernüchterung, Abschattung nach diesem Rausch von Farben und Formen, nach der göttlichen Vielfalt dieser Stadt.

Man kann leben in Rio, wie man will. Der Gedanke ist verführerischer als anderswo, hier reich zu sein, in einem dieser von Parks umschlossenen Traumhäuser auf den Hügeln von Tijuca zu wohnen, und es ist doch gleichzeitig leichter hier, arm zu sein, als in einer anderen Großstadt. Das Meer ist frei für das Bad, die Schönheit frei für jeden Blick, die kleinen Notwendigkeiten des Daseins billig, die Menschen freundlich und unerschöpflich die Vielfalt jener kleinen täglichen Überraschungen, die einen glücklich machen, ohne daß man wüßte warum. Etwas Weiches und Entspannendes liegt hier in der Luft, das einen weniger kämpferisch, vielleich auch weniger energisch sein läßt. Immer ist man hier der Empfangende im Schauen und Genießen, und unbewußt kommt einem von dieser Landschaft eine geheimnisvolle Tröstung wie immer von dem Schönen und Einmaligen auf Erden zu. Nachts mit ihren Millionen Sternen und Lichtern, tags mit ihren hellen und grellen, ihren heißen und explodierenden Farben, in der Dämmerung mit ihrem leisen Nebel und Wolkenspiel, in ihrer duftenden Schwüle und in ihrem tropischen Wetterguß, immer ist diese Stadt zauberhaft. Je länger man sie kennt, um so mehr liebt man sie, und doch, je länger man sie kennt, um so weniger kann man sie beschreiben.

Stefan Zweig ist 1881 in Wien geboren. Der obige Text stammt aus seiner Monographie über Brasilien, die letzte Publikation, die Zweig noch erlebt hat, bevor er sich 1942, das Leben nahm.

Stefan Zweig, „Brasilien", Suhrkamp Taschenbuch 984.

Glossarium

NÜTZLICHE BRASILIANISCHE REDEWENDUNGEN

Wer kein Wort Spanisch, Portugiesisch oder Brasilianisch kann, ist in Rio ziemlich aufgeschmissen. Ein vorheriger Sprachkurs ist empfehlenswert, und auch ein Wörterbuch leistet pragmatische Hilfe. Noch besser sind zumindest ein paar einstudierte Sätze, vor allem Fragen, die ihre Wirkung auch dann nicht verfehlen, wenn sie nicht ganz perfekt ausgesprochen werden. Nur Mut also! Die Antwort wird man Ihnen erklären, bis Sie alles verstanden haben, wenn es sein muß mit Händen und Füßen.

ALLGEMEINES

ja/nein − *sim/não*
klein/groß − *pequeno/grande*
gut/schlecht − *bom/mau*
teuer/billig − *caro/barato*
früh/spät − *cedo/tarde*
links/rechts − *esquerda/direita*
heiß/kalt − *quente/frio*

FÜR DIE REISE

Was kostet die Fahrkarte? − *Quanto custa a passagem?*
Hin und zurück? − *Ida e volta?*
Wie kommt man zum Busbahnhof? − *Como chegar a estação rodoviária?*
Was kostet das Taxi bis ...? − *Quanto custa o taxi até ...?*

Wo muß ich umsteigen? − *Onde preciso baldear?*
Wann kommt der Bus? − *A que horas chega o ônibus?*
Wann geht der Zug nach São Paulo? − *Quando sai o trem para São Paulo?*
Bitte eine Fahrkarte nach Manaus. − *Por favor, quero uma passagem para Manaus.*
Wo gibt es ein billiges Hotel? − *Onde tem um Hotel barato?*
Wieviel kostet die Nacht? − *Quanto custa por noite?*
Kann ich das Zimmer sehen? − *Posso ver o quarto?*

WOCHENTAGE

Sehr wichtig zu wissen, falls Sie die Veranstaltungen in den Zeitungen lesen wollen, denn die Wochentage sind − komisch genug − numeriert.

domingo − Sonntag
segunda-feira − Montag (2. Tag wörtlich übersetzt)
terça-feira − Dienstag (3. Tag)
quarta-feira − Mittwoch (4. Tag)
quinta-feira − Donnerstag (5. Tag)
sexta-feira − Freitag (6. Tag)
sábado - Samstag

ZEITEN

heute − *hoje*
gestern − *ontem*
vorgestern − *anteontem*
morgen − *amanha*
vorher − *antes*
nachher − *depois*
später − *mais tarde*
immer − *sempre*

sofort − *já*
Tag − *dia*
Nacht − *noite*
Jahr − *ano*

HÖFLICHES

Guten Tag − *bom dia*
Guten Abend − *boa tarde*
Gute Nacht − *boa noite*
Auf Wiedersehen − *até logo*
bitte − *por favor*
danke − *obrigado* − sehr wichtig, denn die Brasilianer sind ein sehr höfliches Volk.
Entschuldigung − *desculpa, com licenca*
alles in Ordnung − *tudo bem*
super, toll! − *e um barato!*
Wie geht es? − *como vai?*
sehr erfreut − *muito prazer*

FÜR AUTOFAHRER

geradeaus − *em frente*
wenden − *virar*
Ecke − *esquina*
Tankstelle − *posto de gasolina*
Werkstatt − *oficina*
Reifen − *peneu*
Autobahngebühr − *pedagio*
mieten − *alugar*
kaufen − *comprar*
Vorsicht − *cuidado*
Gefahr − *perigo*
langsam − *devagar*
verboten − *proibido*
Wo ist die nächste Werkstatt? − *Onde está a oficina mais próxima?*
Was kostet die Reparatur? − *Quanto tempo leva o conserto?*

Wie lange dauert es? − *Quanto tempo leva?*

ESSEN UND TRINKEN

Speisekarte − *cardápio*
Die Rechnung bitte. − *Conta por favor.*
Frühstück − *café da manha*
Mittagessen − *almoço*
Abendessen − *jantar*
vom Grill − *na brasa*
gebraten − *frito*
gekocht − *cocido*
roh, blutig − *mal passado*
medium − *ão ponto*
gut durch − *bem passado*

Fisch − *peixe*
Languste − *lagosta*
Krabben − *camarão*
Krebs − *siri, caranguejo*
Austern − *ostras*
Forelle − *truta*
Tintenfisch − *lula*
Zunge − *linguado*
Rindfleisch − *carne de boi*
Schweinefleisch − *carne de porca*
Huhn − *frango*
Ente − *pato*
Leber − *fígado*
Truthahn − *peru*
Reis − *arroz*
Kartoffel − *batata*
Nudeln − *macarrão*
gekochter Mais − *mandioca*
Butter − *manteiga*
Zucker − *açúcar*
Gemüse − *verdura*
Salat − *alface*
Palmenherz − *palmito*
Zitrone − *limão*
Avocado − *abacate*

Orange – *laranja*
Kokosnuß – *coco*
Papaya – *mamão*
Birne – *pera*
Ei – *ovo*
Brot – *pão*

Tee – *chá*
Expresso – *cafezinho*
Eis – *sorvete*
Saft – *suco*
Mineralwasser – *água mineral*
Bier – *cerveja*
Weißwein – *vinho branco*
Rotwein – *vinho tinto*

Tasse – *xicara*
Glas – *copo*
Messer – *faca*
Gabel – *garfo*
Löffel – *colher*
Teller – *prato*
Zahnstocher – *palito*
Serviette – *guardanapo*

HILFE!

Falls Sie überfallen werden, schreien Sie so laut Sie können: *Socorro*, Hilfe auf Portugiesisch. Manchen Dieben macht ein Hilferuf in ihrer eigenen Sprache unerhörten Eindruck.
Ich brauche Hilfe – *Preciso de ajuda*
Können Sie mir helfen? – *Pode me ajudar?*
Ich hatte einen Unfall. – *Eu tive um acidente.*
Einen Arzt bitte. – *Um medico, par favor.*
Ich brauche ein Medikament gegen ...
– *Eu preciso de uma remedio.*

Zahnarzt – *dentista*
Mein Paß wurde gestohlen. – *Roubaram meu passaporte.*

GELD

Wechselstube – *casa de cambio*
Wechselkurs – *curso de cambio*
Geld – *dinheiro*
Kasse – *caixa*
Ich möchte Geld tauschen. – *Quero trocar dinheiro.*
Wie ist der Kurs? – *Quanto está o cambio?*

ZAHLEN

eins – *um, uma*
zwei – *dois, duas*
drei – *tres*
vier – *quatro*
fünf – *cinco*
sechs – *seis*
sieben – *sete*
acht – *oito*
neun – *nove*
zehn – *dez*
elf – *onze*
zwölf – *doze*
dreizehn – *treze*
vierzehn – *catorze*
fünfzehn – *quinze*
sechzehn – *dezesseis*
siebzehn – *dezessete*
achtzehn – *dezoito*
neunzehn – *dezenove*
zwanzig – *vinte*
vierzig – *quarenta*
fünfzig – *cinqüenta*
sechzig – *sessenta*
siebzig – *setenta*
achtzig – *oitenta*

neunzig – *noventa*
hundert – *cem*
hundertundeins – *cento e um*
zweihundert – *duzentos*
dreihundert – *trezentos*
vierhundert – *quatrocentos*
fünfhundert – *quinhentos*
tausend – *mil*
million – *milhão*

NÜTZLICHE BÜCHER

■ Langenscheidts Universal-Wörterbuch Portugiesisch-Deutsch und umgekehrt. In verschiedenen Größen und Umfängen. Das kleine Mini-Wörterbuch für DM 2,– ist so klein und problemlos verstaubar, daß Sie es jederzeit bei sich tragen können. Die wichtigsten Wörter sind aufgeführt.

■ Pons Reisewörterbuch in Portugiesisch (ca. DM 15,–) ist Sprachführer und Wörterbuch zugleich. Auf mehr als 200 Seiten sind wichtige Redewendungen und Sätze zu typischen Situationen übersetzt. Damit Aussprache und Betonung leichter und schneller gelernt werden kann, gibt es eine passende Kassette dazu.

■ Brasilianisch für Globetrotter, Kauderwelsch Band 21, Peter-Rump-Verlag, DM/Fr. 12.80. Dazu ist eine Tonbandkassette erhältlich.

■ Portugues para Estrangeiros, Mercedes Marchant, Editora Sulina, Porto Alegre, Brasilien.
Ein nützliches Lehrbuch, falls Sie an der Sprache ernsthaft interessiert sind.

SCHULEN

Die Sprache im Lande selbst zu lernen, hat natürlich seinen ganz besonderen Reiz – und verspricht auch sicheren Erfolg, da Sie das Erlernte ja sofort unter die Leute bringen können. Zahlreiche Schulen bieten ihre Dienste an. Man kann sich auch nach einem privaten Lehrer oder einer Lehrerin umsehen. Viele Studenten und Lehrer sind froh um den Zustupf und verrechnen pro Stunde rund 10 Dollar.

Mein Tip: Ich fand meine tägliche Brasilianisch-Stunde bei *Cäcilia*, die zu mir ins Haus kam, eine tolle Bereicherung. Denn so ganz nebenbei erfährt man eine ganze Menge über Land und Leute.

■ **BERLITZ**, Rua Almirante Barroso 139/302, Centro, Tel. 240-6606 und Rua Visconde de Pirajá 365, Ipanema, Tel. 267-1249.

■ **FEEDBACK**, Rua da Quitanda 74, Centro, Tel. 221-1863,
Ave. Princesa Isabel 7, Copacabana, Tel. 275-8249,
Rua Visconde de Pirajá 595, Ipanema, Tel. 259-5296,
Rua Barão de Itambi 58, Botafogo, Tel. 551-0049.

■ **THE GROUP**, Avenida Rio Branco 135, Centro, Tel. 221-7146.

Register

BILDNACHWEIS

Barnabas Bosshart hat an der Kunstgewerbeschule Zürich Kunst und Fotografie studiert. Ausstellungen in São Paulo, Kassel, Beijing China, Lausanne und Buenos Aires. In der Edition Stemmle ist ein Buch mit Fotografien über Alcântara, einer brasilianischen Stadt, die einer Raketenbasis für Sateliten weichen muß, erschienen.

S. 9 unten, S. 25 unten, S. 47, S. 53, S. 55 unten, S. 96 oben, unten, S. 109 unten, S. 120 unten, S. 131, S. 149 oben, unten, S. 155 unten, S. 168 oben.

Peter Frey ist freischaffender Photojournalist. Neben Reportagen im GEO, NZZ und anderen Zeitschriften hat er die Bildbände «Amazonien», Orell Füssli Verlag, «Brasilien», Kümmerly & Frey Verlag und «Serra Pelada», Bär Verlag, publiziert.

S. 8 unten, S. 9 oben, S. 41 unten, S. 69 hoch, S. 70, S. 91 oben, S. 109 oben, S. 122 unten, S. 134, S. 157, S. 162, S. 206.

Hannes Bertschi: S. 165 oben, unten, S. 167.
Gerd Hackstein: S. 122 oben, S. 124, S. 127 unten, unten, S. 128.
Angela Allemann: S. 18, S. 55 oben, S. 107 oben, unten, S. 140 oben, unten, S. 155 oben, S. 168 unten, S. 189 oben, unten, S. 204 oben, unten.

«Städte»

Allemann: **Rio** selbst entdecken
216 Seiten, Br., ISBN 3-85862-048-3 **22.80**

Igramhan-Parsons: **London** s. e.
288 Seiten, Br., ISBN 3-85862-032-7 **24.80**

Igramhan-Parsons: **Paris** s. e.
288 Seiten, Br., ISBN 3-85862-039-4 **24.80**

Sorges: **Florenz** selbst entdecken
228 Seiten, Br., ISBN 3-85862-053-X **22.80**

«Landschaften»

Machelett: **Marokko** selbst entdecken
240 Seiten, Br., ISBN 3-85862-059-9 **22.80**

Machelett: **Tunesien** selbst entdecken
156 Seiten, Br., ISBN 3-85862-047-5 **16.80**

Naegele: **Toskana** selbst entdecken
176 Seiten, Br., ISBN 3-85862-030-0 **16.80**

Sperlich: **Peloponnes** selbst entdecken
160 Seiten, Br., ISBN 3-85862-037-8 **14.80**

Tüzün: **Türkische Ägäis** selbst entdecken
192 Seiten, Br., ISBN 3-85862-041-6 **19.80**

Tüzün: **Türkische Mittelmeerküste** s. e.
176 Seiten, Br., ISBN 3-85862-042-4 **16.80**

«Inseln»

Acubal/Stromer: **Fuerteventura-Lanzarote**
160 Seiten, Br., ISBN 3-85862-021-1 **16.80**

Naegele: **Korsika** selbst entdecken
156 Seiten, Br., ISBN 3-85862-033-5 **16.80**

Naegele: **Sardinien** selbst entdecken
160 Seiten, Br., ISBN 3-85862-034-3 **14.80**

Sperlich: **Griechische Inseln-Dodekanes** s. e.
160 Seiten, Br., ISBN 3-85862-045-9 **16.80**

Sperlich/Reiser: **Griech. Ins.-Mykonos** s. e.
144 Seiten, Br., ISBN 3-85862-051-3 **16.80**

Stahel: **Mallorca** selbst entdecken
160 Seiten, Br., ISBN 3-85862-040-8 **16.80**

Stahel/Last: **Menorca** selbst entdecken
96 Seiten, Br., ISBN 3-85862-054-8 **12.80**

Stromer: **La Gomera/El Hierro** s. e.
192 Seiten, Br., ISBN 3-85862-022-X **19.80**

Stromer: **Gran Canaria** selbst entdecken
160 Seiten, Br., ISBN 3-85862-027-0 **14.80**

«Globetrotter-Handbücher»

Helmy/Träris: **Ecuador, Peru, Bolivien** s. e.
480 Seiten, Br., ISBN 3-85862-044-0 **36.80**

Möbius/Ster: **Portugal** selbst entdecken
288 Seiten, Br., ISBN 3-85862-046-7 **26.80**

Möbius/Ster: **Südspanien** selbst entdecken
320 Seiten, Br., ISBN 3-85862-019-X **26.80**

Preuße/Born: **Florida** selbst entdecken
288 Seiten, Br., ISBN 3-85862-055-6 **26.80**

Schwager: **Indien** selbst entdecken
432 Seiten, Br., ISBN 3-85862-043-2 **29.80**

Schwager/Treichler: **Nepal** selbst entdecken
224 Seiten, Br., ISBN 3-85862-014-9 **22.80**

Treichler/Möbius: **Südostasien** s. e.
542 Seiten, Br., ISBN 3-85862-024-6 **32.80**

«Stromer's» Praktische Reiseführer

Axelrod: **Hawaii**
240 Seiten, Br., ISBN 3-85862-810-7 **22.80**

Fischer/Wessel: **USA mit dem Auto**
372 Seiten, Br., ISBN 3-85862-802-6 **29.80**

Junghans: **Brasilien**
352 Seiten, Br., ISBN 3-85862-801-8 **29.80**

Matthews: **Kapverdische Inseln**
352 Seiten, Br., ISBN 3-85862-803-4 **29.80**

Puzo: **Östliche Karibik**
320Seiten, Br., ISBN 3-85862-807-7 **24.80**

Stromer (Hrsg.): **Andalusien**
160 Seiten, Br., ISBN 3-85862-808-5 **16.80**

Stromer (Hrsg.): **USA - Städte**
320 Seiten, Br., ISBN 3-85862-804-2 **24.80**

Stromer (Hrsg.): **USA-Westküste - Routen**
384 Seiten, Br., ISBN 3-85862-809-3 **29.80**

In jeder Buchhandlung